丁大晴 著

网络言论
法律规制研究

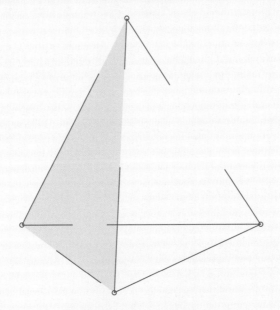

RESEARCH ON
LEGAL REGULATION OF
SPEECH ON
THE INTERNET

社会科学文献出版社
SOCIAL SCIENCES ACADEMIC PRESS (CHINA)

本书得到江苏省高校示范马克思主义学院——盐城师范学院马克思主义学院、江苏省级一流本科专业建设点——盐城师范学院法学专业支持

目 录
contents

导　论

一　研究意义与价值

互联网的迅速发展和日益普及，使广大民众有了区别于传统媒体的相对宽松的舆论环境。借助网络平台，人们可以通过多种方式自由表达自己的观点和意见，迅速传播各种信息和思想。人们越来越充分地认识到，作为宪法赋予公民的言论自由权在网络空间的延伸与拓展，网络言论自由在实现个人价值、促进民主监督、舒缓民众情绪和推动社会进步中发挥的重要作用越发凸显，人们积极主动、乐此不疲地参与其中。然而，网络言论自由难免会存在这样或者那样的问题，呈现正面影响与负面影响并存的双重效应。为此，从法律规制角度积极探求有效的应对策略，就显得尤为重要和迫切。

相对于已有研究，本书具有独到的理论价值。（1）系统概括和阐述网络言论自由法律规制的理论基础。坚持以习近平法治思想为指导，以虚拟与现实、自由与秩序、包容与引导等范畴系统概括和阐述网络言论自由法律规制的理论基础，试图为这一领域后续研究提供翔实可靠的理论依据。（2）初步构建网络言论自由法律规制的框架体系。从宪法规制界限、法律规制原则、法律规制路径等方面出发，着力构建多维度、立体式、全覆盖的网络言论自由法律规制的框架体系，以期为相关研究提供有益借鉴和参考。（3）运用协同论方法对网络言论自由法律规制进行研究。无论是在总体框架设计、基本原则概括还是在具体环节设置、主要内容安排上，都注重协同论方法的运用。借鉴协同论方法进行研究，尝试为相关研究提供一种新的分析工具。

本书的应用价值体现在以下几个方面。（1）有助于为网络言论自由法治建设提供参考依据。坚持保障与限制相结合的原则立场，强调在立足保障网络言论自由权利正确行使的基本前提下对网络失范言论进行限制，并构建一个完整的网络言论自由法律规制体系，有助于为中国特色网络言论自由法治建设提供一定的参考依据。（2）有助于为政府及其有关部门规制网络言论自由提供应对策略和政策建议。提出确立事前预防与事后惩罚相结合的法律规制原则，以及完善立法、改革执法、健全司法等政策建议，希冀为政府及其有关部门对网络言论自由进行规范和管理提供可操作的实务指引。（3）有助于促进人们对网络言论自由权利的正确认识和正当行使。提出基于自由与秩序、包容与引导视域推进和完善网络言论自由法律规制的价值实现与功能拓展，以及倡导积极守法等思想观点，可望为人们在法治框架内正当行使网络言论自由权利提供先进的理念指导和行为模式。

二　国内外研究现状

（一）国外研究现状

20世纪90年代，以美国学者尼古拉·尼葛洛庞帝和曼纽尔·卡斯特为代表的研究者，对信息网络和数字时代导致的社会变革给予高度关注和充分肯定，并进行了深入细致的研究。尼葛洛庞帝在其所著的《数字化生存》中，系统阐述了信息技术的基本概念、演变趋势、实际应用和巨大价值，描述了数字时代社会发展的宏伟蓝图，并分析了数字科技对人类的生活、工作、教育、娱乐造成的各种冲击和一些值得深思的问题。[①] 曼纽尔·卡斯特通过他所著的"信息时代：经济、社会与文化"三部曲——《网络社会的崛起》《认同的力量》《千年终结》，从新的社会形态、社会时空和社会认同等维度构建了网络社会的基本理论体系。[②] 尼古拉·尼葛洛庞帝和曼纽尔·卡斯特的研究虽未直接涉及网络言论自由，但无疑对人们了解和认识网

[①]　参见〔美〕尼古拉·尼葛洛庞帝《数字化生存》，胡泳、范海燕译，海南出版社，1997。

[②]　参见〔美〕曼纽尔·卡斯特《网络社会的崛起》，夏铸九、王志弘等译，社会科学文献出版社，2001；〔美〕曼纽尔·卡斯特《认同的力量》，曹荣湘译，社会科学文献出版社，2006；〔美〕曼纽尔·卡斯特《千年终结》，夏铸九、黄慧琦等译，社会科学文献出版社，2006。

络言论自由起到了铺垫和引导作用。

　　与此同时，有些学者则持怀疑精神，对席卷全球的数字革命浪潮将人类迅速推向非现实的赛博空间，以及数字技术的过度应用可能产生问题进行深刻反思，并作了分析探讨。美国学者爱德华·A. 卡瓦佐和加斐诺·莫林在其合著的《赛博空间和法律：网上生活的权利和义务》一书中，全面阐述了赛博空间的定义、内容、现状和未来发展趋势，重点分析和探讨了电子隐私、网上交易、网络版权、网络言论自由、成人读物、计算机犯罪等问题与对策。① 马克·斯劳卡在其著的《大冲突：赛博空间和高科技对现实的威胁》中认为，人类文明之所以能够延续，是因为人有着共同的感觉基础，但唯技术论所崇拜的技术使人的感觉短路，数字革命正在拖曳着人类逐步远离真实世界。② 英国学者尼尔·巴雷特在《数字化犯罪》一书中，主要研究作为高技术产物的数字化犯罪的渗透范围和应对措施。③ 以上学者关于数字革命和网络空间的反思性研究，或多或少涉及与网络言论自由相关的内容，为该领域的研究拓宽了学术视野。

　　进入 21 世纪以来，国外学者关于网络言论自由理论与实践的研究趋于活跃，呈现一派繁荣景象，讨论视野更加开阔，涉猎范围更加广泛，几乎所有的社会科学学科都已经参与进来。研究的焦点主要在于网络言论自由的边界、保障、存在的弊端及规制等方面。美国学者迈克·戈德温在其所著的《网络权利：捍卫数字时代的言论自由》一书中，讲述自己亲自办理的案例并分析问题，提出捍卫数字时代言论自由和其他宪法权利的观点，并阐明宪法和法律应如何在网络空间得到适用，以有效保护网络免受那些为了自身利益的人施加的破坏。④

　　凯斯·桑斯坦基于网络民主对民主政治发展的影响与政府规制的视角提出网络言论自由的可能边界。他在其所著的《网络共和国》中认为，网

---

① 参见〔美〕爱德华·A. 卡瓦佐、加斐诺·莫林《赛博空间和法律：网上生活的权利和义务》，王月瑞译，江西教育出版社，1999。
② 参见〔美〕马克·斯劳卡《大冲突：赛博空间和高科技对现实的威胁》，黄锫坚译，江西教育出版社，1999。
③ 参见〔英〕尼尔·巴雷特《数字化犯罪》，郝海洋译，辽宁教育出版社，1998。
④ See Mike Godwin, *Cyber Rights: Defending Free Speech in the Digital Age*, MIT Press, 2003.

络技术已经深刻地影响人类的生活，但并未真正带来民主的福音，通过网络人们更容易获取自己认同的信息而拒斥不喜欢的信息——窄化的信息，信息窄化的结果是社会趋于分裂，各种仇恨群体更容易相互联系和影响，进而对社会发动攻击，这个现象是值得警惕的。他还探讨了政府规制言论自由的可能边界。① 桑斯坦在其新作《标签：社交媒体时代的众声喧哗》一书中对大数据繁荣、算法为王的背景下社交媒体标签化现象进行反思。他指出，在一个运作良好的社会，人们不会生活在回音室或信息茧房中，也不会被算法推送的标签所支配，而可以接触不同的人、事物或价值观，选择各式各样的话题、立场和观点；无论是对立观点，还是意外发现，都对现实生活和网络空间的健康发展有极大的助益。②

劳伦斯·莱斯格对互联网无法被规制这一早期传统认识发起挑战，并以代码（框架）为核心要素勾画出互联网规制的理论模型。他坚信，在数字认证技术的支持下，网络的基础架构将逐渐变得易于控制和规制。他在其所著的《思想的未来》一书中指出，对互联网进行规制的诸多方法——代码、法律、社会规范或市场，都能够控制网络的使用内容，但是，代码无疑是互联网的心脏，它决定着内容和应用程序的运转方式，并控制着创新的发展途径。③ 莱斯格在其另一本著作《代码》中再次强调，在网络空间里，代码的规制——通过建构的互联网程序和协议来约束和控制人们的行为，是一种最好的规制方法，可以在没有任何主观性的条件下对规制对象进行约束，而法律和社会规范仅在规制对象有所了解时才起作用，因而代码实质上就是网络空间中的法律。④

理查德·斯皮内洛把人类的核心道德价值视为网络空间的终极管理者。为了揭示核心道德价值的本质意蕴，他提出道德至善的概念，道德至善是指基于基本的伦理原则或元规范指导而形成的人类繁荣，应当成为永恒价值的指路标，能够用于解决网络言论自由等有争议的问题。"作出选择和制

---

① 参见〔美〕凯斯·桑斯坦《网络共和国》，黄维明译，上海人民出版社，2003。
② 参见〔美〕凯斯·桑斯坦《标签：社交媒体时代的众声喧哗》，陈颀、孙竞超译，中国民主法制出版社，2021。
③ 参见〔美〕劳伦斯·莱斯格《思想的未来》，李旭译，中信出版社，2004。
④ 参见〔美〕劳伦斯·莱斯格《代码》，李旭、姜丽楼、王文英译，中信出版社，2004。

订政策的人，关注人类核心的善及促进这些善的实践原则的人，一定会充满关怀和谨慎地行事。这种关怀和谨慎与道德观是一致的。"① 斯皮内洛试图通过核心道德价值论构建一个超越国家、民族、文化乃至意识形态界限的网络空间规制模式，并将划定网络言论自由边界的标准交给道德规范，这似乎带有很大的模糊性和不确定性。

　　此外，美国著名媒体人安德鲁·基恩对互联网存在弊端的分析与思考②，著名科技作家尼古拉斯·卡尔对互联网导致的智力后果和文化后果的影响的分析③，著名新闻记者格伦·格林沃尔德对美国国安局利用互联网实施大规模系统性监控行为的揭露与批判④，人文学杰出教授艾伦·雅各布斯对互联网中言论与表达问题的反思⑤，加拿大多媒体艺术家、哲学家哈威·费舍对数字革命的意义、未来以及人类将要面临的挑战所作的描述⑥，英国学者詹姆斯·柯兰、娜塔莉·芬顿和德斯·弗里德曼对互联网的误读——不能将其置于社会经济政治语境中去理解——的揭示⑦，保罗·伯纳尔关于互联网缺点和互联网言论自由、隐私与真相的所有联系的论述⑧，荷兰学者简·梵·迪克对互联网和其他新媒体的批判性解读⑨，澳大利亚记者朱利安·阿桑奇对互联网的隐私、安全、监控和审查等主题的广泛而深入的探

① 〔美〕理查德·斯皮内洛：《铁笼，还是乌托邦——网络空间的道德与法律》，李伦等译，北京大学出版社，2007，第 23 页。
② 参见〔美〕安德鲁·基恩《网民的狂欢：关于互联网弊端的反思》，丁德良译，南海出版公司，2010；〔美〕安德鲁·基恩《数字眩晕》，郑友栋、李冬芳、潘朝辉译，安徽人民出版社，2013。
③ 参见〔美〕尼古拉斯·卡尔《浅薄——互联网如何毒化了我们的大脑》，刘纯毅译，中信出版社，2010；〔美〕尼古拉斯·卡尔《数字乌托邦》，姜忠伟译，中信出版集团，2018。
④ 参见〔美〕格伦·格林沃尔德《无处可藏》，米拉、王勇译，中信出版社，2014。
⑤ 参见〔美〕艾伦·雅各布斯《喧哗的大多数》，刘彩梅译，中信出版集团，2020。
⑥ 参见〔加拿大〕哈威·费舍《数字冲击波》，黄淳、韩鸽、朱士兰等译，旅游教育出版社，2009。
⑦ 参见〔英〕詹姆斯·柯兰、娜塔莉·芬顿、德斯·弗里德曼《互联网的误读》，何道宽译，中国人民大学出版社，2014。
⑧ See Paul Bernal, *Internet, Warts and All: Free Speech, Privacy and Truth*, Cambridge University Press, 2018.
⑨ 参见〔荷〕简·梵·迪克《网络社会——新媒体的社会层面》，蔡静译，清华大学出版社，2014。

讨①，也产生了较大影响。

国外相关研究的丰富成果值得借鉴和学习，但由于国情不同，各国的社会政治制度、国家治理体系以及历史文化传统均有较大差异，因而借鉴不能照搬照抄、简单套用，还需要国内学者立足中国国情，深入开展更具针对性和实效性的研究。

（二）国内研究现状

国内网络言论自由研究的起步相对滞后，但跟进速度较快，出现了一些有影响的著作、硕博士学位论文和期刊文章。就著作而言，网络言论自由研究先是以相关著作中部分章节的形式出现的，后来推出了一些从不同视角或维度进行专门研究的著作。总体上讲，虽然我国学者网络言论自由研究的视角、范围和方法有所不同，得出的结论也有差异，但在网络言论自由的界定、形态、功能、影响和对策等方面形成了诸多共识，为相关研究提供了有价值的参考。

然而，对网络言论自由法律规制的研究尚在起步阶段，学者们基于不同的侧重点或选择不同的方法进行探讨，推出了一批有价值、有影响的研究成果，概括起来主要表现在以下几个方面。

第一，聚焦网络政治表达自由的法律规制展开研究。网络政治表达自由是网络言论自由的一个极其重要的方面，也是学者们竞相关注的热点和焦点所在，对其进行法律规制研究的代表性人物及基本观点主要如下。曾白凌认为，网络政治表达为公民匿名行使自己的言论自由权利提供了物质和技术的可能，但也助长了网络社会道德流失、责任减弱、侵权行为增多等负面影响，为此需要法律对其作出明确规制，应严格实行有限的网络实名制，并确立对网络匿名权利的宪法保护，以推进我国政治表达自由权利体系的发展。② 耿玉娟和郭莉分别选择网络政治表达中的两个重点——网络反腐和网络舆论监督的法律规制——进行探讨。耿玉娟认为，网络反腐具有诸多独特优势和巨大的社会价值，因而必须坚定不移地走网络反腐之路，

---

① 参见〔澳〕朱利安·阿桑奇《密码朋克：自由与互联网的未来》，Gavroche 译，中信出版集团，2017。

② 参见曾白凌《网络政治表达的法律规制》，博士学位论文，中共中央党校，2009；曾白凌《国家权力与网络政治表达自由》，法律出版社，2018。

但网络反腐存在的问题和弊端凸显了法律规制的迫切性和必要性；网络反腐法律规制必须坚持谨慎合理与循序渐进相结合、约束权力监督主体与约束权力享有者相结合、"网上立法"与"网下立法"相结合等基本原则。① 郭莉认为，针对网络舆论监督所显现的积极作用与消极影响并存的现象，有必要对其进行法律规制，坚持以监督信息公开、信息互动和信息权利保护等为原则，以监督信息的收集、查处和回馈等制度建设为支撑，构建网络舆论监督的法律规制体系。②

第二，针对网络言论自由存在的弊端及其法律规制进行研究。具体从以下几个方面展开。一是关于网络有害信息的法律规制。张宇润认为，在注重对网络有害信息进行综合治理的基础上，要突出法律规制的关键作用。③ 包涵、刘为军认为，应当在自由与秩序之间寻求合理平衡，谨慎使用刑法介入网络有害信息的应对。④ 黄波认为，应妥善处理网络生态环境法益和传统法益的关系，厘清网络有害信息刑法规制的边界。⑤ 二是关于人肉搜索的法律规制。李奕霏认为，应当从完善隐私权的立法保护、加强网络行业自律、实行网络实名登记制等方面加强对"人肉搜索"行为的法律规制。⑥ 马松建认为，应当追究某些恶意"人肉搜索"行为人的刑事责任，将恶意的"人肉搜索"单独纳入刑法进行立法规制。⑦ 三是关于网络谣言的法律规制。湛中乐、高俊杰认为，应通过完善立法、明确政府的监管责任和网络运营者的主体责任、动员社会广泛参与等举措形成制度合力来应对网络谣言。⑧ 姜涛认为，应当从言论自由的权利属性出发，确立"网络言论不被轻易犯罪化"的宪法法理，从规范层面明确刑法干预网络谣言的限度。⑨

① 参见耿玉娟《网络反腐的法律规制研究》，法律出版社，2017。
② 参见郭莉《权力制约视域下网络舆论监督的法律规制》，社会科学文献出版社，2019。
③ 参见张宇润《网络有害信息法律管制之我见》，《法学杂志》2005 年第 2 期。
④ 参见包涵、刘为军《秩序与自由：网络有害信息的法律规制》，载徐汉明主编《社会治理法治前沿年刊》（2016），湖北人民出版社，2017。
⑤ 参见黄波《网络传播有害信息的刑法规制》，知识产权出版社，2022。
⑥ 参见李奕霏《"人肉搜索"引发的隐私权侵权及其法律规制》，《西北大学学报》（哲学社会科学版）2010 年第 5 期。
⑦ 参见马松建《论恶意"人肉搜索"的刑法规制》，《中州学刊》2015 年第 7 期。
⑧ 参见湛中乐、高俊杰《论对网络谣言的法律规制》，《江海学刊》2014 年第 1 期。
⑨ 参见姜涛《网络谣言的刑法治理：从宪法的视角》，《中国法学》2021 年第 3 期。

四是关于网络暴力的法律规制。王秀平认为，应从事前监督管理与事后责任追究两个方面对网络暴力进行法律规制。① 石经海、黄亚瑞认为，应将网络暴力现象纳入刑法规制的视野，增设网络暴力罪，以解决对网络暴力行为进行刑事责任追究的问题。② 王静认为，应将塑造数字公民伦理融入立法、技术与伦理规范之中，此乃治理网络暴力的"釜底抽薪"之举。③ 此外，还有许多关于网络淫秽色情、网络欺诈、网络诽谤、网络仇恨、网络恐怖主义等的法律规制的研究。

第三，围绕网络言论自由的法律界限与规制展开研究。学者们分别从一般性的法律边界、宪法界限、刑法界限、行政法界限等层面进行探讨。一是关于网络言论自由的一般性的法律边界与规制。杨得志认为，网络言论自由不仅要坚持不得损害公共利益和个人利益这一传统言论自由的行使边界，同时还应构建网络言论自由边界的法律保障机制。④ 柯卫、汪振庭提出应确立明显而即刻危险、实际恶意和以内容为控制对象等原则作为网络言论自由法律规制的界限。⑤ 二是关于网络言论自由的宪法界限与规制。陈纯柱等认为，网络言论自由的保护与界限应遵循明确性原则、最小限制原则、合乎国情原则和可操作性原则等原则。⑥ 陈国飞、韩大元认为，应当对网络言论自由的限制进行合宪性控制，国家的立法、行政和司法机关对网络言论自由的限制不得逾越宪法的界限而过度损害网络言论自由价值，并要在网络言论自由与国家安全、公共利益和个人权益等的相互冲突中寻求合理的平衡。⑦ 三是关于网络言论自由的刑法界限与规制。刘艳红认为，基于网络媒体的科技特点与社会属性，网络服务提供者只具有中立义务，对之不应简单地以

① 参见王秀平《网络暴力成因及理性法律规制》，《山东师范大学学报》（人文社会科学版）2010 年第 4 期。
② 参见石经海、黄亚瑞《网络暴力刑法规制的困境分析与出路探究》，《安徽大学学报》（哲学社会科学版）2020 年第 4 期。
③ 参见王静《数字公民伦理：网络暴力治理的新路径》，《华东政法大学学报》2022 年第 4 期。
④ 参见杨得志《论网络言论自由边界的法律保障》，《云南大学学报》（法学版）2011 年第 4 期。
⑤ 参见柯卫、汪振庭《论网络言论自由法律规制的界限》，《广东行政学院学报》2019 年第 4 期。
⑥ 参见陈纯柱等《互联网上宪法权利的保障与界限》，法律出版社，2016。
⑦ 参见陈国飞、韩大元《网络言论自由限制的宪法界限》，载韩大元、莫纪宏主编《中国宪法年刊》第十三卷，法律出版社，2018。

共犯理论或不作为犯罪理论入罪；对涉及言论型犯罪的诉讼，原则上须根据实际或推定的被害人意愿来启动刑事诉讼程序。① 冯建华认为，刑法介入网络传播秩序治理不能突破公共性界域，更不能以实质剥夺人的基本权利为代价。② 四是关于网络言论自由的行政法界限与规制。罗楚湘认为，政府对网络表达自由的限制只能通过法律途径来实现，同时应当通过完善的制度设计寻求国家利益、公共利益、私人利益三者之间的平衡。③ 孙丽岩认为，网络民意表达行政规制要改管理惯性思维中单纯的"堵"为"疏"，倡导并实施以沟通、引导为主的行政手段。④

第四，关于资本操纵网络舆论、平台干扰言论自由的法律规制。资本操纵网络舆论、平台干扰言论自由是近年来网络信息领域出现的新情况新问题。梅夏英、杨晓娜指出，人们对自媒体平台可以通过设置技术壁垒而剥夺用户权利的现象并未给予充分的关注，应从确立网络主权原则、建立完善对自媒体平台及其从业人员的管理机制、健全国内资本市场制度等方面对自媒体平台利用网络权力干扰言论自由的行为进行规范和制约。⑤ 齐延平、何晓斌认为，国家权力在言论自由领域要实现从传统的"消极"角色到"积极"角色的转变，应以平台为主要规制对象，对以数据与算法为主要内容的言论表达与传播过程进行法律规制。⑥ 李晟认为，应当坚持以总体国家安全观为指引对人工智能语境下社交机器人的言论自由进行规制。⑦

总体而言，现有研究主要侧重于网络言论自由法律规制的某个领域、某个方面以及发展现状、存在问题与对策措施等层面，而对策措施则主要侧重于对法律界限、立法规制、政府规制、司法保护等不同环节、不同路径提出应对建议，这些研究无疑具有一定的启发和指导意义，但尚需进一

---

① 参见刘艳红《网络时代言论自由的刑法边界》，《中国社会科学》2016 年第 10 期。
② 参见冯建华《试论网络传播秩序治理的刑法界限》，《新闻大学》2020 年第 11 期。
③ 参见罗楚湘《网络空间的表达自由及其限制——兼论政府对互联网内容的管理》，《法学评论》2012 年第 4 期。
④ 参见孙丽岩《网络民意表达的行政法管制》，法律出版社，2016。
⑤ 参见梅夏英、杨晓娜《自媒体平台网络权力的形成及规范路径——基于对网络言论自由影响的分析》，《河北法学》2017 年第 1 期。
⑥ 参见齐延平、何晓斌《算法社会言论自由保护中的国家角色》，《华东政法大学学报》2019 年第 6 期。
⑦ 参见李晟《国家安全视角下社交机器人的法律规制》，《中外法学》2022 年第 2 期。

步深入开展具有系统性、整体性、前瞻性的理论与对策研究。

三　研究思路与方法

（一）研究思路

坚持以中国特色社会主义法治理论和习近平法治思想为指导，首先，从探讨和界定网络空间及言论自由的基本属性入手，着重阐述网络空间中言论自由的基本特点、积极作用、失范和危害，在此基础上，进一步揭示网络言论自由法律规制的必要性；其次，基于虚拟与现实、自由与秩序、包容与引导等范畴来概括和分析网络言论自由法律规制的理论基础，并梳理我国网络言论自由法律规制的发展脉络，分析存在的主要问题及其原因；最后，从宪法规制界限、法律规制原则、法律规制路径等层面出发，系统构建网络言论自由法律规制的框架体系，以此更好地保障和促进公民网络言论自由的有效实现。

（二）研究方法

在综合运用调查研究、案例分析、功能分析等方法的基础上，注重突出以下几个研究方法的运用。

一是文献研究法。广泛收集和充分占有国内外关于言论自由尤其是网络言论自由及其法律规制的学术文献、研究报告、政策法规、操作实务等资料，进行梳理分析和归纳总结，以便准确界定核心概念内涵，揭示相关理论实质及其所蕴含的意义，并将之创造性地运用于本研究的理论框架、经验借鉴及制度设计之中。

二是比较研究法。注重将网络言论自由置于言论自由的整体理论体系和制度框架中加以考察，将网络言论自由与传统言论自由进行比较，阐述其主要特征、积极作用和负面影响，为进一步明晰和揭示网络言论自由法律规制的核心概念内涵和理论范畴奠定可靠基础。

三是协同论方法。协同论认为，客观世界存在各种各样的系统，系统能否发挥整体功能是由系统内部各子系统或组成部分的协同作用决定的。如果协调有序，系统的整体功能就会处于良好状态，就能产生大于各局部功能之和的整体效应；相反，整个系统会陷于一种杂乱无章的无序状态。

借鉴协同论方法，本书从总体上不只强调法律手段的运用，也注重社会自治、技术保障等非法律手段的协同配合。不但如此，在具体研究中也注意运用协同论方法，如就法律手段而言，既突出宪法的统领地位，也重视部门法的具体职能，同时关注立法、执法、司法各部门之间的密切配合；再如就法律功能而言，不仅强调发挥法律的调整和保障功能与作用，而且注重发掘和拓展法律的包容和引导功能与作用。

四　研究框架与创新之处

（一）研究框架

本书对网络言论自由法律规制的现实需求、理论范畴、我国的应对策略进行探讨，致力于构建一个既饱含开放包容理念又体现规范有序要求的网络言论自由法律规制框架体系，以促使网络空间中的言论自由朝着宽松活跃、理性自律、文明表达的方向健康发展。主要内容可概括为三大部分。

第一部分，网络空间及其言论自由的梳理与厘定。在明晰网络空间的本质与特征以及言论自由的基本属性与主要功能等内容的基础上，重点阐述网络言论自由的基本特点、积极作用、失范和危害以及网络言论自由法律规制的现实需求，从而为本研究厘清一些基本概念。

第二部分，网络言论自由法律规制的基础研究，主要从两个方面展开论述。其一，明确网络言论自由法律规制的理论范畴。在借鉴相关理论研究成果的基础上，提出虚拟与现实、自由与秩序、包容与引导等范畴分别作为网络言论自由法律规制的哲学理论基础、法律价值基础和法律功能基础。其二，对我国网络言论自由法律规制现状进行分析。通过系统梳理我国网络言论自由法律规制的现状，从立法、执法、司法三个方面全面揭示其存在的主要问题，并从法治观念、传统文化和网络技术等维度剖析问题产生的原因，为有针对性地开展富有建设性、前瞻性和指导性的对策研究确立鲜明的问题导向。

第三部分，网络言论自由法律规制的对策研究，主要从三个方面渐次推进。首先是厘清宪法规制的界限。言论自由是宪法规定和保护的一项基本权利，对其进行规制需要加强顶层设计，因而从公共利益和人格利益两个维度着手明晰宪法界限,旨在为网络言论自由法律规制体系的构建提供根本遵循和行动指南。其次是明确法律规制的原则。基于中国特色社会主义法治理论和宪法精神实质,提出保障与限制相结合,预防与惩罚相结合,法律规制与社会自治、技术规范相结合等基本原则作为网络言论自由法律规制的基本准则和行为规范。最后是探索法律规制的完善路径。从完善立法、改革执法、健全司法等层面探讨网络言论自由法律规制体系建设的完善路径。

(二) 创新之处

第一,提出基于自由与秩序融合视域实现网络言论自由法律规制的价值的观点。在自由与秩序这对法律价值范畴中,自由价值的重要意义不容置疑,秩序价值的基础地位不可撼动。因而如果站在自由或秩序各自的立场上,二者之间难免会产生紧张的对立关系,极易形成两种截然不同的观点,即要么强调对自由的保障,要么强调对秩序的追求。为化解二者之间的冲突和矛盾,继而产生了自由与秩序协调配合的"平衡说"。

事实上,片面地强调自由或者片面地强调秩序都是不可取的,很容易跌入"极端自由"或者"极端秩序"的危险陷阱之中。而自由与秩序的"平衡说"貌似公允、合理,但也存在一定的局限性。本书认为,自由与秩序相互依存、相互融合,共同构成了一个不可分割的有机整体。自由以秩序为依托和保障,秩序以自由为目的和归宿。网络空间环境下,只有在自由与秩序互为条件、相互规约中才能正确认识和把握网络言论自由法律规制价值融合的内在逻辑和目标导向。

第二,提出基于包容与引导视域拓展网络言论自由法律规制的功能的观点。网络言论自由作为言论自由在网络空间中的自然延伸,对其进行规制需要以开放包容的心态和海纳百川的胸怀去面对,既要充分认识网络言论自由的快速崛起与繁荣在维护和促进个性发展、社会进步、民主监督等方面所发挥的独特作用,又要敏锐地看到其因缺乏约束而对现实社会秩序带来的冲击和威胁。因此,充分发掘和拓展法律的包容功能与引导功能,坚持在包容多元、尊重异见中彰显自由,在引导启发、凝聚共识中发展自由,并以此指导网络言论自由法律规制体系建设,加强对网络自由价值、网络利益表达和网络民主监督的尊重、宽容、接纳与引导，是新时代网络言论自由法律规制发展的客观要求和必然趋势。

第三，强调和重视预防在网络言论自由法律规制中的地位和作用。在网络言论自由法律规制问题上，不能简单搬用西方国家确立的禁止事前限制原则，更不能完全依赖事后惩罚，而必须坚持将事前预防与事后惩罚紧密结合起来，并将之作为网络言论自由法律规制的一项基本原则来认真对待。究其实质而言，事前预防与事后惩罚针对的都是网络言论失范行为，而非正当有序的网络言论自由。二者的区别在于，前者是整治网络言论失范行为的根本之道，后者是整治网络言论失范行为的应急之策。此种立场，不仅能较好地体现现代法治本质的内在要求，而且能深刻地反映统筹推进网络空间言论秩序治理和有效化解网络言论失范风险的必然趋势。

第四，尝试协同论方法在网络言论自由法律规制研究领域中的运用。科学有效地整合各个方面的资源和力量，构建更加完善的网络言论自由法律规制体系，是一个多维度、多层次的复杂系统工程，既需要法律手段和非法律手段的综合运用，也需要立法、执法、司法各环节的协同发力。

第一章　网络言论自由界定及法律规制的现实需求

随着互联网的快速发展，网络空间已经深刻影响和改变人类的行为方式、思维习惯和价值观念，并成为人们自由表达言论的新领域。那么，网络空间的本质和基本特征是什么？言论自由的概念、属性和功能如何？网络言论自由的特征和积极作用有哪些？其又有哪些失范现象及危害？厘清这些问题，有助于进一步揭示网络言论自由法律规制的现实需求。

第一节　网络空间的本质和特征

当前，基于网络空间背景的学术研究呈现一派繁荣景象，几乎所有社会科学学科都已参与到有关话题的研讨中。而正确界定网络空间的概念，揭示其本质及基本特征，则是深入研讨网络空间中的言论自由等话题的前提和基础。如果忽略了这一点，就很难深刻认识和把握相关学术问题的实质，这对学术研究的深入发展是极其不利的。

一　网络空间的本质

网络空间是指全球网络互联背景下由人、计算机、信息及三者相互之间的联结而构成的一种新型的、虚拟的、人际互动的社会空间。学者们对网络空间的研究尽管角度各异，但不同程度地揭示了构成网络空间所必备的物质基础、技术支持、运行逻辑和信息交互等关键性要素。随着研究的深入，有学者还揭示了网络空间的人际互动和社会关系等实质性要素，这为准确理解和把握网络空间的本质奠定了可靠基础。那么，网络空间的本质究竟是什么？笔者认为，网络空间的本质在于其社会属性。主要理由如下。

首先，网络空间是社会实践的产物，并随着社会实践的发展而发展。互联网是人类迄今为止最伟大的科技发明之一。互联网的基本架构最早可以追溯到 20 世纪 60 年代中期美国国防部主导研发的计算机分布式网络，开发初衷是让军方万一受到核攻击能够互相联系，可没想到互联网的演进速度如此之快，普及应用如此之广，以至于有学者认为这是"无心插柳法则"在起作用。其实不然，这是对互联网及网络空间发展规律的误读。人类的生存与发展一刻也离不开社会生产与交往活动。一定的生产与交往实践需要有一定的生产方式和交往形式与之相适应。社会生产的发展与交往实践的深入必然会催生新的生产方式和交往形式，继而塑造出新的社会空间之样态。事实上，最初互联网只被视为一种共享数据的方法，其目的是在计算机之间建立联系，可后来却较早地开发出电子邮件作为一种人与人之间交流的方式。这从表面上看好像是个意外之举，但恰恰反映了人类在社会实践中不断追求提升沟通速度和扩大交往范围的内在要求。20 世纪 80 年代，网络游戏的流行触发了人们对网络空间认知的灵感，不过当时只是将网络空间视为一种虚幻空间而已。90 年代万维网的出现以及网络浏览器的商业发布，促使互联网呈现爆炸式的发展态势。网络空间也因此日趋丰满，由原先的收发邮件、电子游戏拓展到网络商务、网络论坛、网络社区、网络社交等，并吸引了越来越多的组织和个人用户参与其中。网络空间逐步褪去了虚幻神奇的色彩，取而代之的是一种对现实社会进行真实写照的生存结构被人们普遍接受。进入 21 世纪，互联网信息技术发展突飞猛进，并与各行业各领域深度融合，催生了令人眼花缭乱的新业态、新模式，不断刷新人们的网上体验，网络空间呈现空前繁荣的景象。由此不难看出，互联网及网络空间的产生与发展并非偶然性使然，而是人类勇于创新、敢于实践、大胆探索的必然产物，与其说是"无心插柳"的意外收获，倒不如说是人类"有心栽花"所结出的丰硕之果。

其次，网络空间是对现实社会的反映和再造。与物理空间相比，网络空间的强项恰恰在于它的非实体性质，它让人们置身于一个非物质世界。[①]

[①] 参见〔美〕马克·斯劳卡《大冲突：赛博空间和高科技对现实的威胁》，黄铭坚译，江西教育出版社，1999，第 70 页。

基于此，人们时常将网络空间称为虚拟空间。不过，虚拟不是虚无，也不是对现实的解构，相反它是建构现实的基本方式。因为这个非实体、非物质的虚拟空间，包含着各种各样的事物（客观存在或者虚构）的信息等价物。网络空间就是通过计算机联网将分散在世界各地的用户连接起来所形成的一个既相对独立又能串联的传输、集成、整合、接收与互动信息的庞大系统。现实中的人正是通过各种网络信息的交流与互动才有可能构建起各种虚拟社会关系，例如虚拟的经济关系、政治关系、文化关系、法律关系、道德关系以及情感关系等，这些关系构成以网络为媒介的虚拟社会的基本内容。然而，需要强调的是，这些虚拟社会关系不是在网络空间中自然而然"生长"出来的，相反它们都是人们相互联系、交互作用的结果，而且现实社会的经济、政治、文化、法律、道德和情感等各个领域活动广泛影响和不断延伸至网络空间，并与网络空间不断融合，从而使网络空间内部相应地具有诸种现实社会关系的具体内容。因此，在某种意义上，网络空间就是现实社会信息交互融合的一个新平台，由此而形成的网络虚拟社会关系恰恰反映出现实社会关系的本质。当然，网络空间对现实社会关系的反映并不是简单的、机械的复制，而是一种能动反映和积极再造，从而必然会对现实社会产生广泛而巨大的影响。但不可忽视的是，网络空间这种再造的力量始终是由现实社会推动的，正如有学者指出的那样："互联网有潜力帮助我们建构一个更有聚合力、更相互谅解、更公平的世界。但变革的主要动力来自社会，而不是电脑芯片。"①

最后，网络空间具有拓展和丰富社会交往的巨大功能。自古以来，与他人建立联系是人类的固有习性，而面对面的交流一直是主要的方式。但网络信息技术的应用和普及明显改变了这种状况，人与人之间的沟通可以借助网络来实现，而不必进行面对面的交谈。随着各种社交网站和平台的不断涌现和壮大，人们进行网络社交的热情持续高涨，每天用于网上交流的时间和精力逐步增多。互联网已经成为一张用于人类交流的巨大的网，极大地扩展和丰富了现实生活中人与人之间的互动空间。美国脸书共同创

---

① 〔英〕詹姆斯·柯兰、娜塔莉·芬顿、德斯·弗里德曼：《互联网的误读》，何道宽译，中国人民大学出版社，2014，第12页。

始人兼首席执行官马克·扎克伯格甚至认为："我们正在构建一个以社交为默认模式的网络。"著名媒体人安德鲁·基恩大胆推测，网络中任何人的未来——将是社交的。① 虽然这些说法有些夸张甚至武断的成分，但网络社交几乎成了人们日常生活必不可少的组成部分是不争的事实。只要稍加留意就会发现，网络上纷至沓来的各种社交平台、社交应用、社交服务、社交网页都已成为社交媒体世界的一部分，从社交生产到社交创业、社交商务、社交消费，再到社交学习、社交论坛、社交邮件、社交直播、社交游戏、社交娱乐和社交图谱等，让人目不暇接。"网络生存""虚拟生存"似乎变得名副其实。然而，必须清醒地看到，我们以各种网络社交方式与他人交流互动所建构的网络生活是完全与现实生活缠绕在一起的。确切地说，在线社交体验终究是由社会现实、物质资源、性别、种族决定的。简言之，网络社交"就是通过物质、经济和政治结构决定的"②。

二　网络空间的特征

与现实空间相比，网络空间具有以下几个方面的特征。

（一）虚拟性

虚拟性是网络空间最基本的特征。网络空间就是通过全球范围的互联网络系统综合运用现代各种先进技术所构造的一个人造空间。其中，数字化虚拟技术起到了关键性作用。所谓数字化，就是将许多复杂多变的信息转化为由 1 和 0 表示的二进制代码，以便在计算机中进行处理，它广泛适用于文字、图像、动画、声音和数据的加工和传播，大大提升和增强了信息传播的速度、灵活性和丰富性。数字化虚拟构造的空间让人们感到很奇特甚至矛盾，它属于空间范畴的一种，人们似乎能够感知它的存在；同时它与其他空间又不相同，它不承认和接受几何规则，人们无法用长度、宽度、高度对它进行度量。那么如何理解和把握这种矛盾现象呢？

一方面，网络空间的存在状态是非物质的、无形的，没有固定场所，

① 参见〔美〕安德鲁·基恩《数字眩晕》，郑友栋、李冬芳、潘朝辉译，安徽人民出版社，2013，第 11、74 页。

② 〔英〕马丁·李斯特、乔恩·多维、赛斯·吉丁斯等：《新媒体批判导论》，吴炜华、付晓光译，复旦大学出版社，2016，第 246~247 页。

它使人类的时空概念发生了根本性改变。一旦打开网络界面，反映事物运动状态和方式的各种信息就像漫天雪花一样扑面而来，但对此，人们却难以触摸和体验。曼纽尔·卡斯特认为这是一种"流动空间"现象，所谓流动空间，是通过时间流动性与共享运行实践相结合而形成的物质组织。① 美国学者威廉·J. 米切尔甚至把网络空间视为"反空间"，他在《比特之城：空间·场所·信息高速公路》一书中写道："虽然它确实具备由计算节点和放射状的比特传输线路所构成的明确的结构，虽然人们可以在平面图上标出节点和链接的位置并绘制出令人惊异的、像奥斯曼设计的大道一样复杂的图纸，但从根本上来说它是极其反空间的。"② 事实上，网络空间确实没有形状和大小可供描述，人们无法说清它在何处，更无法告诉别人如何到达那里。

另一方面，网络空间似乎环绕在人们的周围，如影随形，无处不在。尽管人们并不走到网上去，但人们可以随时在各自所处的地方登录上网，可以在其中找到某种东西，甚至去某一个特定的地方，并同特定的对象交流互动。产生这种现象的主要原因在于，数字化虚拟构造了形象生动的计算机界面。每一个界面都像一个通往网络空间的窗口或门口，使人们感到正在穿越界面而进入一个按照自身逻辑和规则运行的、自洽的世界之中。在图文并茂、形象生动的计算机界面中，人们甚至有一种"化身"其中的感觉，因而网络空间也被描述为"化身空间"，它随着人们之间的网上交往而形成，位于不同地理空间的人可以用化身代替真身进行互动。化身空间中的交往同现实空间中的交往有相似之处，但也存在一些重要差别，它是在虚拟的网络空间中进行的。人们"走"进这些虚拟的空间，在那里可以做各种各样的事情。③ 随着多媒体技术和网络通信技术的深入发展，网络空间会不断突破和丰富计算机界面设计，很有可能从虚拟的环境和模拟的世

---

① 参见〔美〕曼纽尔·卡斯特《网络社会的崛起》，夏铸九、王志弘等译，社会科学文献出版社，2001，第505页。
② 〔美〕威廉·J. 米切尔：《比特之城：空间·场所·信息高速公路》，范海燕、胡泳译，三联书店，1999，第8页。
③ 参见〔美〕劳伦斯·莱斯格《代码》，李旭、姜丽楼、王文英译，中信出版社，2004，第13~14页。

界逐步演变成一种检验人们实在的真正意义的工具。

（二）开放性

互联网是一个富有开放性的系统结构，能够无限扩展。开放是互联网吸引人们广泛参与的魅力所在，也是互联网呈爆炸式增长态势的力量源泉。基于互联网所构造的开放性，网络空间主要是通过网络互联、信息共享和交往自由体现的。

首先，互联网构造了一个全球连接互通的网络。互联网是通过 TCP/IP 协议连接而成的。TCP/IP 协议是开放的，而且是立体式、全方位的开放，它对所有的用户开放，对所有的内容服务提供商开放，对所有的网络服务提供者开放，还对未来可能的各种改进开放。因此，人们只要遵循 TCP/IP 协议，即可自由地参与到网络的建构和运作之中。正是这种超凡的构思设计，才使许多不同种类的机器以及操作机器的人联系在一起，最终连接成一个跨地区、跨国界、跨技术平台的全球性网络空间，真可谓"一网打尽全世界"。尼古拉·尼葛洛庞帝在其所著的《数字化生存》一书中大胆预测的由互联网用户所构成的人口结构"将越来越接近世界本身的人口结构"①，正在逐步成为现实。随着 IPv6 技术的推出，完全移动的互联网会变得更容易实现，它将真正打通媒体、电信、计算机三者，一个系统更加开放、内涵更加丰富、功能更加完善的互联网络世界将展现在人们面前。

其次，互联网上的信息资源基本上是开放共享的。尽管将人、数据库与互联网连接起来离不开电缆、计算机、键盘、鼠标等硬件构成的物理设施，但互联网的基本资源是信息内容，而不是物质。众所周知，通信和信息的形式是通过符号来表示的。在传统环境下，符号是由人、书、报纸以及书信等物理性质物体承载的，每种物质载体都要受到时间、地理、社会以及成本（生产、发行、销售成本）等因素的潜在限制。而在网络环境下，电子媒体将符号转化为电磁波，这种转化在很大程度上不受限于其物质载体的物理性质和成本，这就意味着，在很多情况下信息是公共的，所有人都可以使用。因而互联网的一个突出功能是为人们提供更多的选择机会，

---

① 〔美〕尼古拉·尼葛洛庞帝：《数字化生存》，胡泳、范海燕译，海南出版社，1997，第213 页。

营造一个人人拥有、人人参与、人人维护的全球性共享空间。

最后，互联网为人类开辟了自由交往的广阔空间。互联网是一个分布式的网络，没有中心服务器，也没有单一控制机构。数据信息可以经由不同的路由器到达世界任何地方，而无须通过一个中央集线器来传输。因为互联网是非中心、以数据包传输为基础的网络，事实上，互联网根本不在乎地理位置，它只是非常机械地把数据信息传输到用 IP 地址表示的目的地，所以对信息进行监视和控制变得异常困难。这样一来，人们自主操控和选择信息成为可能，这也为人们能够以前所未有的方式进行自由沟通和交往提供便利。互联网精心构造了一个自由交谈、联络和交换的空间——一个不同于现实空间的前景广阔的地方，一个充满活力、适于沟通的新的文化时空——并使其成为风俗。① 人们无论国籍、种族、民族、性别、财产、地位等身份状况如何，都可以在网络空间进行自由平等的沟通和交流。

（三）双面性

双面性是网络空间的又一个重要特征。随着互联网爆炸式扩展，以超乎想象的惊人速度蔓延到地球的每一个角落，网络空间已经发展成个人、组织、国家乃至世界不可或缺的新空间。在个体层面，网络空间已经迅速成长为现代人无法割舍的新的生活场所。各种网络运用似乎主宰和统治了人们的生活。无数人在网络空间"开疆拓土"，乐此不疲。人们在那里接触、沟通甚至相爱，建立个人空间，参与社区生活，互通信息，评价是非，筹划事务，兴办实业。简言之，人们平时在现实空间环境里的学习、工作、娱乐、社交等活动，在网络空间里都可以正常进行，而且更加快捷高效。因此网络空间一点也不比现实空间虚幻，或者说，网络空间就是现实空间。② 在组织层面，无论是正式组织还是非正式组织，对互联网的依存度都越来越高。尤其是在发达国家，几乎所有组织都依托于计算机的网络。一旦网络崩溃了，组织的运作也就停止了。在国家层面，网络空间已经成为各国经济、政治、文化、军事等领域不可或缺的组成部分，甚至成为与现

---

① 参见〔加拿大〕哈威·费舍《数字冲击波》，黄淳、韩鸽、朱士兰等译，旅游教育出版社，2009，第 102 页。
② 参见胡泳《另类空间——网络胡话之一》，海洋出版社，1999，第 5 页。

实空间中的陆域、海域、空域、太空并列的"第五空间"。互联网作为新经济的代表、高科技的体现,已经成为衡量大国实力的显著标志。世界各国特别是发达国家已经把传播核心价值观、掌控意识形态话语权以及保障信息安全的战略举措覆盖到网络空间。在世界范围内,各种媒介网络、社交网络、经济网络和文化网络等已经遍布各地,世界已经真正地建立起全球性广泛联系。

然而,网络空间的作用和影响并不总是正面的,它也可能朝着相反的方向发展,产生一系列负面的消极作用。网络空间的负面作用和影响主要表现在以下几个方面。

其一,极端自由的"数字王国"。毫无疑问,网络空间为人们自由交流和沟通提供了极大便利,但对极端自由主义者而言,网络空间是一个无拘无束、百无禁忌、权利滥用的场所。从无端恶语相加、谩骂指责到故意造谣诽谤、人身攻击,从传播低级趣味、淫秽色情信息到煽动仇恨、种族歧视和血腥暴力,一切可以想象的人类邪恶,都有可能在网络上滋生蔓延。侵入他人电脑窃取资料、偷窥隐私的黑客被奉为"解密高手",攻击政府网站的举动则被当作"反叛英雄"。

其二,躲避现实的避难所。尽管互联网极大地扩展了人们的生存空间,但网络空间的活动毕竟不能完全等同更不能替代现实生活,网络空间的活动只能是人们现实生活的延伸和补充。然而一些人却主张"反客为主",他们对互联网过度依赖而不能自拔,俨然把网络空间当作真正的"家"驻足了下来。问题的关键是,他们对网络过度依赖的原因并非出于对研究或网络技术的偏执,而是不集中精力去学习和工作,且与周围的社会环境格格不入,把网络空间当成他们远离现实的避难所,试图逃避他们本能够面对的真实世界。一些在实际的社会关系中受到挫折或者打击的网民,将网络空间当作心理补偿的伊甸园,仿佛网络空间可以帮助他们挣脱现实生活中的压迫。一些失意、易怒、无责任感的人甚至是社会的败类更容易在网上集结起来,成为一种反社会的力量。

其三,网络犯罪的滋生地。在网络空间,并不是所有的事物都是美好的。网络空间在向人们开放、为人们提供自由交往场所的同时,也使犯罪分子有了可乘之机。他们对互联网的特性颇有研究，并对其中的奥妙和"软肋"了如指掌，伺机利用网络系统的漏洞和信息把关上的缺陷，大肆实施各种网络犯罪活动。如网络诈骗、网络盗窃、网络赌博、黑客攻击、网络贩毒、网络传播淫秽色情信息等犯罪时有发生，销售枪支弹药、雇凶杀人、策划暴力动乱等恶性犯罪也开始向网络空间蔓延，而且网络窃密泄密、侵害公民个人信息、制造传播谣言等新的犯罪形式不断出现。更为严重的是，网络走私、跨国洗钱、国际恐怖主义犯罪对国家安全造成严重威胁。

（四）可规制性

关于网络空间的早期理论认为，互联网在本质上是自由的，网络空间具有不可规制性，政府不宜直接出面规制。然而，事实果真如此吗？回答是否定的。网络空间具有可规制性的显著特征。尽管"网络空间"一词的提法源于威廉·吉布森的小说《神经漫游者》，但网络空间的构造思想可以追溯到控制论的领域——对远程控制的研究。控制论的主要构想就是发现一种更好的控制方法，以便进行全面有效的规制。所以，"网络空间"一词的本义是控制，而不是自由。虽然早期缺乏权威性的管理机构，但网络并非在一种无序的状态下发展，而是由互联网协会及其他有关机构来协调管理的。因为网络本身不能自给自足，更不能自我管理，它在面对变化时没有自我应对和保护的特性，而促使网络空间发生转变的压力却无时不在。所以，倘若要使这种转变沿着既有的轨迹有序进行下去的话，网络空间就必须变成一个可控的空间。它不是绝对自由、不要控制的乐园，而是由以政府和社会力量共同组成的规范系统来管理人们生活各个方面的空间。

劳伦斯·莱斯格坚定地认为，网络空间的本质就在于可规制性，而且其规制模式与现实空间的一样，也由法律、社会规范、市场和架构组成，它们共同对网络空间的行为进行规制。版权法、名誉权法、淫秽行为规制法等法律负责对侵权行为进行事后惩罚性威胁，社会规范通过一系列协商自治、普遍认可的规则约束人们的网络行为，市场以价格结构和机制调节网络接入、收费项目、板块设置、服务产品等网络运作行为，与现实空间架构相似的代码则通过各种硬件及配套的软件系统规范对网络行为进行一整套约束。正是网络空间的法律、社会规范、市场和架构的相互作用，才营造出网民们所熟悉的环境。① 从互联网的发展历程来看，网络技术与其他技术一样，"开发的初期一片混乱，最后的命运是被驯化"②。如今，重视和关注互联网的建设和管理，对网络空间进行必要的规制，已经成为世界各国的共识。网络空间正在受到、将来也必定会受到政府、市场、代码和社群的各种规制。

第二节　言论自由的属性和功能

一　言论自由的属性

言论自由是指公民有权通过口头、书面或者网络等其他方式发表或传播各种思想、意愿和其他信息，而不受任何非法干涉的自由。从言论表达的形式看，言论自由既包括交谈、演讲、讨论等口头表达的自由，也包括写作、通信、投稿和发表等书面表达的自由，至于广播、传单、期刊、著作、电影、电视等则是口头或者书面表达的不同形态而已，都应该囊括在内。因为广播是一种放大范围的口头表达；传单、期刊和著作等都属于书面表达；电影、电视等则增加了形象展示，起到了丰富、融合口头表达和书面表达效果的作用。另外，网络媒体的言论表达具有开放、自主和互动等特性，是传统媒体言论表达方式所无法涵盖的，因而应当将网络作为一种与口头、书面相并列的独特方式加以对待，所以言论自由还应包括网络表达的自由。从言论表达的内容看，言论自由涵盖情感表达、思想交流、信息传递、民主监督和参政议政诸方面。它包括日常生活中的思想沟通和情感交流的自由，包括讨论辩论、文艺创作和学术研究的自由，向国家机关及其工作人员提出批评、建议、控告、申诉、检举的自由以及向司法机关起诉、应诉的自由。总而言之，言论自由的表达形式十分广泛，几乎囊括一切信息媒介；言论自由的内容非常丰富，几乎涵盖政治、商务、文艺、

---

① 参见〔美〕劳伦斯·莱斯格《代码》，李旭、姜丽楼、王文英译，中信出版社，2004，第111~112 页。

② 〔英〕詹姆斯·柯兰、娜塔莉·芬顿、德斯·弗里德曼：《互联网的误读》，何道宽译，中国人民大学出版社，2014，第 132 页。

宗教、学术研究、社交活动等人类社会生活的一切领域。

言论自由是一个多学科的研究对象，学者们基于各自学科的立场形成了不同的性质定位，有基于哲学视角的精神自由说，有基于伦理学视角的个性发展说，有基于政治学视角的政治自由说、制度权利说和公共自由说，也有基于社会学视角的社会行为说，等等。借鉴相关研究成果，基于法学视角，可将言论自由的权利属性定位为基本人权、表达权和相对性权利。

（一）基本人权

人权是人的本性的体现，是人的价值的社会承认，是人区别于动物的根本标志。一般而论，人权是人们主张应当享有并得到法律确认和维护的权利，以此确保个体在人格和精神、道德以及其他方面的独立地位并使个体得到最全面、最自由的发展。人权是人之所以为人所固有的理性自律、意志自由的权利，并非由实在法授予，也不能被实在法剥夺或削减。① 其实，作为人的一种固有权利，人权并不是凭空产生的，而是基于一定社会的物质条件和文化传统而产生出来的权利需求，因而人权是一个比法定权利内容更为广泛的概念。人权具有平等性和普遍性，是每个人平等、普遍享有的公民权利、政治权利以及经济、社会和文化权利。

言论自由是认识事物、交流思想、传播知识、推进文明的前提条件，是人类本性和社会进步的重要基础。基于此，言论自由被认为"首先是人类永久保有的天赋权利之一"②，是重要的基本人权。伟大导师马克思在与英国宪章派左翼领导人厄内斯特·琼斯合写的《致合作原则的拥护者和合作社社员的信》中指出，发表意见的自由意味着人们享有对自以为和涉及人民利益重大关系的问题自由发表意见的权利，因而它是"一切自由中的最神圣者"，也是"一切的基础"③。美国当代著名哲学家、法学家罗纳德·德沃金不认为言论自由只有工具性价值，仅仅是实现更重要的目的的手段。相反，他强调，言论自由本身是一项基本人权。"言论自由和民主之间不是一种工具性的关系，而是有着更深层的关联，因为言论自由所保护的尊严，

① 参见〔英〕戴维·M. 沃克《牛津法律大辞典》，李双元等译，法律出版社，2003，第537~538页。

② 《潘恩选集》，马清槐等译，商务印书馆，2009，第167页。

③ 参见《马列著作编译资料》第十三辑，人民出版社，1981，第8页。

是正确理解的民主之要素。"① 现代国家宪法大都将言论自由规定为公民的基本权利和自由。

（二）表达权

语言是人类内心情感、认知和思想的外在表现，其基本功用是表达和传播。言论自由就是人类运用语言表露内心情感、记录认知和传播思想的自由，实质上是一种表达权。人类运用语言记录和回忆自己的思想、传播自己的思想并与他人交流沟通。美国著名的社会学家、社会心理学家、传播学研究的先驱库利曾用埃默森的名言来证明语言表达在人的生存和发展中占据极其重要的地位，"一个人只有一半是他自己，另一半则是表达"②。事实确实如此，语言表达是一个人被社会承认和接受的必备要素，如果脱离了语言表达，一个人就不能实现社会化，更谈不上高级的存在；如果没有语言表达，任何知识、思想与智能就都无法得到展示和体现。总之，语言表达自由是由原始的、基本的人性特点所决定的。

言论自由作为一种表达权，尽管表达形式很多，包括口头、书面和网络等方式，但这并不是表达权的全部。完整意义上的表达权，不仅包括以口头、书面或者网络等言论方式表达的自由，还包括通过结社、集会、游行和示威等行为方式表达的自由。然而需要指出的是，言论自由在表达权体系中具有极其重要的地位，它是表达权的核心。在所有形式的表达自由中，言论自由堪称最基本、最主要的组成部分。如果没有言论自由，就无法实现结社、集会、游行和示威等自由，也不能行使通信自由、选举自由并通过言论等方式以公民权利对国家权力进行监督；文艺创作和学术研究的自由也会化为泡影。总之，言论自由作为一项基本人权，作为人自身的目的，其对个人存在和个性发展的重要性毋庸置疑。而且从公民的政治权利视角而言，言论自由还是公民参政议政的前提条件，是推进社会科学文化和人类精神自由发展的基本依托。③

---

① 〔美〕罗纳德·德沃金：《至上的美德：平等的理论与实践》，冯克利译，江苏人民出版社，2012，第 372 页。
② 〔美〕库利：《人类本性与社会秩序》，包凡一、王湲译，华夏出版社，2015，第 65 页。
③ 参见郭道晖《社会权力与公民社会》，译林出版社，2009，第 294～295 页。

在现代社会，言论自由的核心内容是政治表达自由。所谓政治表达自由，是指公民对与政治和社会有关的各项事务有通过口头、书面或者网络等方式表达自己的观点、思想和愿望的自由，"是抗拒政府不当干预的消极权利的价值所系"①。检验一个国家和社会是否存在政治表达自由的主要标志，就在于公民是否享有对国家事务、政治活动和社会问题发表意见和建议的自由。所以，言论自由作为公民所享有的一项政治权利，历来备受重视。但是，从民主社会的普遍形态和个人的全部活动来看，言论自由所涵盖的内容并不仅是政治表达自由，还包括各种非政治表达自由。因而非政治表达同样不容小觑，它是公民人格健全、生活美满、与他人和谐相处必不可少的元素。公民关于各种事务的表达，只要是合法的，都应享有自由，受到法律的保护。从辩证的角度来看，非政治表达自由是基本前提，政治表达自由是根本保障，二者相辅相成、缺一不可。

（三）相对性权利

在学说和立法例上，对于言论自由的性质，历来有"绝对性权利"说与"相对性权利"说这两种截然不同的观点。笔者认同言论自由是一种相对性权利，其主要理由有二。

一方面，从法律调控的目的看，法律作为一种特殊的行为准则，旨在通过制度化、程序化、规范化的方式来调整人与人、个人与社会之间的关系，促使国家、社会和公民的关系秩序正常运转和有序发展，从而达到协调推进法的价值目标。就此而论，虽然自由在法的价值体系中居于核心地位，但它毕竟不是法的唯一价值，不具有绝对排他的性质。自由应当与法的其他价值和谐共存，协同发展。事实上，自由、平等、安全和效益等法的价值，都不能以孤立的形式单独存在，也不能独自表现为终极和排他的法律理想，所以它们都不应被假设为一种绝对性价值。② 因此，尽管言论自由是人类最珍视、最宝贵的权利之一，每个人都有发表意见和传播思想的自由，但在法律明文规定的情况下，人们应当对其滥用此项自由所造成的

---

① 秦小建：《言论自由、政治结构与民主协商程序的多元构造》，《法制与社会发展》2016 年第 5 期。

② 参见〔美〕E. 博登海默《法理学：法律哲学与法律方法》，邓正来译，中国政法大学出版社，2017，第 223 页。

后果承担责任。因为在现实生活中，自由绝不是任性的、无边无际的、毫无约束的，总是理性的、有一定边界的、受到一定约束的，"它是摆脱某些特定约束的自由，或是在某些特定方面所能获得的自由"①。

另一方面，从法律适用的背景看，法律所保护的言论自由总是特定历史条件下的自由，从来没有、将来也不可能有超越特定时代背景和社会环境的绝对自由。德国著名法哲学家、刑法学家古斯塔夫·拉德布鲁赫认为，如同飞行员无法摆脱重力制约一样，人类"即使最自由的意愿，事后历史地看，仍然显示出像一个不自由的必然那样不可避免"②。言论自由并不是绝对的，而是也应当是有条件的、有限的、相对于环境而变化的；这种变化不仅是相对于有关公共安全和道德健康的感觉的变化，也是相对于价值观念的变化。③ 如果非要以形而上学的绝对主义立场为盾牌来保护言论自由的话，那么其基础是不牢固的、不堪一击的。退一步讲，即便绝对自由的观点为人们所普遍推崇，事实上其也并不能完全行得通。因此，在确定一种言论是否受言论自由的保障时，要根据法律规定并综合考虑言论的具体内容、发表场景、受众对象以及言论所引起的法律后果等因素。

二　言论自由的功能

（一）个性彰显的基本前提

言论自由作为一项基本人权，凸显了人类本性的内在需求和强烈愿望。人之所以为人，就是因为人有自己独立的思想并能够运用语言将其表达出来，与他人进行沟通和交流。正是在这种相互沟通交流中，人类的社会本性才得以体现。这是人与自然界中其他动物相区别的根本标志。库利认为，人的社会生命起源于与他人的交流。人首先通过触摸、音调、手势和脸部表情产生感受，而后通过逐渐掌握的语言来进行交流。正是在以语言为主要媒介的人际关系中展现自我，让别人认识和了解自己，个性才最明显地

① 〔英〕伦纳德·霍布豪斯：《社会正义要素》，孔兆政译，吉林人民出版社，2011，第33页。
② 〔德〕古斯塔夫·拉德布鲁赫：《法律智慧警句集》，舒国滢译，中国法制出版社，2016，第137页。
③ 参见〔美〕理查德·A. 波斯纳《法律、实用主义与民主》，凌斌、李国庆译，中国政法大学出版社，2005，第425页。

存在和表现出来。① 虽然库利的观点带有唯心主义色彩，但它对我们认识人际交流在人的本性展示中的重要作用是有所助益的。

言论自由赋予人以尊严和价值以及能使人成为一个具有独立自主的自由人的资格。如果一个人的言论自由受到任意限制或剥夺，那这就意味着对他的人格与个性的压抑和摧残。退一步讲，奴隶尚且是"会说话的动物"，而自由人一旦失去了说话、交流的自由，同一般动物、禽兽相比也就不存在多大区别了。② 人是社会性动物，人在本质上是一切社会关系的总和。人与人之间的社会关系只有通过彼此意思的自由表达与互动才能形成，人们也才会由此从内心涌起一种满足感和幸福感。如果禁止言论的自由表达和讨论，那么就会形成对人性的压抑和对人格尊严的污辱，使人的精神处于受奴役的气氛之中。在这种气氛之中，人民就永远不会成为智力活跃、充满幸福感的主体。

言论自由对于激发个人的全部发展潜能、实现自我价值也是必要的。一个人的创造精神和能力只有在自由的环境中才能解放出来。人们通过相互自由交流思想来提升自己的认识和判断能力，提升自己的智性和德性水平，并在认识世界和改造世界的伟大实践中发挥自己的聪明才智、展现自我人生价值。就像约翰·弥尔顿认为的那样，言论自由是一切伟大智慧的乳母；它使人们的精神开朗而又高贵；它解放、扩展并大大提高了人们的见识，提升了人们的创造能力。③ 因此，人类应当而且能够自由地形成并充分地发表意见，否则，人的创造精神和能力就会被扼杀殆尽，人的价值实现也就会化为泡影。

（二）真理探求的必要条件

真理是客观存在的，但它又常常被许多假象所遮蔽，甚至与一些谬误纠缠不清。如果有一个开放包容的社会环境，让人们在没有任何强制和压抑的环境下自由探讨和论辩，真理就会大放异彩、展露真容、闪现出熠熠

---

① 参见〔美〕库利《人类本性与社会秩序》，包凡一、王湲译，华夏出版社，2015，第 3、26 页。
② 参见郭道晖《社会权力与公民社会》，译林出版社，2009，第 294 页。
③ 参见〔英〕弥尔顿《论出版自由》，吴之椿译，商务印书馆，2009，第 51 页。

光辉。言论自由是揭开假象、驱散谬误、发现真理的力量，压制言论自由就意味着掩盖假象、放纵谬误、压制真理。新观念一开始总是由少数人提出，经过思想的反复交锋与碰撞，才得到广泛传播而为多数人所采纳。

不仅如此，即便是公认的意见无可置疑，自由讨论和意见交流也是必不可少的。因为在缺乏讨论和交流的情况之下，鲜明的概念和活生生的信仰将会被一些陈套中保留下来的词句所替代，或者仅剩下意见的外壳和表皮，其精华则已全部失去了。① 因此，言论自由的本质就在于不要崇拜和信奉权威的神圣不可侵犯性，任何权威都要置身于言论自由的"竞技场"接受挑战和历练，才能立于不败之地。真理只有通过观念的相互碰撞和意见的相互竞争才能获取。真理是个永无止境的发展过程，人类探索真理的脚步将永不停歇。正确的东西总是同错误的东西相比较而存在、相交锋而发展的。"真的、善的、美的东西总是在同假的、恶的、丑的东西相比较而存在，相斗争而发展的。"② 人类社会的发展规律一再表明，在各种观念的毫无止境的竞争中，正确的观念总会得势。在真理与错误的反复交锋中，真理终将获胜。

（三）民主政治的重要标志

言论自由是民主政治的基础，"是促进开放性的纽带"③。它在民主政治中占有重要地位。言论自由是公民当家作主、参政议政、约束权力的必由之路。民主政治是一种奉行多数人统治的政治制度。代议制是现代民主政治生活的典型方式，即公民通过行使选举权选择少数精英分子代行权力，而不是直接掌握和管理政权。公民选举权的行使，离不开言论自由。公民可以借助言论自由的具体形式诸如报告会、演讲会、交流会等组织以及电视、广播、书籍、报刊、网络等媒介，充分了解候选人的资历能力、品行和政策主张等基本信息，最终确定投票意向。同样，候选人及其支持者也拥有充分的言论自由，可以通过各种传媒手段广泛宣传和推介候选人，使选民重点了解该候选人的施政主张，进而赢得选民的认同和支持。可见，

---

① 参见〔英〕约翰·密尔《论自由》，许宝骙译，商务印书馆，2015，第45页。
② 《毛泽东文集》第七卷，人民出版社，1999，第230页。
③ 秦小建：《言论自由、政治结构与民主协商程序的多元构造》，《法制与社会发展》2016年第5期。

言论自由对于维护公平公开公正的选举制度、保障公民当家作主的主体地位至关重要。

公民通过行使言论自由之权利可以监督政府公共权力的运行状况。如果发现权力在行使过程中违背民众的利益和意愿，或发现有寻租谋私、贪赃枉法、任性骄纵、效率低下等情况，则可以进行大胆曝光、投诉或者举报，向权力监督机关发送监督信息，并敦促其启动相关法律程序加以纠正或铲除，从而确保公权力始终沿着执政为民、清正廉洁、务实高效的轨道运行下去。因此，言论自由敢于轻视一切强权暴政，它是监督权力、制约权力和驯服权力的利剑。在言论自由的环境中，公权力的任何违法乱纪行为都无法以暗箱操作的方式长久维持下去。如果言论受到无端压制和阻挠，就会出现舆论一律或者鸦雀无声的沉寂局面，那么自由就不再存在了，也就意味着当政者拒绝民众监督、为所欲为，这无异于宣告民主政治的终结。

（四）社会稳定的安全阀

在任何社会，人总有各种不同层次的利益要求，而人的利益要求表现在经济、政治、社会和文化等诸方面，经过分化组合，往往会形成不同的利益群体或阶层。不同的利益群体或阶层之间的摩擦和矛盾在所难免，甚至有可能会爆发激烈的对立与冲突，这无疑是导致社会不安定的隐患。而且，无论是在日常生活还是在政治生活中，人们总会有各种各样的不满情绪和愤懑，长期累积下去，很可能会演变为对社会的憎恨，这也是影响社会和谐稳定的消极因素。所有这些，若不及时处理和化解，都有可能引起社会动荡。因此，如何建立有效的矛盾疏导机制、协调不同利益群体的摩擦和冲突、缓解人们的各种不满情绪，是各国政府共同面对的十分严峻的问题。

言论自由在化解社会矛盾和舒缓不满情绪方面具有"安全阀"和"缓冲器"的作用，它是建立矛盾疏导机制、维护社会和谐稳定的关键。意大利文艺复兴时期的著名政治思想家、外交家马基雅维里说过，对政府来说，"最好不过的堡垒就是不要被人民憎恨"①。那么政府如何做到不被人民憎恨

---

① 〔意〕尼科洛·马基雅维里：《君主论》，潘汉典译，商务印书馆，2017，第104页。

呢？一个重要前提就是让人民享有充分的言论自由。一旦有了言论自由，人们不仅可以充分表达各种意见和建议，而且可以尽情发泄不满和愤懑，他们的负面能量在发泄中得到一定程度的排解和释放，这为政府着手解决问题、缓和矛盾、化解危机提供更大的回旋空间。古今中外的无数事实说明，如果强行堵塞言论通道，禁止人们发泄不满，或许能营造出短时期内社会稳定的假象；但是从长远来看，只能使社会矛盾更加激化，最终必然威胁政府及社会的稳定。

（五）文明进步的助推器

人的思想来源于社会实践，但思想一经形成便具有反作用，能够产生引导社会实践和推动社会进步的巨大力量。在这个意义上，思想堪称万事之本。因而人类文明进步无论如何都离不开思想的伟力，先进的思想观念能够引导和促进良好道德观念的形成、科学技术的发展、文学艺术的活跃和社会经济的繁荣。而人的思想和智慧只有充分自由地表达出来，才能够集思广益、发现真理，使真理成为社会的共同财富，继而成为推动人类文明进步的不竭动力。相反，在一个思想被禁锢的社会和民族中，一切都会沉沦、退化和堕落，最终在无声无息中走向衰亡，人类文明的进程会因此而停滞不前甚至倒退。因此，社会进步只有在盛行言论自由和倡导大胆批评的地方才可能发生。言论自由不仅是文明的产物，而且是维系文明和促进文明发展的助推器。

由于人类理性的成长就是以差异的存在为基础的社会互动过程，因而在任何社会里，如果具有不同知识和不同见解的人能够相互作用和相互影响，那么思想就会获得一种蓬勃向上的生命力；如果任何人对任何事或意见都可以进行争论，那么精神自由对知识的进步就会产生主要推动力。[1] 所以，思想解放的活跃景象只能在知无不言、言无不尽、畅所欲言的自由讨论的氛围中才能生成。而且批评的言辞和令人不快的见解弥足珍贵，因为批评能够拓宽人们的思维与眼界，促进思想的交流与融合，从而有助于形成对每一个人和整个社会都有价值的公共意见。相反，试图控制言论自由，

---

[1] 参见〔英〕弗里德里希·奥古斯特·冯·哈耶克《通往奴役之路》，王明毅、冯兴元等译，中国社会科学出版社，1997，第157页。

设置讨论禁区，不准提出异议，只会造成思想的停滞和衰退，错误的观念将永远得不到纠正和消除，正确的观念也将逐渐退化为僵死的教条。更进一步来说，即使是在科学发展和文明进步方面都取得了巨大成就的文明国家，如果对言论自由和精神活动设置障碍，那么该国也许能维持短暂的辉煌，但是未来也将不会再有思想观念的更新，社会进步就会受到阻碍，社会文明也会因此而逐渐褪色、失去其昔日的光辉。

第三节　网络言论自由的特点、作用及失范

网络信息络技术的迅猛发展和普遍应用，为人们充分行使言论自由权扩展了广阔的空间。网络空间中的言论自由，是指公民有权通过网络媒体以各种形式发表与传播自己的意见、思想和主张的自由，为方便起见，简称为"网络言论自由"。对于网络言论自由，主要应从基本特点、积极作用以及失范与危害等方面加以把握和分析。

一　网络言论自由的特点

作为言论自由的一种特殊表现形式，网络言论自由无疑具有言论自由的一般属性，但又有其本身的特点。

（一）主体的匿名性和平等性

传统言论自由权利的行使，无论是面对面的私下交流，还是借助报刊、广播、电视等媒介公开发言，通常都会暴露真实身份，即便使用假名、笔名等方式进行遮掩，真实身份也很容易被识别出来。但在网络空间，人们是通过虚拟身份、以匿名方式参与到各种言论表达活动中去的。互联网创建之初，就未设定有效的身份鉴别功能，因而网络空间中的匿名是与生俱来的。与现实空间不同，网络空间大都不需要透露任何关于身份的自证事实。用户相互间的交流是以人机模式进行的，唯一可识别的就是各自的数字代码。所以在网络空间，除非是熟人间的交流，否则你只是暴露了一个地址而已，没有人真正知道你到底是谁。网络空间的匿名性特征为人们畅所欲言、尽情发声提供了绝佳的机会，但是也为一些人滥用权利、不负责

任地胡言乱语提供了可乘之机。

在现实空间，每个人都具有种族、民族、性别、年龄、学识、职业、财产状况和社会地位等诸多身份标识，总是处于特定的社会阶层、等级和权力关系之中，其言论表达自然会受到各种差别的影响和干扰，而难以实现真正意义上的平等交流。但是，网络空间天然蕴含平等精神，尊崇"网络面前人人平等"的价值理念。网络空间向所有人开放，是大家都有权说话的地方，每一个人都可以把自己的思想和观点展现出来、分享给人们。网络空间对具体身份采取"漠视"的态度，任何人在网上显露身份、标榜特权都是徒劳的。现实空间中的诸多身份特征，在网络空间都被统一化为无差别的电子符号，"每个人在网络中都有平等的发言权，最聪明人说的话不会比笨人说的话更重要"①。在网络空间，评价言论是否有价值要看发言人的话语质量如何，而不是看其社会地位的高低。

（二）表达的自主性和互动性

言论自由就是公民有权按照自己的意愿自由地发表言论的自由，它不受任何非法干涉。从这个意义讲，言论自由意味着人们可以依法独立自主地表达与传播自己的意见、思想和主张。在自由开放和匿名保护的网络环境下，人们似乎找到了自由自在的"真正场所"，掌握了实质意义上的能够真正自主发声的话语权。在这个网络无处不在、触手可及的新媒体时代，传统的管理手段越来越苍白无力，"大众媒介传统的过滤器与看门人的作用已经被'我们'所取代"②。在网络上，每个人都是一个持有麦克风的记者，甚至是一个没有执照的电视台。人们可以利用网络论坛、博客、微博、即时通信、网络直播等自由地表达诉求、交流思想和传播信息。

网络言论表达与传播的自主性直接促成了表达的多元性和互动性。传统媒体环境下的公民言论表达过程呈现典型的单向式特征，即要么是"你说我听"，要么是"我说你听"，很少有信息的回馈和交流。然而，网络环境下的言论表达从根本上改变了这种现象，演变出媒体与网民、政府与网

① 〔美〕安德鲁·基恩：《网民的狂欢：关于互联网弊端的反思》，丁德良译，南海出版公司，2010，第28页。

② 〔英〕马丁·李斯特、乔恩·多维、赛斯·吉丁斯等：《新媒体批判导论》，吴炜华、付晓光译，复旦大学出版社，2016，第229页。

民、网民与网民等相互之间的多层次的双向互动的局面。这是因为，网络空间为人们搭建了一个无障碍的可供频繁交流的互动平台。每个人都可以借助网络就共同关心的问题与他人相互交流与探讨，既可以凝聚共识，也可以产生观点碰撞；既可以持续关注，也可以"三分钟热度"；既可以一致行动，也可以各自出击。因而，一些热点话题往往会引起人们的持续关注与共鸣，并像磁铁一样吸引越来越多的人参与进来，使其争相发表自己的看法和意见，从而能够在短时间内、最大限度地将民意汇聚到网上，形成一股不可忽视的强大的网络舆论力量。

（三）传播的快捷性和多样性

传统媒体环境下言论表达的内容，撇开层层把关和过滤因素不谈，即使能够公开发表，其传播速度一般也比较慢。如果是在报纸、期刊等载体公开发表的话，一般都要以日、周、月甚至更长的时间单位为传播周期；哪怕是电视现场直播也会因编辑筛选而耽搁一段时间，难以避免时间迟延的问题。加上传播空间的局限，公民言论传播的时效性较弱，覆盖面非常有限。但网络空间中的言论传播，完全突破甚至消除了时间与空间的限制。人们从事各种网上活动越来越不需要依赖特定的时间和地点，时间所扮演的角色可以忽略不计，物理空间也变得不再紧要。通过互联网发表言论和传播信息具有"实时发布、转瞬即至、覆盖全球"的特性，非常便利快捷。实时发表或传播信息似乎已成为现代人的一种生存方式。任何人只要上网，就能够迅速发表自己的言论并将其传播到其他地方，而且这种传播可以在瞬间完成，公民言论传播的时效性和覆盖面得到了极大增强和扩大。

互联网信息技术的迅猛发展促进了传播技术的突变和飞跃，带来了传播方式的多样性和灵活性以及传播内容的生动性和丰富性。在网络媒体环境下，人们可以通过越来越成熟先进的多媒体技术平台来传播各种言论与信息，极大地突破了传统媒体环境下传播渠道单一化、传播内容呆板化的沉闷局面，转而形成了网络言论与信息传播更加丰富多彩的生动景象。借助网上论坛、电子邮件、博客、微博、微信等各种网络载体，人们可以自由选择或融合字、声、像、动画等多种形式发出或传播言论与信息，这种多样化、立体化、智慧化的传播方式是传统媒体所无法比拟的。

（四）影响的广泛性和复杂性

在传统媒体环境下，信息赖以传播的报纸、期刊、广播、电视等均具有明显的地域性特征，信息的传播范围和影响广度相对有限。但在网络环境下，这种状况得到了根本性改变。互联网是面向全球开放的共享网络，也是一种新兴的大众传媒；它不设立中央控制设备，采用的是离散式结构形态；它既无核心管理者和最高统治者，也无独立拥有者和终极使用者；它漫无边际、无处不在。互联网能在瞬间将全世界的所有用户（政府、组织、企业和个人等）和地方连接成一个整体，用户只要上网，就可以上传、阅读和交流信息，并将信息迅速传播到地球的每一个角落，使"全球村"的概念首次在信息传播领域真正体现，也使言论表达的影响力很容易扩展至全球范围。

同时，公民网络言论影响的复杂性远远超过传统媒体。特别是那些与公共事务或公众人物有关的言论，经过网络的传播与发酵后，呈现正向意义和负面后果交织并存的复杂性特征。网络空间是相互交流与协作的"共同场所"，它不仅整合了人们的思想和行为，而且综合了乌托邦和反乌托邦的冲动。网络空间中的言论表达既能宣扬美德，也能散布邪恶。这种双重效应显示了各种各样的利益纠缠和价值取向，集合了行为的离线范畴和在线范畴、本地问题和全球问题以及个体追求和集体追求。① 在许多方面，网络空间的言论表达确实是一件幸事，因为难以计数的信息源源不断地涌现出来，但是协商中出现的所有问题都会出现在这里。②

二　网络言论自由的积极作用

网络言论自由除了具有言论自由的一般价值功能外，在实现个人价值、监督公权运行、释放民众情绪和激发社会活力等方面还能起到非常积极的作用。

---

① 参见〔美〕詹姆斯·E. 凯茨、罗纳德·E. 莱斯《互联网使用的社会影响：上网、参与和互动》，郝芳、刘长江译，商务印书馆，2007，第424页。
② 参见〔美〕凯斯·R. 桑斯坦《信息乌托邦——众人如何生产知识》，毕竞悦译，法律出版社，2008，第19页。

（一）实现个人价值的新平台

互联网诞生之前，言论自由主要是通过人们相互之间的个别对话，或者在集会、广场、公园等公共场所进行的群体沟通，或者借助报刊、书籍、广播、电视等大众媒介发表意见等途径来实现的，但经由这些路径所表达的内容往往会受到时间、地域等多方面因素的影响和制约。然而，互联网日益凸显出来的全天候、无国界、无限延展、开放共享等特点和优势，似乎让这些限制性因素荡然无存，转而把言论自由权交到了每个人手中，使互联网成为人类历史上迄今为止最为理想的充实自我、提升自我、展现自我、实现自我的平台。

互联网四通八达，网民遍及全球。正是每一个网民的参与，才使互联网汇聚了海量、庞杂、多样的信息。尽管其中不乏偏激、不良甚至有害的信息，大量的冗余信息也给人们的正常使用带来极大烦恼，但毋庸置疑的是，互联网集合了大量宝贵的知识资源，俨然成为当今世界最大的百科全书，而且每时每刻都在更新与增补之中。人们可以非常便捷地登录各种网站和专题栏目，浏览丰富多彩的网页信息；或利用搜索引擎全面快速准确地检索出所需要的信息内容和问题答案，及时更新知识、拓宽视野、启迪思维，不断充实提高自己。而且更为重要的是，人们可以随时通过网络自由地发表观点、交流思想和传递信息，而不必担心受到非法干扰和限制。网络汇聚了各种不同的声音，涌现出无数新面孔，使言论表达、信息共享和形象展示变得非常便利，每个人都可以操作自己的公告板，发表电子读物，或者建立自己的主页，发表博客文章与他人分享。网络让人们有可能创造出具有鲜明个性特色的、富有表现力的媒介产品，并向全球的网民展示。总之，在网络言论表达与传播过程中，人们也在以多元化、多样化的方式实现个人价值。

（二）监督公权运行的放大镜

言论自由是现代民主社会的基石，是公民当家作主的基本途径以及监督公权滥用的必备利器。受制于时空、渠道和管制等多重因素的影响，人类社会一直难以真正实现广泛而又充分的言论自由，然而网络空间作为言论自由的新平台，在突破上述瓶颈方面显示出强大的威力。作为一种集虚拟性、开放性、互动性于一身的技术，互联网为人们提供了一个快捷便利的信息交流与参与通道，给民主带来了无限的元气与生机。随着网络信息技术的深入发展与应用，原本作为简单的消费、娱乐与通信工具的互联网，已经转化出显著的意见表达、思想交流与政治参与功能。即使是偶尔上网的人，也会很快发觉，在网络空间主要进行的是意见交流行为。各种各样的论坛热闹非凡，成千上万个博客竞相出现，或对社会中的丑恶现象进行抨击，或对地方政府及其官员的施政不当提出批评建议，或针对司法不公的情况发出正义呐喊。总之，人们的参与权、表达权和监督权在网络空间得到了充分实现。

互联网搭建了一个开放共享、任何人都可以自由发声的公共话语平台，人们可以通过网络评论、网络问政乃至网络曝光等方式发布监督信息，也可以通过电子邮件传递监督信息，还可以通过搜索引擎发掘监督信息，公民言论自由与监督似乎蕴含直接民主的因素和成分，监督的效率和效果得到明显提升。特别是经由互联网传播与强化的公民言论表达机制，就像在恐龙的身体上加装了多个信息传感器一样，既可以在扩散中聚焦，也能够在聚焦时扩散：民众的意见和情绪不仅可以突破地域的限制而大面积传递，还能绕过官僚体制的层层阻隔，以事件或议题聚焦的形态直接向更高层传达。如果经由网络言论表达与传播的民意被放大，揭露出来的问题往往会以雷霆之势迅速被解决，处理结果也会公之于众。因此，互联网就像是一把悬在空中的达摩克利斯之剑，让贪腐分子心惊胆战；互联网也像无处不在的哨兵，让制度内的"害虫"不敢招摇。毫无疑问，互联网已然成为民主监督的"放大器"和反腐揭丑的"照妖镜"。

（三）释放民众情绪的减压阀

互联网的迅速发展使广大民众有了区别于传统媒体的、相对宽松的自由抒发甚至发泄自己意见和情绪的渠道。在呈现的各种民众情绪中，虽然不乏偏激和非理性成分，但不能因此而否定其中的理性表达，更不能否定其应有的价值功能。任何一个社会，在其发展过程中总会出现这样或那样的问题，这是一种正常现象；对问题不满而产生各种意见和情绪，也是一种正常现象。经过多年努力，中国的改革和发展取得了举世瞩目的辉煌成就，但也难免会遇到一些困难和阻力，许多由利益纷争引发的深层次矛盾在日益累积，由此所产生的社会负面情绪也在逐步汇聚。网络社会负面情绪的呈现，实际上是人们对现实世界客观存在的问题的一种本能反应，并不是网络言论自由导致了社会负面情绪的产生，恰恰相反，正是网络言论自由才使社会负面情绪得以充分地释放出来。而社会负面情绪的充分释放，能够发挥社会"泄洪闸"的功能，对促进社会和谐稳定发展有着积极的作用和意义。

一个人发表了他的意见，他的主观性就会得到满足，从而会尽量选择包容。因此，言论自由要比默不作声的危险性弱得多。一个人如果默不作声，则会把对事物的反对意见藏在心头；如果将反对意见充分表达出来，甚至与他人展开论争，则会使不满情绪有一个释放的出口，而能使个人得到一种心理上的满足，更何况论争可能会促使事物沿着本身的道路向前推进。[①]限制言论自由很容易使社会结构缺乏适应环境的变迁所必要的张力与弹性，最终有可能引发社会震荡。[②] 网络凭借开放性、匿名性和互动性的特点为人们搭建了一个平等对话的平台，每个人都可以自由自主地发表各种评论和意见，这就为人们宣泄对现实社会的不满情绪提供了一个非常难得的场所。尤为重要的是，它能够发挥"减压阀"的独特作用，有效缓解和释放民众情绪与社会压力，从而为进一步化解各种社会矛盾、促进社会和谐稳定赢得足够的回旋空间。

（四）激发社会活力的推进器

现代化社会的一个本质特性和基本标志是社会活力的高度活跃和持续增强。激发社会活力固然离不开体制机制的优化、创新环境的营造和改革开放的助推等重大举措，而人的主体地位的确立、自由精神的塑造和创造能力的提升也是贯穿始终的核心要素。当下网络言论自由在激发社会活力、推动社会进步方面的重要作用不可小觑。

首先，有助于激发思想解放的活力。思想是一种既无形又无穷的力量，

---

① 参见〔德〕黑格尔《法哲学原理》，范扬、张企泰译，商务印书馆，2011，第 379 页。

② 参见王雅奇《网络民意中的情绪与理性》，《北京邮电大学学报》（社会科学版）2010 年第 6 期。

"思想解放，是一个社会活力的来源"①，是社会进步的重要推动力。因此，自由自觉地思考、表达及实践是人的本性的内在要求，也是社会得以存在与发展的必要前提。相较于传统言论自由，网络环境下言论自由的主体具有显著的平等性和自主性特征。普通民众能同社会精英与意见领袖一样获得话语权，可以在网上自由发表意见、宣传观点和传播信息，并在交流中相互启迪，在碰撞中激发智慧，在探究中更新观念。言论主体的平民化势必会带来信息来源的丰富化、传播方式的多样化以及价值观念的多元化，人们的思想解放活力也会因此而得到极大的激发。

其次，有助于激发参政议政的活力。互联网构建了人们对政治问题和社会问题进行讨论和交流的公共领域。由于互联网的开放性和交互性特征，各种网络论坛如雨后春笋般纷纷涌现，普通民众拥有了对国家政治和社会事件自由发表评论、交换意见、形成舆论的最为便利的场所，很多人成了网络空间中"自由发声的大多数"。随着认知水平和评论能力的提升，人们参政议政的欲望愈加强烈，对政治生活和公共决策过程的介入愈加深入。同时，随着电子政务的不断推进，政府信息越来越公开透明，这无形中拉近了政府与民众、政治与社会之间的距离，促使国家政治日益生活化、平民化和人性化，极大地激发了人们参政议政的热情和积极性。

最后，有助于激发文化发展的活力。人类历史反复证明：只要社会存有言论自由，就会为文化的繁荣昌盛提供良好的社会氛围与发展渠道；相反，如果缺乏言论自由，文化就很容易被肆意摆布与摧残而停滞不前甚至枯萎凋零。互联网是个全球性开放系统，"是传播人类优秀文化、弘扬正能量的重要载体"②，网络言论自由则是启动和推动文化发展的重要力量。随着互联网的深入发展与广泛应用，网络言论表达与传播更加快捷和便利，人们足不出户就能上网查阅资料，汲取精神养分，不断丰富自己的文化素养；也可以通过网络发表言论，传播思想，交流互鉴，为文化发展和文明进步作出积极贡献。

---

① 习近平：《在纪念马克思诞辰200周年大会上的讲话》，人民出版社，2018，第19页。
② 《习近平谈治国理政》第二卷，外文出版社，2017，第534页。

三 网络言论的失范及危害

网络言论自由在发挥积极作用的同时，也可能向相反的方向发展。如果人们在网络空间滥用言论自由权利，就很有可能会产生行为失范，继而生成一种破坏性的力量，给社会发展带来各种危害和不利影响。

（一）网络言论失范的含义和分类

"失范"这一术语首先由法国社会学家迪尔凯姆（亦译作"涂尔干"）引入社会学之中。他认为，失范是一种规范滞后、模糊或者紊乱而导致社会成员的自由无度和行为混乱的状态。① 美国学者杰克·D. 道格拉斯和弗兰西斯·C. 瓦克斯勒作出类似解释，认为失范是"一种准规范缺乏、含混或者社会规范变化多端，以致不能为社会成员提供指导的社会情境"②。中国学者朱力则分两个层面对失范作出较为宽泛的解释：在规范瓦解层面，失范是指社会的价值目标与规范体系紊乱致使功能丧失，而无法指导与约束社会成员的思想与行为；在行为越轨层面，失范是指社会成员违背主导的社会规范的行为。③ 基于行为越轨的视角，可以将网络言论自由的失范（以下简称为"网络言论失范"）界定为：公民在网络空间滥用言论自由权而发布或传播违反法律、伦理道德和党纪政纪等规范的言论，从而对网络空间和现实社会秩序产生危害的行为。依据违反行为规范的性质不同，可将网络言论失范分为网络不良言论、网络违纪言论和网络违法言论三大类型。

1. 网络不良言论

所谓网络不良言论，是指公民通过网络发布或传播违背自律公约或伦理道德等规范而对他人、组织或社会造成一定的负面影响的言论，主要包括违反自律公约的网络言论和违反伦理道德的网络言论。

（1）违反自律公约的网络言论。这是指公民通过互联网发布或传播言论的方式、方法或内容违反各种网络自律组织公约而给社会带来不良影响。

---

① 参见〔法〕埃米尔·涂尔干《社会分工论》，渠东译，三联书店，2000，第14~16页。
② 〔美〕杰克·D. 道格拉斯、弗兰西斯·C. 瓦克斯勒：《越轨社会学概论》，张宁、朱欣民译，河北人民出版社，1987，第53页。
③ 参见朱力《失范范畴的理论演化》，《南京大学学报》（哲学·人文科学·社会科学）2007年第4期。

网络自律组织公约的种类较多，主要有网民、网络社区和网络行业等的自律规范，网络自律组织有权依据各自的自律规范对失范行为给予相应处理。违反自律公约的网络言论主要包括网络垃圾信息、网络虚假信息和网络歧视言论等。网络垃圾信息是指未经接收者同意，通过网络强行发送或推出商业广告、宣传资料等不良信息。垃圾邮件、弹窗广告是最为严重的网络垃圾信息，它给接收者带来无限烦恼。网络虚假信息就是通过网络散布未经证实的、带有较大负面影响的信息。它会误导人们的价值判断和思想观念，欺骗和伤害人们的感情，从而对社会诚信建设造成不良影响。网络歧视言论是指通过网络散布对某一个群体的不正当的偏见，并对其加以区别对待的言论，如种族歧视、民族歧视、地域歧视、性别歧视、职业歧视等言论。这些言论人为地制造各种群体之间的鸿沟和对立，极不利于社会的和谐稳定。

（2）违反伦理道德的网络言论。这是指公民通过互联网散布背离善良风俗和公共道德的言论而给社会带来不良影响。网络道德既是调节网络空间中的主体相互之间社会关系的一种行为规范，也是评价网络言论善恶的一个重要标准。网络低俗言论是最为突出的违反伦理道德的网络言论。国务院新闻办等部门曾将网络低俗言论概括为：直接暴露和描写人体性部位的内容，以庸俗和挑逗性标题吸引点击的内容，宣扬暴力、恶意谩骂、侮辱他人的内容，恶意传播侵害他人隐私的内容等类型。①

2. 网络违纪言论

网络违纪言论全称为"违反党纪政纪的网络言论"。这是指党员、公务人员或群团组织人员等具有特殊身份的人员通过网络散布违反政党纪律、行政纪律、群团纪律等的不当言论而给社会带来不良影响。党纪政纪规范的行为主体有明显的指向性，它所针对的是党员、公务人员、群团组织人员等具有特殊身份的人员，即使是在网络空间，他们的言论也要以政党纪律、行政纪律、群团纪律为底线，否则会受到所在组织或单位的处分。然而，一些具有特殊身份的人为了博取眼球、赢得更多关注和支持而常常发

① 杨文：《权威部门给出有害信息判定标准》，《光明日报》2009年3月15日，第6版。

表"出格"言论①，或者因不同见解和个人利益而故意发表不当言论，这不仅会严重损害党和政府的形象，而且会对社会造成恶劣的影响。

3. 网络违法言论

所谓网络违法言论，是指公民通过网络发布或传播违反相关法律法规的言论而给其他个人、组织或国家带来严重的社会不良影响，且需要承担相应法律责任。网络违法言论之所以会产生相应的法律责任，根本原因在于行为人主观上存在过错，其言论在后果上具有社会危害性。而且网络违法言论往往伴随着相应的行为，对其科以相应的法律责任，实质上是对网络违法言论行为的社会危害性的一种惩罚。网络违法言论主要包括网络言论侵权和网络言论犯罪两类。

（1）网络言论侵权。网络言论侵权是指行为人在网络空间由于过错发布或传播有关言论而对其他个人或组织的私权利或利益构成损害，依法应当承担民事法律责任的行为。网络言论侵权违反的是民事法律，损害的是其他个人或组织的私权利或利益。网络言论侵权主要包括网络名誉侵权、网络隐私侵权、网络暴力侵权和网络版权侵权等。网络名誉侵权，是指行为人通过网络发表或传播侮辱性、诽谤性等言论，致使其他个人或组织的名誉受到现实损害的行为。网络隐私侵权的主体比较复杂，可以是个人、网络运营者、商业公司或软硬件设备供货商等，侵权的方法更是多种多样，主要有未经授权通过网络公开发布或传播他人的隐私信息，或者非法截取、复制他人正在传递的电子信息，或者强行打开他人的电子邮箱、闯入私人网上空间窃取他人的信息资料，致使他人的隐私权益受到损害。网络暴力侵权作为现实社会暴力侵权在网上的一种延伸，是"网络用户使用语言暴力语言侵害他人的人格权，给当事人造成现实损害的行为"②。与网络隐私侵权、网络名誉侵权侵害的单个客体不同，网络暴力侵权侵害的是一般人格权，受害人的肖像权、名誉权、荣誉权、隐私权等人格权可能同时受到侵害。网络版权侵权，是指未经著作权人同意，通过网络擅自公开发布或传播他人的原创作品，或者非法抄袭、更改、消除著作权人上传的数字化

---

① 参见许玉镇、肖成俊《网络言论失范及其多中心治理》，《当代法学》2016年第3期。

② 郭俊：《网络暴力侵权规制探究》，《学术交流》2014年第5期。

作品，致使他人相应的人身权或财产权受到损害。

（2）网络言论犯罪。网络言论犯罪是指行为人在网络空间发表或传播违反刑法的相关言论，侵害公民个人权利、社会公共利益或者国家利益，依法应当承担刑事法律责任的行为。网络言论犯罪主要有网络谣言、网络诈骗、网络淫秽、网络仇恨和网络暴力等犯罪类型。网络谣言犯罪是指通过网络散布没有事实依据且带有攻击性的言论，对正常的社会秩序造成严重影响的犯罪行为，主要涉及突发事件处置、公共领域治理、公众人物评价等方面。网络诈骗犯罪是指通过网络故意散布虚假信息，以骗取数额较大的公私财物的犯罪行为。网络淫秽犯罪是指通过网络宣扬淫秽行为、败坏社会风气且具有严重的社会危害性的行为。网络仇恨犯罪是指通过网络散布针对某个民族、种族和宗教等特定群体的仇恨的言论，从而引起社会动乱的犯罪行为。网络暴力犯罪是指通过网络散布恶毒凶狠、攻击谩骂等的言论和信息，公然侮辱他人或者捏造事实诽谤他人，造成严重社会影响或扰乱社会秩序的犯罪行为。另外，利用网络散布危害国家安全和社会公共利益、阴谋颠覆政府、分裂国家以及宣扬恐怖主义和极端主义等非法言论，而严重威胁国家利益和国家安全的行为，都属于网络言论犯罪。

（二）网络言论失范的危害

网络言论失范现象不是凭空产生的，而是多种因素共同作用和影响的产物。相较于现实世界的言论失范，网络言论失范具有参与主体的复杂性、传播过程的难控性和扩散范围的广泛性等诸多特点，因而其危害后果更为严重，概括起来，主要有以下几个方面。

1. 污染网络生态

在网络空间，由于缺乏有效监控与管理，言论自由很容易被滥用。尤其是网络空间具有的开放共享、自由流动、实时互动等特性，更加助长了各种失范言论的肆意传播，使互联网信息污染范围可以快速扩大，诸如网上淫秽、色情、虚假、歧视等失范言论，严重腐蚀了人们的心灵，污染了网络环境。更为严重的是，网上淫秽色情言论对网络公德和生态文明的负面影响较大，有的影视传媒公司片面追求收视率，在节目中大肆走低俗、重复、没内涵的"涉黄"路线，靠"大尺度"曝光、频繁出现色情场面来吸引眼球；更有一些网站为了凝聚人气、获取点击率和增加收入，不惜纵容甚至直接参与淫秽色情信息的传播，这严重败坏了社会风气。① 另外，网上谣言、诈骗、仇恨、暴恐等信息的横行都会导致网络文化生态环境的严重异化。

2. 扭曲价值观念

网络天然具有非中心、去权威、多元化等特性以及批判、解构与颠覆功能。基于网络传播的特点和人们的接受心理，非权威的、质疑性的、哗众取宠的信息以及不良的和违法的言论更容易在网上广泛传播。网络失范言论的泛滥，严重影响和干扰了人们对社会的理性认知、对道德与政策的基本判断以及对价值观念与人生信仰的正确追求。

3. 加剧信任危机

不管是哪一种社会形态，都需要以相互信任和协作为基础。相反，"一旦生活在一起的人们失去了彼此的忠诚和信任，他们之间的相互安全和一切法律关系就变成了不可能的"②。网络空间中存在的垃圾信息、虚假信息和诈骗信息等，严重扭曲了事实真相，蒙蔽了人们的眼睛，混淆了人们的思想观念，从而改变了人们对事物本质的理解和认识。更为严重的是，人们多次上当受骗以后就会自然而然地产生"网上无真相""别人不靠谱""社会不诚信"之类的感觉，使网络言论和信息传播的可信度大幅降低，网络公信力持续下降，进一步加剧社会信任危机。如果任其发展下去，那就很有可能将社会推向万劫不复的危险境地，因为"当信息不再真实，我们对其的信任就会变成我们的堕落之源，使船固定的锚反而变成了使船下沉的罪魁祸首。这和独裁主义统治下人们习惯性的玩世不恭有异曲同工的特点"③。

4. 破坏民主法治

民主社会的基础就在于自由讨论与平等协商，而多数人和少数人的自由讨论与平等协商更是必不可少的。然而，网络空间中因言论自由滥用而生成的群体极化现象常常会动摇这种基础。群体极化在人类历史上各个时

---

① 参见陈国飞《网络言论自由的滥用与规制》，《党政干部学刊》2019 年第 4 期。
② 〔德〕费希特：《自然法权基础》，谢地坤、程志民译，商务印书馆，2009，第 144 页。
③ 〔美〕马克·斯劳卡：《大冲突：赛博空间和高科技对现实的威胁》，黄锫坚译，江西教育出版社，1999，第 168 页。

期有不同表现形式，诸如暴民私刑、快闪抢劫、"神圣战争"、集体歇斯底里、狂热崇拜、从众心态、团体迷思等不胜枚举，如今"这些效应可能会被网络效应进一步放大"[①]。事实上，网络空间中各种群体性偏激的言论、极端的立场客观存在，多数人的暴虐、多数意志的强制现象时有发生，诸如网络围观、网络哄客、"网络水军"、"网络通缉"、"人肉搜索"等，不一而足。这不仅会无端剥夺少数人的言论表达权，侵害他人的人身权益，甚至还会出现利用网络舆论"绑架"政府和司法的情形，从而与民主的本质完全背离，也与法治的精神相去甚远。

5. 危害安全稳定

在网络空间，由于缺少必要的社会约束，人们很容易丧失理性和自制力，随意发表不负责任的言论，从而误导公共舆论、引起社会混乱。特别是在面对官民冲突、贫富分化、劳资矛盾、房屋拆迁、土地征用、环境污染、医患纠纷、教育不公、司法腐败等问题时，一些不法分子通过网络趁机煽动社会不满情绪，诱使民众拒绝与政府合作，甚至公开对抗政府，人为制造"群体性事件"和"突发性事件"，试图瓦解民众对政府执政能力的信心及合法性的认同。更有甚者，一些恐怖组织、邪教组织、分裂分子和叛国分子也在趁机利用网络"讲经传道"、招摇撞骗，宣扬极端思想和反动主张，煽动和制造暴力，企图引发社会动荡混乱，以实现他们的险恶用心和政治图谋，极大地干扰和破坏国家安全和社会稳定。[②]

第四节　网络言论自由法律规制的现实需求

规制一词来源于英文 regulation，最初是针对经济领域而言的。其基本含义是，公共机构依据一定的规则对特定社会的个人和组织的经济活动进行控制或引导，以实现既定的公共政策目标，后来被引入社会性规制中，法律规制也随之应运而生。所谓法律规制，就是指依据法律规范对人的行为活动进行调整或引导，以实现既定的法律目标。当前中国法学研究大都

[①] 〔美〕詹姆斯·格雷克：《信息简史》，高博译，人民邮电出版社，2013，第416页。
[②] 参见丁大晴《公民网络监督法律机制研究》，南京大学出版社，2013，第54页。

专注于规范的静态研究，而法律规制更加注重规范的动态研究，即既要动态地审视法律规范的制定、执行、监督以及实施效果（包括评估、回馈与修正机制等），也要动态地审视法律规范与政治、社会、经济、科技、文化等因素之间的相互作用和影响。网络空间是现实社会的延伸和反映，社会性是其本质属性。网络空间既具有扩展人类生存空间、促进社会发展和文明进步的积极功能，同时也不可避免地存在消减人类的生存价值基础、妨害社会发展和文明进步的消极因素，因而对网络空间进行法律规制是完全必要的。网络言论自由作为言论自由在网络空间中的一种表现形式，对其进行法律规制同样必不可少，而且十分重要。

一　推进网络内容治理法治化的需要

首先，有助于实现公民网络言论自由权利保障的法治化。言论自由是一项基本人权，其保障程度是衡量一个国家法治体系是否完备的重要标志。公民享有言论自由权利的程度是评价一个国家制度是否民主的基本尺度。作为言论自由的一种新的形态，网络言论自由不仅具有言论自由的一般价值和功能，而且在提升自我价值、加强民主监督、舒缓民众情绪和激发社会活力等方面还起着非常重要的作用。对网络言论自由进行保护既是中国特色社会主义民主政治的重要体现和时代要求，也是社会主义法律的重要内涵和基本功能。因此，网络内容治理的出发点和归宿就是对公民网络言论自由权利进行权威性确认和保护，而不是无端限制，更不是任意剥夺。如果说"'法治化'的本质属性是对法律权威的价值追求和形态建构"[①]，那么，网络内容治理法治化的本质属性就是通过对网络言论自由权利的权威性价值弘扬来评价和升华网络言论表达与传播活动，并通过一系列制度保障公民网络言论自由权利的实现。

其次，有助于实现公民网络言论表达与传播行为规制的法治化。公民的言论自由权利在网络言论表达与传播过程中得到了极大的释放和彰显。然而，网络言论表达与传播过程中出现的一系列新情况、新问题和新挑战也不容忽视。例如，一系列垃圾、虚假、歧视和低俗等违反自律规范和道

①　殷峰：《政治参与法治化问题探析》，《政法学刊》2008 年第 3 期。

德伦理的网络言论泛滥，在这种情形下，网络空间俨然成为不良言论的信息库；一些造谣中伤、谩骂诽谤和恶意曝光等的网络侵权言论不断蔓延，网络空间似乎成为人身攻击和隐私揭露频发区；特别是一些不法分子肆意制造或传播谣言、诈骗、淫秽、仇恨和暴力等网络犯罪言论，企图把网络空间打造成侵害公民权利、社会利益或国家利益的策源地。因此，建立健全一系列法律制度和规则，加强对网络言论表达与传播行为的规范和约束，是网络内容治理法治化的客观要求。

最后，有助于实现政府规制网络失范言论的法治化。在现代社会，任何一个法治国家对公民权利的干预，原则上都是受限制的、可测度的和受监督的，而不是无限制的、不可测度的和不受监督的。由于"言论自由的真正威胁不在于那些经由公众讨论和选择而达成的限制，而是在于那些被政治权力的行使者们巧妙地、非自愿地或以随便什么价值的名义所强加的限制"①，所以，依法推进网络内容治理，不仅在于实现公民网络言论自由权利保障的法治化和网络言论表达与传播行为规制的法治化，还在于通过网络内容的立法和制度建设明确网络内容规制的指导思想、原则、机构、主体职责及相应的法律责任，从而为政府网络内容规制的法治化建设提供制度保障。这对加强政府网络内容规制决策的透明化与民主化以及规制行为的合法化与程序化，促使相关管理部门及其工作人员依法行使职权，特别是公正行使自由裁量权，消除为所欲为的特权思想和霸道作风，有效防止暗箱操作、权力异化和任意限制与剥夺公民网络言论自由权利的现象发生，加快法治政府建设，全面推进依法行政进程，都具有重要的现实意义。

二　促使网络利益表达正当化的需要

互联网的快速发展与普及，搭建了一个快速便捷、畅通无阻的言论发布与传播平台，从而为人们自主表达利益诉求、发泄情绪和发表不同意见以及充分实现言论自由权利提供了极大便利。

当前，随着中国特色社会主义市场经济深入发展，人民生活水平显著提高。但是，人们的利益关系也发生了突出变化，利益主体多元化、利益

---

① 〔美〕R.T.诺兰等：《伦理学与现实生活》，姚新中等译，华夏出版社，1988，第377页。

差距扩大化、利益矛盾复杂化的特征日趋明显。不同利益主体站在各自的立场，表达符合自身利益的诉求，这本是一种正常现象，无可非议。问题的关键是，少部分人不能实现预期的利益要求时，往往会因心理失衡、情绪失控而采取非法的、非理性的、非正当的言行以求得社会关注，而网络空间似乎成了他们不受任何约束、发泄私愤、贬损他人的场所。尤其令人忧虑的是，他们中的一些人基于共同的失败与挫折经历而在网上会聚成特殊的群体。经某个热点事件的诱发，他们很有可能产生一种心理暗示和情感共鸣，继而独立的人格意识渐趋丧失，无意识的人格占据主导，逐步形成同一方向的思想倾向。此时他们更容易表现出疯狂性、盲目性和冲动性，会随意发表和传播一些不负责任的言论，无端指责和攻击其他群体与个人，甚至发泄对政府和社会的不满，制造各种对立和冲突，给社会的稳定和发展带来极大的隐患。对此，既不能听之任之、纵容放任，也不能采取简单粗暴的方式加以压制。

为了促进网络利益表达的理性化和正当化，必须构建和完善网络言论自由法律制度，用法律的手段调节网上各种利益诉求、关系，规范和保障网络言论自由及网络利益表达的内容、范围和效果。这对于维护公民网络利益表达权利，规范公民网络利益表达行为，营造一个既有自由又有秩序，既畅所欲言、充分表达又合法正当、理性有度的网络言论氛围，是相当重要的。同时，从更广泛的意义讲，法与其他社会规范一样，通过认识、确认、分配、衡量和保护等方式对利益进行协调与平衡，将有利于社会整体利益的正当化，使个体利益和意志服从整体利益和意志，进而化解利益矛盾、实现利益协调、促进社会和谐。①

三 维护网络政治参与有序化的需要

互联网的快速发展与扩张为公民的政治参与和自主沟通带来了新的机遇，"公民们能够并正在形成他们自己的、围绕现有政治框架建立起来的政治和意识形态格局，从而创造出一个灵活可变的政治领域"②。网络政治参

---

① 参见孙国华、龚刚强等《和谐社会的法治基础》，知识产权出版社，2012，第34页。
② 〔美〕曼纽尔·卡斯特：《认同的力量》，曹荣湘译，社会科学文献出版社，2006，第409页。

与是网络环境下公民实现宪法和法律规定的批评权、建议权、监督权、检举权等表达性权利的一种新形态。它作为一项权利形态被赋予了新的时代内涵，并为公民的网络政治生活提供了目标指引和价值导向，因此，充分享有网络政治参与权利势必成为现代公民的一种迫切的政治愿景与诉求，而加强网络政治参与权利的法律保护则是不断完善和发展新时代中国特色社会主义民主政治的重要内容。

当然，我们也必须清醒地看到，网络政治参与同民主政治不能完全画等号。有序网络政治参与能够推动和促进民主政治的发展，而无序网络政治参与却会影响和阻碍民主政治的发展。塞缪尔·P.亨廷顿特别强调政治参与程度和政治制度化程度之间的协调关系对政体稳定的重要性。他认为，一个国家的政治稳定在很大意义上依赖于政治参与的制度化和有序化程度。具体而言，"如果要想保持政治稳定，当政治参与提高时，社会政治制度的复杂性、自治性、适应性和内聚力也必须随之提高"①。然而在失去法律控制的地方，总是那些野蛮霸道的人得势，这种情况下的政治参与必将会演变成一场政治危机和灾难，社会也将会处于持续的动荡和混乱之中。因此，为了引导和规范公民网络参与行为，在加强网络政治参与权利的法律保护的同时，还要针对新问题和新挑战不断完善网络言论自由的法律规制体系，细化网络言论表达的管理规定，只要是有关政治参与的领域和行为，就应有相应的法律法规进行调整和规范，以便有效抑制参与情绪化、过度化；同时，要建立网络言论表达监管机构，加大综合执法力度，依法打击网络犯罪行为，对那些在网上散布谣言、虚假信息和反动言论，反人类、反社会、反国家等各种严重的违法行为，坚决采取法律的手段加以制裁和惩罚，以便更加有效地维护正常的网络政治参与秩序。

四　实现网络舆论生态清朗化的需要

通俗地讲，舆论是公众的言论，因而舆论也有公共舆论之称。它是社会评价的一种，是社会心理的集中反映。网络舆论就是公众借助网络平台

---

① 参见〔美〕塞缪尔·P.亨廷顿《变化社会中的政治秩序》，王冠华、刘为等译，上海人民出版社，2015，第60页。

对某一事件或行为公开发表与传播意见、态度的舆论形式。网络舆论作为网络言论自由的一种主要表现形式，具有独特的导向功能、沟通功能和监督功能，它在反映社情民意、汇集民众智慧、监督公共权力、表达爱国热情、激发社会活力、促进公平正义等方面发挥着无可替代的积极作用。但与此同时，网上言论主体多元化、意见交流互动化、传播通道多样化和舆论交锋复杂化等特点，也为网络失范言论的滋生蔓延打开方便之门，从而使网络舆论生态受到污染和破坏。

网络失范言论对网络舆论生态环境可能造成的直接影响和潜在威胁主要表现在以下三个方面：一是网络虚假信息泛滥，二是网络谣言频繁产生，三是网络舆论暴力凸显。此外，在网络空间，利用网络舆论煽动民族情绪和区域对立，"绑架"司法审判和政府管理，宣扬封建迷信、国家分裂、恐怖主义等非法现象时有发生；更有甚者，一些国外敌对势力伺机利用网络舆论干涉中国内政，给网络空间舆论生态乃至国家信息安全带来极大的挑战。如果不及时对网络空间中的各种失范言论和负面舆情进行治理，放任自流，任其发展下去，就会出现更多肆无忌惮、为所欲为的非法行为，网络舆论生态环境将会变得乌烟瘴气、污浊不堪。

网络空间同现实社会一样，不是绝对自由、无法无天的无人之境。因而，充分发挥法律在引导和规制网络舆论制造与传播中的重要作用，是有效防止网络言论自由滥用，消除网络舆论生态乱象，打造清朗有序的网络空间的必然要求。习近平总书记认为，"网络空间天朗气清、生态良好，符合人民利益"[①]，他进而强调，不仅要坚决制止和打击利用网络鼓吹推翻国家政权、煽动宗教极端主义、宣扬民族分裂思想、教唆暴力恐怖活动等行为，而且要坚决规制利用网络进行欺诈、散布色情材料、进行人身攻击、兜售非法物品等言行；他还进一步要求，要"加强互联网内容建设，建立网络综合治理体系，营造清朗的网络空间"[②]。习近平总书记的深刻洞察和远见卓识，无疑为实现网络舆论生态体系健康有序发展提供了强大的理论指导和行动指南。

[①] 《习近平谈治国理政》第二卷，外文出版社，2017，第336页。
[②] 《习近平谈治国理政》第三卷，外文出版社，2020，第33页。

第二章　网络言论自由法律规制的
理论范畴

　　言论自由法律规制是一个历久弥新、常谈常新的研究对象，而网络言论自由法律规制无疑是当下最为新颖和热门的话题之一，因而有必要首先构建网络言论自由法律规制的理论范畴。本书在借鉴相关理论研究最新成果的基础上，提出虚拟与现实、自由与秩序、包容与引导等范畴作为网络言论自由法律规制的理论依据。其中，虚拟与现实为网络言论自由法律规制奠定深厚的哲学基础，自由与秩序为网络言论自由法律规制提供坚实的价值基础，包容与引导则为网络言论自由法律规制发掘可行的功能基础。

第一节　虚拟与现实[①]

　　当前，以计算机、信息与通信技术为支撑的互联网络的高速发展，正以前所未有的规模与速度改变着人类的生活，促使人类快步进入网络化时代。网络化加深了人类生存方式的虚拟化，生存方式的虚拟化意味着人类从未体验过的虚拟空间的出现，而虚拟空间反过来又深刻地影响和改变了人类现实的实践活动，这引发了虚拟与现实之间的矛盾和冲突。对此，从网络空间的根基、主体和内容三个维度来认识和界定网络空间与现实社会的辩证关系，对于从马克思主义哲学的高度深刻理解和把握网络空间的本质属性，缓和虚拟与现实之间的紧张关系，不断丰富和完善人类社会的实践活动，从而为构建植根于现实社会的网络言论自由法律规制体系提供哲

---

　　①　参见丁大晴《习近平网络空间观的三个维度》，《重庆邮电大学学报》（社会科学版）2018年第 5 期。

学支撑，是极其重要的。

一 网络空间的基础：现实社会

相对于现实社会，网络空间的虚拟性特征非常鲜明，它是通过互联网和数字化虚拟，将各种复杂多变的信息转化为 0-1 数字方式来表达事物及其关系，以构建一种再现的或者人造的世界。互联网和数字化虚拟本身是集微电子、计算机、电信等技术于一体的新技术，从人类发明创造互联网的实践指向看，人们尽管以不同的方式参与到各种网络活动之中，但基本上首先是在工具意义上研发和使用网络的，网络最为普遍和直接地显示出的本质属性是工具性，即网络是人类认识和改造世界的现代信息工具系统。[①] 互联网和数字化虚拟作为人类认识和改造现实世界的新型工具，是继语言文字符号化虚拟之后的又一种连接人的思想观念与现实活动的中介工具。但互联网和数字化虚拟同语言文字符号化虚拟一样，也是在社会生产需要的基础上产生的。正如马克思指出的那样，在社会生产发展中，"不但客观条件改变着……而且生产者也改变着，他炼出新的品质，通过生产而发展和改造着自身，造成新的力量和新的观念，造成新的交往方式，新的需要和新的语言"[②]。互联网和数字化虚拟作为人类生产和社会交往的一种更为高级的中介工具，更具直观性、互动性、丰富性和多维性，因而由互联网和数字化虚拟所构建的网络空间更能吸引人们参与并沉浸其中。人们乐于在网络空间进行各种虚拟活动，形成了虚拟的认识、实践和交往，并逐步建立了相对稳定的虚拟联系和关系，从而构成了网络虚拟社会，这也被称为"虚拟生存"或"数字化生存"。

那么，网络空间的基础和前提究竟是什么？人类真的能够脱离现实社会而实现所谓的"虚拟生存"或"数字化生存"吗？对此，习近平总书记运用马克思主义哲学基本原理作出了辩证的回答。一方面，他高度关注和重视互联网和数字化虚拟在人类生产和社会交往的各个领域催发的这一场前所未有的深刻变革。2014 年，他先后指出，当今世界，"信息化和经济全

[①] 参见代金平、周卫红、魏钢《哲学网络观研究：内容与意义》，《探索》2006 年第 5 期。
[②] 《马克思恩格斯文集》第八卷，人民出版社，2009，第 145 页。

球化相互促进，互联网已经融入社会生活方方面面，深刻改变了人们的生产和生活方式"①，"互联网日益成为创新驱动发展的先导力量……有力推动着社会发展"②。另一方面，他从辩证唯物主义世界观和方法论出发，明确提出要"学习掌握世界统一于物质、物质决定意识的原理，坚持从客观实际出发制定政策、推进工作"，"准确把握我国不同发展阶段的新变化新特点，使主观世界更好符合客观实际，按照实际决定工作方针"③。他还坚持历史唯物主义的基本立场，郑重指出，社会存在决定社会意识，物质生产始终是社会历史发展的决定性因素，要"学习和掌握物质生产是社会生活的基础的观点"，更好地认识规律，按照客观规律办事。④ 而且，习近平总书记还在多种场合激励人们立足中国特色社会主义建设的实际，大胆探索，不断深化包括互联网和数字化虚拟在内的社会发展规律的认识，努力推进实践基础上的理论创新、科技创新以及其他领域的创新。一言以蔽之，习近平总书记旨在强调物质世界和现实社会始终是当代一切社会活动的根本和基础的观点，这对于我们深刻认识网络空间的依存基础和发展趋势具有极其重要的启示价值。

首先，必须始终坚持世界物质统一性原理，基于网络空间进行的虚拟活动只能植根于现实社会，现实社会一直是而且仍将是人类生存和发展的基础和依归。毫无疑问，网络空间及其虚拟活动极大地扩展了人类生产生活的范围，提升了人们认识世界和改造世界的能力。然而，万维网之父蒂姆·伯纳斯·李坦言，"网络不是一个技术产物，它更像是一个社会产物"⑤。和以前一切技术一样，互联网和数字化虚拟技术的开发利用、管理控制和未来发展，其最终目标就是支持并丰富人类的社会生产和交往需要。人们津津乐道的所谓"虚拟生存"或"数字化生存"不过是人类现实生存的一

---

① 《习近平谈治国理政》，外文出版社，2014，第197页。
② 《习近平关于网络强国论述摘编》，中央文献出版社，2021，第150页。
③ 参见《习近平在中共中央政治局第二十次集体学习时强调 坚持运用辩证唯物主义世界观方法论提高解决我国改革发展基本问题本领》，《人民日报》2015年1月25日，第1版。
④ 参见《习近平在中共中央政治局第十一次集体学习时强调 推动全党学习和掌握历史唯物主义更好认识规律更加能动地推进工作》，《人民日报》2013年12月5日，第1版。
⑤ 转引自〔美〕安德鲁·基恩《数字眩晕》，郑友栋、李冬芳、潘朝辉译，安徽人民出版社，2013，第137页。

种特殊形态，是网络信息时代社会生活方式多样化的一种体现和展示，它根本没有也不可能改变世界物质统一性原理。即便虚拟现实技术发展到了人们难以想象的程度，虚拟现实也要以现实社会为基础。虚拟技术再发达，都要为现实社会服务；网络交往再丰富，都只能立足和依附于现实社会。离开了现实社会，网络空间就失去了存在和发展的根基，就成了无源之水、无本之木。现实社会永远是网络空间发展和繁荣之根，网络空间绝不可能取代现实社会而成为人类生存和发展的基地。"网络社会的线上与线下、虚拟与实体的互动交流是社会'二重化'的结果，这没有从本质上改变网络社会具有同现实社会一样的社会属性，没有超越马恩经典作家的社会本质论。"①

其次，必须始终坚持社会存在决定社会意识的原理，基于网络空间形成的认识和经验，必须回到现实社会的客观环境中去检验。"互联网不是精神客体或超验对象，而是一个人造的环境，以许多设计师的愿景和行动为基础。"② "网络空间没有天性……它的性质是人为的结果。"③ 学者们一再揭示互联网和网络空间的人造性质，旨在暗示或强调，互联网和数字化虚拟技术的设计思想、运作模式和发展成果以及人们对网络空间的认识与经验，必须不断接受现实社会实践的检验。从更广泛的意义上说，人类认识和改造现实社会的程度决定了网络空间发展的程度。数字化虚拟不仅直接体现了现时代人类认识和改造现实社会的能力，而且直接反映了现时代人类认识和改造现实社会的局限性。人类不断加深对现实社会的认识和改造，从而实现对自身的认识和改造，这是一个永无止境的过程④；与之相适应，数字化虚拟技术的进步、网络空间的发展也是一个永无止境的过程。目前，数字化虚拟技术对现实社会的虚拟已经呈现加速发展的态势，实现了从最初的"虚拟现实"到"增强现实"再到如今的"混合现实"的跃升。不难

---

① 徐汉明、张新平：《网络社会治理的法治模式》，《中国社会科学》2018 年第 2 期。
② 〔英〕詹姆斯·柯兰、娜塔莉·芬顿、德斯·弗里德曼：《互联网的误读》，何道宽译，中国人民大学出版社，2014，第 132 页。
③ 〔美〕劳伦斯·莱斯格：《思想的未来》，李旭译，中信出版社，2004，第 128 页。
④ 参见叶险明《马克思的哲学革命与哲学的现实基础——兼论关于虚拟与现实关系研究的方法论》，《哲学研究》2005 年第 2 期。

想象，随着互联网和数字化虚拟技术的迅猛发展，虚拟现实必将会越来越逼真完美，网络空间也必定会越来越繁荣发达。然而不容忽视的是，"人应该在实践中证明自己思维的真理性，即自己思维的现实性和力量"[①]，在永无止境的数字化虚拟和网络空间的探索与发展过程中，必须始终坚持以客观世界的现实性为发展根基，紧紧依靠现实社会实践探求真知，才能科学认识和掌握规律，从而准确把握数字化虚拟和网络空间的本质特征与发展趋势。

二　网络空间的主体：现实社会中的人

马克思曾指出，"全部人类历史的第一个前提无疑是有生命的个人的存在"[②]，这科学揭示了唯物史观的出发点和前提就是"现实的个人"的深刻内涵。基于这个前提研究人类社会的发展历史，是正确认识和把握人的本质的关键。马克思认为，"我们的出发点是从事实际活动的人"[③]。从有生命的、现实的人本身出发，符合人类的实际状况，凸显马克思主义主体观的本质旨趣。人是一切社会实践活动的主体，人总是在各种历练和实践中逐渐成长的，并不断丰富和扩展自身的生存方式和发展空间。"在历史的发展中，人向着追求越来越丰富的、越全面的规定性和多种多样现实性的方向发展，并在历史的发展中逐步生成人的自由个性，逐步趋向于人的自由而全面发展……"[④] 互联网和数字化虚拟就是当代人类对丰富规定性和多样现实性以及自由全面发展的趋向进行不断追求和探索而取得的硕果。

但是，互联网和数字化虚拟无论多么富有想象力和创造力都永远不会改变人的现实本性和主导地位。在网络空间延伸的世界里，在各种替代性追求和延伸似乎无穷无尽的世界里，人类的那些生物学特性和信息加工机制的主导地位与作用，岿然不动。[⑤] "即使是人在网上的虚拟在场也是人的实在性在场，虚拟人只是其'牵线木偶'或'化身''代理'，而主体的

①　《马克思恩格斯选集》第一卷，人民出版社，2012，第 134 页。
②　《马克思恩格斯选集》第一卷，人民出版社，2012，第 146 页。
③　《马克思恩格斯选集》第一卷，人民出版社，2012，第 152 页。
④　《包俊洪：马克思主义的主体观》，人民网，http://theory.people.com.cn/n/2015/0128/c40531-26462728.html，最后访问日期：2023 年 7 月 1 日。
⑤　参见〔美〕莱文森《软利器：信息革命的自然历史与未来》，何道宽译，复旦大学出版社，2011，第 186 页。

'虚拟行为'完全是由其实在动机引发的……"① 因而，网络空间作为新型的虚拟中介和人造空间，只是人类活动范围的延伸与扩展，表面上看似无形无边、虚无缥缈、捉摸不定，实际上是由有形的、现实的人在操控和支配的。正如习近平总书记所说，"互联网虽然是无形的，但运用互联网的人们都是有形的"②。网络社会的主体仍然是现实社会中的人，不同的只不过是通过网络进行交往和联系罢了。显然，活跃在网络空间的主体不论以何种面目出现，也不论其言行以何种方式表现，都是现实社会中的人的所思所想、所作所为在网络空间中的体现和反映。现实社会中的人才是网络空间的真正主体。网络空间的主体离开鲜活、生动的社会现实，在现实社会之外寻求网络虚拟生存，沉溺于数字化虚拟现实，陷入自我陶醉的癫狂之中而不能自拔，只能被现实社会所抛弃，被时代所淘汰。因此，在本体论意义上，如果说网络空间永远离不开现实社会，根本不可能同现实社会具有对等地位的话，那么同样可以说网络空间的主体也永远不可能脱离现实社会而独立存在，更不能同现实社会中的主体——人相提并论。

坚持网络空间的现实主体观，对于正确认识和把握网络空间的主体及虚拟实践活动的本质意蕴，消解人们面临的主体性危机和困境，具有极其重要的现实意义。

首先，有助于正确认识和驾驭网络技术，消解主体的技术困境。在网络信息时代，网络虚拟实践活动大大扩展和丰富了主体的行为空间和社会生活，人们似乎沉浸在网络虚拟实践活动所带来的充分自由的喜悦之中。但是当虚拟现实变得越来越完美，真实和表象的界限变得越来越模糊的时候，这又使人陷入主体性丧失的危险境地。这是因为，人们基于网络空间从事的虚拟实践活动必须依靠计算机技术、电信技术和网络技术等技术的支撑，否则人们的虚拟实践活动就无法开展。然而相当一部分人对网络过度依赖而不能自制，对虚拟实践活动过度沉湎而不能自拔，似乎完全被网络及其虚拟活动所控制，正如美国作家佩吉·努南所说的那样，是网络

---

① 肖峰、窦畅宇：《网络失范的哲学分析》，《理论视野》2016 年第 1 期。

② 《习近平关于网络强国论述摘编》，中央文献出版社，2021，第 159 页。

"这个新技术在驾驭我们，而不是我们在驾驭它"①。更为严重的是，在和计算机联系越来越密切的过程中，人们通过电脑屏幕上虚幻的符号就能实现许多人生体验，从而不知不觉地沦为网络技术的奴仆，丧失自身的主体性。因此，在互联网和虚拟技术广泛普及和运用的今天，我们必须始终保持清醒的头脑，始终清楚只有人自身才是网络虚拟实践活动的真正主体，是网络行动的实际操控者，这样才能始终秉承人的本性，把握技术背后的人性内涵，学会以科学的态度认知、研发和创新网络技术，以正确的方式对待和使用网络技术，进而真正实现网络对象性活动从自发到自觉的转变和跃升。

其次，有助于正确认识和理性对待网络信息，消解主体的认知困境。互联网是个自由、开放和共享的信息平台，极大地开阔了人们的眼界和视野，人们可以自由自主、无拘无束地发布、传播和接收各种信息，广泛而又充分地进行意见交换和观点碰撞，从而互相取长补短、共同进步和成长。但是互联网在不断提升和扩展人们的认识能力和范围的同时，也使主体陷入了认知困境。在网络上，"很多网民虽然能力平平，却毫不谦虚地生产出不计其数的数字产品……在网络上发布各种各样的东西：漫无边际的政治评论，不得体的家庭录像，令人尴尬的业余音乐，隐晦难懂的诗词、评论、散文和小说"②，人为制造了信息虚假繁荣的景象。更何况，即使是技术上有用的知识传播也不能代替反思的巨大力量。而且更令人担忧的是，由于缺乏严格的"把关人"制度和有效的监控，各种网络违法有害信息不断滋生蔓延，这给主体的认知能力及世界观、人生观和价值观的形成带来严重威胁。因此，在互联网的巨大功能被误用、滥用的情形下，要不断强化人的网络主体意识及责任和权利义务观念，教育和引导人们正确认识和对待各种网络信息，促使人们在进行网络虚拟实践和信息交流互动时，理性发布和传播信息，准确甄别、筛选和使用信息，自觉抵御和防范违法有害信

---

① 转引自〔美〕马克·斯劳卡《大冲突：赛博空间和高科技对现实的威胁》，黄锫坚译，江西教育出版社，1999，第 192 页。
② 〔美〕安德鲁·基恩：《网民的狂欢：关于互联网弊端的反思》，丁德良译，南海出版公司，2010，第 2~3 页。

息，从而不致在信息的海洋中迷失方向、丧失主体性。

最后，有助于正确认识和进行网络人际沟通和交流，消解主体的交往困境。互联网给人类社会带来了全新的交往方式，使人们能够突破时空的限制而进行便利、快捷的沟通和交流。但是互联网在一定程度上减少了人们之间实际接触的机会，弱化了主体的人际关系和现实感受性，减弱了主体的亲身体验性。对于网络成瘾者来说，他们整日与电脑或手机为伴，痴迷于网络空间的虚拟活动，"虚拟交流已经习以为常，而亲身经验已经属于濒危物种"①。显然，过度的网络交往活动使主体的交往发生异化。对此，习近平总书记告诫人们，"网络永远不能取代人与人面对面的沟通和交流。植根于人心的友情，才是牢不可破的"②，他重点强调现实社会中的人与人面对面的沟通和交流永远是第一位的、根本性的理念，网络空间的主体最终应该回归于现实社会中人与人面对面的沟通和交流。因为现实社会中的人与人面对面的沟通和交流，具有直接性、亲历性、体验性和情感性，是编织和搭建人们之间的情感纽带和友谊桥梁的立足点。人与人面对面的现实交往是社会联结和人际关系维系的基础和前提。只有人与人面对面的现实的交往环境，才能够形成真正意义上的社会关系；也只有在这种环境中成长起来的人才是真正意义上的人——具有鲜活个性和现实特质的人。网络交往作为一种新的交往方式，既具有很强的快捷性、自主性和交互性，也具有鲜明的虚拟性、间接性和替身性，因而人与人面对面的亲身交流和体验，永远是网络交往无法比拟的。

三 网络空间的内容：现实社会关系的反映

马克思认为，社会是人们交互作用和彼此联系的产物，他指出，"社会不是由个人构成，而是表示这些个人彼此发生的那些联系和关系的总和"③，

---

① 〔美〕马克·斯劳卡：《大冲突：赛博空间和高科技对现实的威胁》，黄鍀坚译，江西教育出版社，1999，第98页。
② 习近平：《努力构建中美新型大国关系——在第六轮中美战略与经济对话和第五轮中美人文交流高层磋商联合开幕式上的致辞》，《人民日报》2014年7月10日，第2版。
③ 《马克思恩格斯全集》第三十卷，人民出版社，1995，第221页。

人的本质"是一切社会关系的总和"①。在这里，马克思旨在强调，人是一切社会关系的本质所在，而社会总是体现为特定的社会关系，要言之，每个人都处在特定的现实社会关系之中。不管社会表现为何种形态，这种本质都不会改变。基于网络空间的虚拟社会同样如此，它源于现实社会，其结构和内容反映现实社会，也都是人们交互作用的产物，只不过网络虚拟社会更加强调"网络"的媒介属性和信息传播功能。确实，网络社会是个非常"现实的"地方，正如丹·希勒所说："互联网绝不是一个脱离真实世界之外而构建的全新王国，相反，互联网空间与现实世界是不可分割的部分。"②

然而，网络空间不仅是现实社会的机械反映或简单替代，它也能够根据自身的逻辑和需求而自动生成大量特有的内容，甚至还能对现实社会产生巨大的作用和深远的影响。诚如习近平总书记指出的那样，"互联网是我们这个时代最具发展活力的领域"③，网络空间的信息内容必然会对人们的价值观念、思维方式和行为方式产生重要影响，特别是会使人们对国家、对社会、对工作、对人生的看法发生深刻变化。④ 与此同时，还需注意的是，网络技术和任何技术一样从来都不是中立的，它往往具有两面性，诸如赋权与限制、表达与谬见、乌托邦与反乌托邦、良善与邪恶等。因而网络空间不是天堂，不能被神化，它只是人的世界，因此无论怎样对网络空间进行淡化、掩饰和润色，它所反映的仍然是纷扰的尘世生活。网络空间不是现实世界的遮羞布，也不是遮盖现实中丑陋现象的面纱。⑤ 网络空间越来越多地反映现实社会中人类的多样性和复杂性。事实上，现实社会中的各种现象——是非、真假、善恶、美丑等，都会不同程度地体现在网络空间中；现实社会中的各种问题、矛盾也都会通过不同方式反映在网络空间中。在这个意义上，基于网络空间形成的虚拟社会本质上就是现实社会本

---

① 《马克思恩格斯选集》第一卷，人民出版社，2012，第139页。
② 〔美〕丹·希勒：《数字资本主义》，杨立平译，江西人民出版社，2001，第287页。
③ 《习近平关于网络强国论述摘编》，中央文献出版社，2021，第160页。
④ 参见《习近平谈治国理政》第二卷，外文出版社，2017，第335页。
⑤ 参见〔加拿大〕哈威·费舍《数字冲击波》，黄淳、韩鸽、朱士兰等译，旅游教育出版社，2009，第43页。

身。进而言之，网络虚拟社会关系的两面性只能来自现实社会关系，不可能来自网络虚拟社会关系自身。基于此，作为社会关系的主体，与其说人既是网络社会大舞台的"编导者"也是"表演者"，倒不如说人先是网络社会大舞台的"编导者"然后才是"表演者"，所以，网络虚拟社会关系及其主体行为的改变和调整最终取决于现实社会关系及其主体行为的改变和调整。

要克服和消除网络虚拟社会关系中的突出问题和弊端，推动其健康发展，就必须立足于改变和调整现实社会关系以及活跃其中的人的行为。因为尽管网络技术具有双面性，但产生网络虚拟社会关系中问题和弊端的真正根源并不是网络技术本身，而是实际控制和掌握网络技术的人的所作所为，是人与人之间、人与社会组织之间以及社会组织之间所存在的各种矛盾的产物。正如有学者指出的那样："信息网络本身并非一个自主系统，它既可以张扬人性中善的方面，也可能放大人性中恶的方面……人作为网络的创造者、应用者，也是网络的双重社会效用产生的根源。"① 所以，只有不断加强网络法治、网络伦理、网络文明和网络内容建设，充分发挥法律规范、道德教化、文化引领和正面宣传的作用，才能对人们的网络行为进行有效引导、调适和控制，不断促进网络虚拟社会关系的和谐，使网络空间真正清朗起来。

互联网是一个全球性网络，它使跨国界的信息传播变得非常容易，"利用好、发展好、治理好互联网必须深化网络空间国际合作，携手构建网络空间命运共同体"②。为此，习近平总书记高度关注和重视全球互联网发展与治理中不断出现的新情况、新问题和新挑战，他极力倡导"国际社会应该在相互尊重、相互信任的基础上，加强对话合作，推动互联网全球治理体系变革，共同构建和平、安全、开放、合作的网络空间，建立多边、民主、透明的全球互联网治理体系"③。他还郑重提出"尊重网络主权、维护

---

① 代金平、郭毅：《网络观教育——信息时代社科类期刊的重要使命》，《科技与出版》2008年第1期。
② 《习近平关于网络强国论述摘编》，中央文献出版社，2021，第160~161页。
③ 《习近平关于网络强国论述摘编》，中央文献出版社，2021，第153页。

和平安全、促进开放合作、构建良好秩序"作为推进全球互联网治理体系变革的"四大原则"①，以及构建网络空间命运共同体的"五点主张"，强调各国应推动网络空间互联互通、共享共治，让互联网这个人类共同的精神家园更美丽、更干净、更安全。② 习近平总书记基于对网络空间内容本质的认识而提出的全球互联网治理的主张，充分反映了国际社会尤其是广大发展中国家的共同愿望，体现了他对网络信息时代社会发展趋势的深刻洞悉和远见卓识，为推进全球网络空间治理贡献了中国智慧。

四　网络空间言论自由的规制：植根于现实社会法律制度体系

长期以来，基于主权国家制定的法律具有鲜明的地域性特征，物理空间的边界和法律空间的边界存在密切联系，法律地图似乎与世界地图基本重合，因而"对于物理空间及处于该空间的人和物的控制，是主权和国家的固有属性"③。然而，建构于全球互联网基础上的网络空间打破了地域的限制，创造了开放共享的人类活动新领域，并给基于地理边界而确定的法律适用的合法性与可行性带来了巨大挑战。20 世纪 90 年代中期，以巴洛为代表的极端自由主义者认为，网络空间不处于主权国家的领地之内，不能适用现实社会的法律规则。这种过于理想化的主张经不住理论拷问和实践检验，很快被人们抛弃。取而代之的是，网络空间同样需要法律规制，而且必须植根于现实社会法律制度体系，这已经成为各国理论界与实务界的基本共识。

作为网络空间中权利之一的网络言论自由，对其进行规制必须牢牢植根于现实社会法律制度体系。主要理由有二。

一方面，从国家主权在网络空间的体现与延伸看，现实社会的法律原则和精神应该适用于网络空间。法国学者让·博丹最早提出国家主权的概念，后经过被誉为近代国际法奠基人的荷兰著名法学家胡果·格劳秀斯的发展与完善，国家主权所具有的对内的最高权和对外的独立权的双重内涵

① 《习近平关于网络强国论述摘编》，中央文献出版社，2021，第 44 页。
② 参见《习近平谈治国理政》第二卷，外文出版社，2017，第 532~536 页。
③ 〔美〕彼得·德恩里科、邓子滨编著《法的门前》，北京大学出版社，2012，第 395~396 页。

被揭示了出来，国家有权按照自己的意志决定对内对外政策，独立自主地
处理国内外一切事务。德国当代最重要的哲学家哈贝马斯指出："主权的地
位反映在国家权力的自主性当中……主权可以用国家权力机关的能力来加
以衡量，国家权力机关对外捍卫国家不受敌人的攻击，对内则维护'法律
和秩序'。"① 立法权是国家主权的核心内容，由国家制定或认可的并以国家
强制力保证实施的法律是维护社会秩序的基础。网络空间的崛起与繁荣集
聚了人类的智慧和创造力，极大地扩展和丰富了人的生活空间和样式。尽
管网络空间所具有的虚拟性、开放性、全球性和无界性等特征摧毁了传统
的地理边界，给国家主权理论和现实社会法律适用带来很大的挑战，但网
络空间是不可能完全脱离现实世界而存在的超空间。网络空间作为一种
"场所"，是与国家的领土等疆域相似的存在，因而"网络空间的'场所'
隐喻为互联网的法治基础——网络法的存在，提供了正当化理论视角"②。
网络空间同样存在主权，它是国家主权在网络空间的延展。正因为如此，
习近平总书记强调，《联合国宪章》确立的主权平等原则和精神也应该适用
于网络空间，"互联网技术再发展也不能侵犯他国的信息主权"③。所以，要
理直气壮地宣示和维护网络空间主权。虽然网络的开放式架构和网络参与
者身份的流动性特征对主权国家的属地控制造成很大冲击，但是遵循在国
家主权基础上形成的网络主权原则和要求，并以此解决国家或地区间的跨
境合作带来的法律适用问题，是不变的。而对网络言论自由进行法律规制
不仅是国家通过行使立法权来确认和保障网络空间主权的一个具体体现，
也意味着现实社会法律原则和精神能够适用于网络空间。

　　另一方面，从网络空间的本质属性与现实指向看，对网络言论自由进
行法律规制必须以现实社会法律制度体系为逻辑起点。如前所述，社会性
是网络空间最根本的属性，网络空间的产生与发展、结构形态、主体和内
容等都是植根于现实社会的。第一，网络空间是人类在社会实践的基础上

---

① 〔德〕尤尔根·哈贝马斯：《后民族结构》，曹卫东译，上海人民出版社，2002，第 76 页。
② 刘艳红：《互联网治理的形式法治与实质法治——基于场所、产品、媒介的网络空间三维
　度的展开》，《理论视野》2016 年第 9 期。
③ 参见《习近平谈治国理政》第二卷，外文出版社，2017，第 532~533 页；习近平《弘扬
　传统友好　共谱合作新篇——在巴西国会的演讲》，人民出版社，2014，第 9 页。

产生与发展起来的。人类为了满足自身的生存与发展需要，就必须从事物质资料生产和社会交往活动，并构成和形塑与之相适应的生产方式、交往方式和社会空间形态。网络空间的产生与发展不是偶然的，而是人类在现时代大胆实践、勇于创新、积极探索的必然结果，是人类基于现实社会所构建的一种充满活力的新型的社会空间形态。第二，网络空间依附于现实社会。尽管网络空间具有自身的特殊性，但它不具有独立存在的性质，它对现实社会有着极强的依附性。从网络空间的结构形态看，网络空间依赖于物质条件、技术支撑、运行逻辑和信息交互等关键性要素的共同作用，简单地说，需要硬件和软件的支持与维护。就硬件而言，网络离不开数据存储和信息交换的服务器、光缆、网线及电脑等存在于物理空间中的各种设备设施。这些设备设施布置所到之处，网络空间才有可能产生。就软件而言，它依靠 TCP/IP 协议及相互交换信息的共用软件程序对网络进行结构上的控制，从而形成各种具体的网络应用。因此，现实空间中的网络软硬件设施的有无及丰富程度直接决定了网络空间的存在与否及繁荣发达的程度。从网络空间的参与主体看，尽管人们在网络空间中的身份一般是虚拟的，但其背后都离不开现实社会中的人的真实身影。所以，不管网络空间的主体身份如何虚拟，也不管网络虚拟主体的行为如何变化多端，都无法改变人的现实本质及主导地位。从网络空间的管理控制看，网络规则的制定、IP 地址和域名的分配、各种网络应用的服务管理等，都是现实空间中的组织或个人的现实行为活动所推动的。第三，网络空间的信息内容是现实社会关系的深刻体现。网络空间不能自动生成信息内容，更不能自我管理。相反，网络空间的信息内容是现实中的人通过网络交流与互动而产生的，并在此基础上形成了各种虚拟社会关系。这些虚拟社会关系依交互的类型不同而不同。就信息内容所涉及的范围而言，可能事关国家的政治、经济、文化、教育、科技、国防、外交等大政方针，也可能事关企事业单位的组织运行情况以及人们的衣食住行等日常生活信息；就信息内容的性质而言，可能是正确的也可能是错误的，甚至可能是不良的或违法的；就信息内容的作用和影响而言，其可能推动和促进社会的发展与进步，也可能延缓和阻碍社会的发展与进步；等等。这些纷繁复杂的信息所生成的网络虚拟社会关系，究其本质而言，都是现实社会关系的一种深刻体现。所以说，网络空间的问题绝不单纯是网络空间自身的问题，它们都是现实空间的问题，只不过是通过网络空间表现出来罢了。① 总之，"网络社会在本质上没有超越马恩经典作家关于社会形态的本质论，决定了网络社会治理与现实社会一样，必然选择法治治理这一模式"②。而立足于现实社会法律制度体系来构建网络言论自由法治治理模式则是对网络空间言论表达进行规制的关键所在。

第二节　自由与秩序

任何法律都蕴含着特定的价值理念。任何法律规范都以特定的价值理念为指导。在法的诸多价值中，自由价值的重要意义不容置疑，秩序价值的基础地位不可撼动。因为"自由与秩序，是人类之于社会的两大相对的且最基本的需求"，它们"是人的本质的直接反映……制约和决定着法律其他价值"③。自由与秩序作为法律的重要价值，它们之间既相互区别、相互对立，又相互依存、不可分割。但长期以来，有论者只强调或重视自由与秩序相区别、相对立的一面，却忽视或轻视了它们相互依存、相互作用的一面，继而提出自由与秩序的冲突论。④ 为化解二者之间的冲突和矛盾，有论者提出了自由与秩序间协调配合的平衡说。⑤

---

① 参见〔美〕劳伦斯·莱斯格《代码》，李旭、姜丽楼、王文英译，中信出版社，2004，第261页。

② 徐汉明、张新平：《网络社会治理的法治模式》，《中国社会科学》2018年第2期。

③ 谢晖：《法律信仰的理念与基础》，山东人民出版社，1997，第152、155页。

④ 参见卓泽渊《法的价值论》，法律出版社，1999，第635~636页；刘洪鹏、李玉国《论自由对建立法治国家的价值——对自由与秩序价值冲突的思考》，《山东行政学院山东省经济管理干部学院学报》2004年第5期；安乙文《法的自由价值与秩序价值冲突的表现》，《工会论坛（山东省工会管理干部学院学报）》2007年第5期。

⑤ 参见王学忠《自由与秩序平衡下的法治政府建设》，《新视野》2014年第4期；周伟萌《自由与秩序：互联网信息传播中的法律价值冲突与协调》，《江汉论坛》2016年第11期；米恒《论法律对网络言论的规制与尺度——以国家治理能力现代化为视角》，《理论研究》2018年第5期。

　　事实上，自由与秩序冲突论在理论上是错误的，在实践中是有害的①，因而是不可取的。就其实质而言，自由与秩序冲突论者大多持有较极端的立场和激进的观点，即要么排斥秩序而强调对自由的绝对保障，要么敌视自由而强调对秩序的绝对追求，其结果是很容易跌入"极端自由"或者"极端秩序"的危险陷阱之中，不知不觉地被绝对自由论或绝对秩序论所支配和左右，从而逐渐丧失对社会问题尤其是复杂重大的社会敏感问题进行辩证思考和理智判断的能力。不容忽视的是，"自由与秩序看似矛盾，实际上是相互支撑的关系"②，具有相互融合的性质和客观需求。自由不应是秩序的对立面，而应成为秩序的向导和促进者，指引和推动秩序沿着自由的方向发展；秩序不应是自由的死敌，而应成为自由的守卫者和保护神，支持和保障自由在秩序的框架内得到实现。无秩序的自由，必将导致放纵、混乱与分裂；反之，无自由的秩序，必将导致专制、集权与窒息。因而任何抛弃秩序而寻求不受约束的绝对自由，或者抛弃自由而寻求过度规制的绝对秩序的做法都行不通。而自由与秩序的平衡说貌似公允、合理，但也存在一定的局限性：一方面，容易引起歧义和误解，机械僵化地将自由与秩序一视同仁、同等对待，在实务中非但不能化解二者之间的矛盾和冲突，反而有可能出现各执所见、各自为政的局面，加剧它们相互间的矛盾和冲突；另一方面，容易让人们陷入"简单的折中"的思维困境，即若"自由太多"则设法限制使之与秩序相当，抑或若"秩序过严"则设法松弛使之与自由相当，这些做法其实都不符合自由或秩序的本质意蕴。更有甚者，在极端异常的社会背景下，往往是自由或秩序中处于相对弱势的一方成为被强势的一方所压制或侵蚀的对象：在专制主义中央集权统治下的社会必定是"极端秩序"占绝对的上风，人们很容易失去普遍自由；而在无政府

---

　　①　"自由与秩序冲突"并不是个别人的偶尔之论，似乎形成了一定的系统性，在理论界具有相当的影响。"自由与秩序冲突"论不仅在理论上是错误的，而且在实践上是有害的。一方面，它有可能削弱自由的价值，容易造成以秩序的名义压制自由；另一方面，有可能在舆论上形成误导，使人们对国家在特定历史时期、特殊发展阶段为了大局稳定而制定的维护秩序的举措不甚理解。参见龙文懋《"自由与秩序的法律价值冲突"辨析》，《北京大学学报》（哲学社会科学版）2000 年第 4 期。

　　②　韩震：《论社会治理中的自由与秩序》，《社会治理》2016 年第 5 期。

主义泛滥盛行的社会必定是"极端自由"占绝对的上风,人们又很容易失去普遍秩序。不管哪种情况,试图寻求自由与秩序的平衡充其量是个美妙的设想而已。因此,我们既不能单向度、片面地追求自由或秩序,也不能执着于固守自由与秩序之间的平衡,而是要始终秉持自由与秩序有机融合的价值取向:自由以秩序为依托和支撑,秩序以自由为目的和归宿。

在网络空间条件下,只有在自由与秩序互为条件、相互规约中才能正确认识和把握网络言论自由法律规制价值融合的内在逻辑和目标导向。而基于自由与秩序动态融合视域追求和实现网络言论自由法律规制的整体价值最大化,更显得非常必要和迫切。

一 自由以秩序为依托和支撑:网络言论自由法律规制价值融合的内在逻辑

渴望和追求自由是人类的固有本性。互联网作为一个自由开放的媒介系统,正是当代人类面对丰富规定性和多样现实性以及自由全面发展的趋向而不断追求和探索所取得的硕果。[①] 活跃于互联网上的言论自由则是现实社会中的言论自由的一种扩展与应用,网络言论自由的崛起与繁荣在人类自由发展史上具有重要而深远的意义,它开辟了一个前所未有的新境界。与其他所有自由一样,网络言论自由不是某个特定的人或群体独自享有的绝对自由,而是全体公民对基于规则的共同秩序的承认和遵守所享有的普遍自由。因而网络言论自由同样需要法律制度和法律秩序的支持和保障,以维持其某种程度的有序性和确定性。其内在根据在于:秩序为网络言论自由创造良好环境,划定活动界限,提供行为预期。

(一)秩序为网络言论自由创造和谐稳定的社会环境

人类对自由的追求同对其他任何价值的追求一样,是一种有组织的、具有目的性和方向性的活动,"都必须依赖一定的秩序进行"[②]。哈耶克认为,人类社会存在两种秩序类型,即源于内部的自生秩序和源于外部的建

[①] 参见丁大晴《习近平网络空间观的三个维度》,《重庆邮电大学学报》(社会科学版)2018年第5期。

[②] 龙文懋:《"自由与秩序的法律价值冲突"辨析》,《北京大学学报》(哲学社会科学版)2000年第4期。

构秩序。所谓自生秩序，是由社会内部力量所自动催生的秩序；所谓建构秩序，也称人造秩序，是通过把一系列要素各置其位且指导或控制社会运动的方式而确立起来的秩序。[①] 同现实社会一样，网络空间也存在自生秩序与建构秩序这两种秩序类型。网络空间的自生秩序是指根据互联网自身的发展规律和运行逻辑而产生的秩序，它具有自发性、内在性和非强制性等特征，对网络言论表达规范起着基础性作用。维持网络空间自生秩序的规则主要包括网络伦理规范、网络自律章程、网络风俗习惯、网络文化形态等。网络空间的建构秩序，则是指由国家立法机关或其授权的行政机关制定的规则来规范和指引互联网的正常运行而建立起来的秩序，维持网络空间建构秩序的规则主要是法律法规、行政规章等。就此而论，也可将建构秩序称为法律秩序。法律秩序具有构造性、外在性和强制性等特征，它对网络言论表达规范起着主导性作用。正是在这个意义上，可以说法律秩序是实现网络言论自由的根本保障。因为"唯有服从人们自己为自己所规定的法律，才是自由"[②]；自由也只有在人们学会遵守和服从某些法则之后才会真正开始出现，没有秩序的自由就会沦为无拘无束的放纵和无政府主义。[③] 可以肯定地说，网络空间的自生秩序和法律秩序共同作用，会为言论自由权利的充分行使创造一个稳定、协调的网络社会环境，从而使人们享受相互关系中的同等自由，尽可能地在一般性秩序框架内自主进行各种网络言论表达活动。

（二）秩序为网络言论自由划定可为和不可为的活动界限

网络空间秩序在为言论自由创造有利的社会环境的同时，还为其标记了可为和不可为的行为界限。从法律的角度出发，网络言论自由不能突破公共利益和人格利益的边界，它既要受到国家安全、公共秩序和司法公正等公共利益的外在限制，又要受到名誉权、荣誉权、隐私权等人格利益的内在约束。如果网络言论自由不受法律的限制和约束，那么将会导致整个

---

① 参见〔英〕弗里德利希·冯·哈耶克《法律、立法与自由》第一卷，邓正来、张守东、李静冰译，中国大百科全书出版社，2000，第55~57页。

② 〔法〕卢梭：《社会契约论》，何兆武译，商务印书馆，2009，第26页。

③ 参见〔英〕约翰·埃默里克·爱德华·达尔伯格-阿克顿《自由与权力》，侯健、范亚峰译，译林出版社，2014，第274页。

网络言论秩序的混乱与失调，进而势必影响甚至毁掉言论自由自身。从这个意义上说，没有限制和约束就不可能有网络社会的有序协调状态，也就不可能有网络言论自由的真正实现。因此，只有自觉地遵守法律所确认和维护的网络言论表达秩序，才能使人们牢固树立边界意识，坚守不可逾越的底线，在可为的行为界限内更加充分、自如地发表和传播各自的思想观点，切实实现法律赋予公民的言论自由权利，而又不至于损害社会公共利益或侵犯他人的合法权益。具体而言，人们可以通过互联网毫无保留地讲述自己的所见所闻，但必须尊重事实、有案可稽，不能胡编乱造、颠倒是非，更不能泄露国家秘密或者擅自公布他人的隐私；人们也可以通过互联网直截了当地表达自己的观点，但必须客观公正、以理服人，不能强词夺理、颐指气使，更不能煽动非法活动、故意危害国家安全与公共秩序或无端造谣诽谤他人；人们还可以通过互联网行使对国家机关及其工作人员的批评建议权，但必须基于事实、有根有据，不能无中生有、凭空捏造，更不能违反关于申诉、控告和检举的程序性规定。

（三）秩序为网络言论自由提供明确的行为预期

自由作为人类永无止境的追求，始终需要秩序的呵护和保障，因为"秩序的本质特征就是可预期性，由可预期性而推演出规律性和确定性"[①]。人类正是借助秩序的规律性、确定性和可预期性特征，才能够在追求自由的过程中明确自己遵从秩序要求所带来的结果，从而减少行为预测的不确定性和模糊性，降低认识和把握外部世界的难度，形成对未来明确稳定的预期，并据此采取相应的行为策略。这就意味着只有在秩序中才能获得自由，"自由价值只有通过秩序价值才能实现"[②]。在互联网时代背景下，由于新媒介赋权增强了言论主体的多元性与自主性以及言论内容的丰富性与差异性，公民在网络空间的言论表达充满了诸多不确定性和不可控性，这种不确定性和不可控性因人们对网络空间的认识陷入自反性悖论之中而变得越发明显：一方面，人们被高度开放的网络空间给言论自由带来的极大便

[①] 李宏：《自由与秩序的辩证关系以及法治的价值取向》，载公丕祥主编《法制现代化研究》第十一卷，南京师范大学出版社，2007，第337页。

[②] 龙文懋：《"自由与秩序的法律价值冲突"辨析》，《北京大学学报》（哲学社会科学版）2000年第4期。

利折服，并试图将其视为一个无拘无束、任意言说的平台而乐此不疲地参与其中；另一方面，人们对网络空间失序导致的各类违法有害信息呈泛滥之势充满无力感。显然，要彻底摆脱这种自反性悖论的困境，就要不断强化秩序观念，加大网络空间制度建设与生态治理的力度，把网络言论自由纳入规范化和秩序化的轨道上来。唯此，才能够促使人们清晰明确地预判自己的言论表达以及与他人之间的交流互动是否合法、会产生什么结果以及能否得到法律的保护等，进而明智、理性地选择和控制自己的言论表达行为。

二　秩序以自由为目的和归宿：网络言论自由法律规制价值融合的目标导向

尽管秩序是实现自由的前提和基础，但由于秩序具有价值中立性，可以包含其他多种价值，因而秩序的性质是由其中占主导地位的价值决定的。这就意味着秩序并不必然与自由为伍，自然而然地发展成维护自由的力量，推动形成人们所普遍期待的自由民主的秩序；相反，它很可能和强权结盟而演变成破坏自由的元凶，竭力促成被人们普遍厌恶的专制的秩序。不过可以肯定的是，正是植根于法律制度之中的自由价值确保我们所追求的秩序不是专制的秩序，而是摆脱专制的自由秩序。因此，我们在强调自由必须以秩序为依托和支撑的同时，还必须坚持秩序以自由为目的和归宿，致力于形成自由民主的秩序。网络言论自由作为一项新兴权利，对其进行法律规制必须始终坚持把自由放在重要位置，充分发挥自由在网络言论自由法律规制价值融合中的目标导向的作用。这种作用主要表现在：自由为网络言论秩序的建立和完善奠定正当性基础，注入不竭动力，指明前行方向。

（一）自由为网络言论秩序的建构奠定正当性基础

人类一刻也离不开秩序，但仅有秩序是不够的。秩序既可以成为促进和保障自由的推手，也可以成为阻碍和扼杀自由的敌人，因此秩序的建立有一个判断其是否正当合理，即是促进和保障自由还是阻碍和扼杀自由的问题。现代社会秩序的建构的宗旨就是要为人的自由发展开辟更加广阔的空间。法律体系建设的主要任务乃是对自由的确认和保障，剥夺和限制自由的唯一目的恰恰在于获得更大的自由。如果仅仅是为了秩序就可以任意剥夺和限制自由，人的个性发展就会荡然无存，人类社会也将会陷入一潭死水、万马齐喑的窒息境地。因而由法律的授权性规范、禁止性规范、义务性规范等建构起来的法律秩序，只有以自由的精神内核为支撑才能获得正当性的基础。在互联网和社交媒体越来越普及与发达的今天，人类拥有了更大的生存空间、选择自由和更多的参与机会，公民发表意见、交流思想、传播信息的意愿与热情得到了充分释放和激发。在网络言论自由法律规制过程中，我们要倍加珍视网络言论自由所展现出来的平等、多元、包容的鲜明特质和时代价值，始终坚持以自由为评价和衡量网络言论秩序建构模式的基本尺度之一。任何片面追求秩序而打击、阻碍网络言论自由的做法，都是对人类自由本性和时代自由精神的扼杀与背离，因而必须予以坚决反对和抛弃。

（二）自由为网络言论秩序的优化注入不竭动力

秩序的一个基本特征是其具有稳定性，没有秩序就不可能有社会的和谐与稳定，也就不可能有真正的自由和民主。然而，社会秩序并非永恒不变的，而是一个动态变化的过程，"人类社会的发展实际上就是不断破解旧秩序创设新秩序，并将新秩序予以制度化的过程"①。那么，促成社会秩序的更替与优化的动力因素是什么？从法律的角度看，是法律所竭力体现和保障的核心价值之一——自由。言论自由作为一种最基本的自由，对彰显个性、激发活力、探求真理以及社会进步等方面都具有极为重要的价值功能。这些价值功能在网络时代被发挥到极致，并持续不断地为网络言论秩序的更替与优化提供强劲动力。首先，自由是确保网络言论秩序具有平等性特质的内在动因。在现代社会，自由和平等密不可分，有自由必然有平等。言论自由必然意味着言论平等。相较于传统媒体时代的言论自由，网络环境下的言论自由更具平等性。在网络空间，人们不受性别、年龄、民族、种族、职业、家庭出身、健康状况、教育程度、财产多寡等限制，可以在各类平台上直抒胸臆、畅所欲言，自由发表自己的意见和观点，并及时与他人进行思想碰撞、交流互鉴。在言论平等理念越发深入人心的形势

---

① 柳亮、刘景臣：《自由、秩序与法治》，《求索》2009 年第 9 期。

下，言论自由的功能也在发生显著变化，"言论自由不仅对抗国家权力，对抗谷歌、百度、新浪等大型跨国互联网公司，并且对抗互联网运行的结构本身"①。网络言论表达的平等性之所以表现得如此深刻，其根源就在于人类从未停止对自由的追求与探索，以及由此产生的强大推动力促使置身于互联网环境下的人们始终秉持网络中立、表达机会均等等秩序规则，同时要求网络服务平台必须遵循公平和非歧视原则并予以法律化、制度化。其次，自由是促进网络言论秩序包容性发展的巨大力量。言论自由极大地提升和激发了人们的自由度、思想活力和创新精神。同时，言论自由的发展也需要一个良好而稳定的言论秩序，而一个良性的言论秩序并不是要形成排斥异议、唯我独尊的"一言堂"，更不是制造无限上纲、乱扣帽子的"寒蝉效应"。事实上，积极倡导和维护言论自由势必形成观念分歧、意见不一和思想多元的局面，此乃现代社会具有开放包容特质的重要原因之一。正是自由赋予社会秩序以新的生机活力，推动社会秩序持续不断的优化代谢，从而确保社会秩序的包容性特质，避免社会系统的僵化和衰朽。"包容性秩序不仅是摆脱了单纯的任意性和不可预测性的秩序，而且是尊重多元和差异、包容多样性、充满活力的自由秩序。"②唯有自由才能确保人们所追求的包容性秩序不仅是可欲的，也是可行的。所以，只有不断地将自由的精髓和个体创造力融入网络言论秩序的建构与优化之中，才能确保自由与秩序在理论层面达到和谐统一，进而以此为指导去打造更具包容性特质的网络言论秩序。

（三）自由为网络言论秩序的治理指明前行方向

互联网在极大扩展言论表达空间的同时，也为散布网络谣言、虚假事实、色情低俗、暴力、侵权等违法有害信息提供了可乘之机。因而，重视和加强互联网内容建设及言论秩序治理，努力营造天朗气清的良好网络生态，已经成为全社会的高度共识。在运用法律手段对网络言论秩序进行治理的时候，要引导秩序沿着自由的方向发展，使秩序的价值在自由的范围

---

① 连雪晴：《互联网宪治主义：域名争议解决中的言论自由保护新论》，《华东政法大学学报》2018 年第 6 期。

② 朱振：《国家治理法治化进程中的包容性秩序观》，《法制与社会发展》2022 年第 3 期。

内得到实现。这是由法律的本质和目的所决定的。洛克曾精辟地论述法律的本质和目的即自由这一著名论断："法律的目的不是废除或限制自由，而是保护和扩大自由。"① 庞德也作过类似的论证，他认为，法律秩序的目的就在于促进和维护最大限度的自由的个人自我主张。尽管一切法律看起来似乎都是对自由的限制，但它们对自由进行限制是为了在总体上给人们带来更多的自由。因而，要小心地限制立法，以防止它的限制作用超过它的促进作用。② 马克思进一步阐明法律的本质就是自由，"法律不是压制自由的措施，……法典就是人民自由的圣经"③。总之，建立和维护法律秩序本身只是手段，不是目的，其根本目的恰恰在于保障和促进自由。自由始终是网络言论秩序治理的目标指引。倘若网络言论秩序治理偏离自由这一价值目标，就容易迷失方向，甚至走向反面。值得注意的是，一些地方政府在网络言论秩序治理的过程中，态度傲慢蛮横，作风简单粗暴，这显然是与网络言论自由的价值目标完全相悖的，必须彻底改变。

三 自由与秩序融合视域下网络言论自由法律规制的价值实现

自由与秩序是有机统一、不可分割的整体。对人类生存和发展有所助益的自由从来都是一种有秩序的自由，而对人类生存和发展有所帮助的秩序也只能是一种自由的秩序。因而，只有在自由与秩序的相互融合中才能实现各自价值的最大化，而且也只有在二者相互之间的动态融合中才能实现其整体价值最大化。

（一）以自由为目标维护和实现秩序：反对和摒弃网络言论绝对控制论

如今，基于维护网络空间安全与秩序的需要，必须对网络言论自由进行规制，这已然成为世界各国网络公共领域治理的普遍共识和实际行动，但如何合法正当地规制网络言论自由，是一个值得深思的问题。

正如我们反复强调的那样，言论自由对于个人发展、社会进步以及国家繁荣都具有极端重要性，它既是激发人们畅所欲言、直抒己见、褒贬时

---

① 〔英〕洛克：《政府论》下篇，叶启芳、瞿菊农译，商务印书馆，2011，第35页。
② 参见〔美〕罗·庞德《通过法律的社会控制 法律的任务》，沈宗灵、董世忠译，商务印书馆，1984，第106页。
③ 《马克思恩格斯全集》第一卷，人民出版社，1995，第176页。

政的热情和积极性，使社会始终充满生机与活力的推进器，也是增进思想交流、释放民众情绪、实现社会和谐、促进国家稳定发展的安全阀。互联网的普及应用使人们获得了更为广阔的言论表达空间，充分彰显了言论自由的时代价值和意义，这就必然要求在维护网络言论秩序时，应始终把言论自由放在突出的位置予以高度重视、精心呵护，使之成为无法撼动的核心价值目标之一，绝不能因网络违法和不良言论的存在及蔓延而对社会秩序可能造成危害就全盘否定网络言论自由的功能和作用，更不能片面地强调绝对控制，肆意打压和排斥网络言论自由。为此，应在国家宪法和法律的框架体系内，不断加强制约与监督政府权力的制度建设，促使政府坚持依法行政、审慎包容、有错必纠、有责必问等原则，坚持在充分保障公民言论自由权利的前提下实现对网络言论秩序的理性建构，着力营造一个安全、清朗、有序的网络话语环境。只有这样，才能有效防范和制止政府权力对言论自由的任意限制或剥夺，避免滑入过度规制的强权陷阱，杜绝寒蝉效应，从而更好地引导人们在网上发表言论时自觉养成遵守法律法规的良好习惯，并为营造一个规范有序的网络言论自由环境而作出不懈努力。

这是因为，网络言论自由和其他任何自由一样，容易受到强权尤其是国家权力的任意剥夺或限制。英国著名理论政治家、"绝对权力导致绝对腐败"名言的提出者阿克顿提醒人们要时刻提防国家权力对言论自由的任意干涉，而且强调免遭国家权力任意干涉的宽松环境是自由产生和存在的根源。[①] 詹姆斯·密尔则告诫人们要警惕政府任意限制或剥夺言论自由所带来的危害，"在所有其他机制中，让任何人代为公众选择意见都是危险的"[②]。正确的和错误的意见固然有其客观标准，但它们之间常常没有任何特定的标签和明显的记号可供辨识和选择，观点正确还是错误，只有在完全公开和自由的论辩中才能得到检验和证实。因此，在网络言论自由法律规制过程中，必须始终坚持以保障和促进言论自由为目标导向和行动指南，反对和摒弃任何与网络言论绝对控制论有关的思想观念和行为方式。

---

① 参见〔英〕约翰·埃默里克·爱德华·达尔伯格-阿克顿《自由与权力》，侯健、范亚峰译，译林出版社，2014，第271、291页。

② 〔英〕詹姆斯·密尔：《论出版自由》，吴小坤译，上海交通大学出版社，2008，第35页。

（二）以秩序为基础追求和实现自由：反对和摒弃网络言论绝对自由论

言论自由是一项神圣不可侵犯的基本人权，但这并非意味着人们可以抛开法律秩序的约束而不负责任地随意言说，因为人类行为的社会性本质特点决定了言论自由是相对的而不是绝对的。言论自由无论如何都不能离开秩序而单独存在，相反它是与秩序共存亡的自由，不仅随着秩序的产生而产生，而且随着秩序的消亡而消亡。

然而在人类社会发展史上，那种企图抛开秩序而寻求绝对的言论自由的欲望就像幽灵一样不时萦绕在人们的心头，一旦有机会就要显露端倪、"大出风头"。互联网的出现似乎为言论自由绝对论的产生和扩散提供了极佳的机遇。在互联网发展的早期，人们普遍认为，互联网在本质上是自由的，人们在现实世界无法实现的完全自由特别是言论自由都可以在虚拟的网络空间中实现，网络空间就是言论表达的绝对自由的天堂，因而网络言论自由是不可控制或不能被控制的。其中最具代表性的观点出自巴洛，他宣称，现实社会中的法律不能适用于网络空间，政府无权规制网络空间以及人们的网络言论；在网络空间，"人类思想所创造的一切都毫无限制且毫无成本地复制和传播"①。不过，拒绝和排斥政府规制的网络言论自由绝对论好景不长，很快因网络空间中出现的各种违法和不良言论污染网络生态、危害社会稳定而受到公众的广泛质疑。劳伦斯·莱斯格认为，网络空间已经发生转向，正在从一个无法被规制的空间走向一个具有高度约束性的空间。如果说网络的"本质"或许曾经是不可规制性，那么该"本质"即将消散。② 安德鲁·查德威克也指出，那种认为任何管理都是对互联网自由精神的背叛的看法，不管是为了公共利益还是私人利益，都是一种政治上的天真、精英主义和专家统治论，因而并不值得称道。③ 所以把法律秩序看成对网络言论自由的阻碍和遏制，完全不符合常理。倘若没有法律制度所建

① 〔美〕约翰·P.巴洛：《网络独立宣言》，李旭、李小武译，载高鸿钧主编《清华法治论衡》第四辑，清华大学出版社，2004，第511页。
② 参见〔美〕劳伦斯·莱斯格《代码》，李旭、姜丽楼、王文英译，中信出版社，2004，第32页。
③ 参见〔英〕安德鲁·查德威克《互联网政治学：国家、公民与新传播技术》，任孟山译，华夏出版社，2010，第342页。

构的秩序的维护，一个人的自由就会成为肆意攻击和伤害他人的武器，最终必将危及网络言论自由自身。

显然，同现实社会一样，人们在网络空间所享有的言论自由并不是一项不可限制或剥夺的绝对权利，它并不意味着人们可以在网上胡言乱语、造谣生事，更不意味着人们可以利用网络实施各种言论犯罪活动。一个健康清朗、文明理性的网络生态无论如何都不能容许这种绝对权利的存在。因此，要敢于向各种谣言、谎言、暴力、欺诈、色情等网络失范言论亮剑，努力营造一个既风清气正又开放包容的网络空间，让人们始终在健康有序的网络环境中去追求和实现言论自由。

（三）在自由与秩序的动态融合中实现网络言论自由法律规制的整体价值最大化

由于自由与秩序都是法律的重要价值，因而实现自由或秩序各自价值的最大化始终是人类孜孜以求的美好理想和愿望。不难想象，一个正常发展的社会很有可能使自由与秩序在有机融合中实现各自价值的最大化——互促共赢、携手并进。问题的关键在于社会总是处在变动不居的过程之中。这就意味着自由与秩序的有机融合并没有一种固定不变的常态化模式，而是一个不断调整、改变、优化和完善的动态过程。在这个意义上，自由与秩序作为一个统一的整体就像尺身以及能在尺身上滑动的游标组合而成的游标卡尺一样，二者之间是互鉴共存、命运与共的动态互生关系。无论是自由还是秩序，都只能在相互支撑、相互规约、相互标识的动态融合过程中找到自身定位的最佳点，从而实现二者在调整、保障和引导人的行为选择上的整体价值最大化，尽管这未必是各自价值的最大化。但是自由与秩序的动态融合也并不总是游移不定、变幻莫测的，而是在一定时期和范围内具有相对稳定性和可控性。因此，置身于瞬息万变的信息时代，我们必须在正确认识和把握中国特色社会主义社会的主要矛盾与根本任务的同时，敏锐地发现和关注社会发展面临的问题与挑战，继而根据不同的发展阶段和时代背景准确把握自由与秩序的整体性定位。

当然，互联网的快速发展使违法和有害信息比病毒的传播速度更快、覆盖范围更广、破坏力更强。尤其是在重大灾害事件（险情、疫情、灾情等）中，网络违法和有害信息的危害不亚于灾害事件本身，若不对其进行严厉打击将会产生严重的社会后果。例如，新冠疫情防控期间，千奇百怪的谣言无孔不入，严重侵蚀和污染网络空间，"若应对不当则容易加深人与人之间的诚信危机，诱发民众恐慌心理，引发社会动荡和秩序混乱，曲解国家经济和政治政策，损害政府威信，动摇广大人民群众的法律信仰，应给予严厉打击"①。因而为了有效地应对重大灾害事件，政府出于保护公民合法权益、维护公共安全和社会秩序之需要而对网络言论表达与传播行为依法采取较为严格的规制措施，这体现了优先维护社会秩序和社会稳定的价值取向，此乃特殊时期背景下的非常态化的应急之策，恰恰是在自由与秩序的动态融合中实现网络言论自由法律规制的整体价值最大化的一种具体做法。

第三节　包容与引导

作为一种特殊的社会规范，法律具有调整、保障和引导等功能。但长期以来，由于受到法的强制性本质定位的影响和支配，法律的调整和保障功能备受重视与推崇，一直占据着学术研究的突出地位，而法律的引导功能却遭到冷落，处于相对弱化的状态。同时，法律所固有的包容功能几乎未被提及。这些现象不能不引起我们的深刻反思。法律的调整功能和保障功能固然需要足够的重视，然而这不能成为忽略和轻视法律的包容与引导功能的理由。在新的时代条件下，必须认真对待和不断提升法律的包容与引导功能，并将其自觉地体现和运用于网络言论自由法律规制体系建设之中。

一　包容：不可忽视的法律功能

包容的含义十分丰富，但归纳起来可分为三个层次：一是容忍，即允许个人持有思想、表达意见和自主行动的自由，人们对于和自己持不同意见与观点的耐心与公正的容忍，是尊重和允许他人有判断和行动的自由的

---

① 陈文：《论重大灾害事件中的网络谣言传播及法律应对——以新型冠状病毒肺炎疫情为例》，《北方法学》2020 年第 5 期。

一个基本前提；二是宽容，即承认他人的独立人格及主体地位，以平等和尊重的态度对待"异见"和"杂音"，强调与他人和睦共处，尽量减少或避免对抗与冲突；三是容纳，即秉持"求同存异、兼容并蓄"的价值取向，以开放包容的胸怀拥抱他者，以交流互鉴的态度去研究和借鉴对立面中的有益成分，不断丰富和完善自己，保持自己的生命力、创造力和凝聚力。① 包容不仅是人类社会的优良品性，也是人类文明的迫切要求。现代社会治理强调关怀和尊重他者的权利，承认和接受他者的视野以及不同的生活方式，构建一个开放包容、多元互鉴、协同发展的社会。

（一）包容的法律内涵与边界

在现代社会，包容不仅饱含丰富的伦理意蕴，是一个必不可少的道德原则，而且蕴藏着独特的法律内涵，是法律所致力追求的一个基本价值取向和重要目标。从某种意义上说，包容既是法律得以产生和发展的重要动力，也是法律不断完善的重要源泉。从古代私人复仇的禁止到近代酷刑的废除，再到现代刑罚慎用、无罪推定，莫不闪耀着包容的光辉；从传统人权概念在西方少数国家的诞生到现代人权保障原则在各国立法及其实践中的普遍确立和应用，再到全球范围内的人权内涵的不断丰富和发展，无不凸显包容的伟力。可以毫不夸张地说，法律与包容相伴而生、相伴而行，相互促进、共同成长。正因为如此，法律在力图呈现为一个科学严密、封闭自足的体系的基本面相的同时，还始终在某种程度上对其体系外的主张和实践保持开放性，以便持续地回应来自共同体成员的外部要求，并从共同体成员的日常生活及历史实践中汲取源源不断的规范性力量，从而争取成为人们所遵守的生活之法。② 在现代法治社会，法律包容意味着法律在调整人的行为和社会关系过程中始终秉持自由平等、民主协商、公平正义等价值理念，最大限度地确认与保障公民权利，有效协调与整合多元利益关系，建立和完善能够体现广大人民根本利益的最广泛、最真实的民主制度。

当然，包容并非没有底线，不讲原则。相反，包容具有坚实的法律基

---

① 参见丁大晴《包容性发展理念对网络监督立法的启示》，《理论与改革》2012 年第 5 期。

② 参见叶一舟《意义的悬置与复归——建构历史包容的法律体系理论》，《政法论坛》2019 年第 1 期。

础和明确的法律边界。法律作为一种特殊的行为规范，是最低限度的道德，守护着整个社会秩序与公平正义的底线。法律是社会秩序和公平正义得以有效维系和实现的根本保障，守护社会秩序和公平正义的包容性底线是法律的重要使命。基于利益主体的多元性与利益选择的多样性的现实考量，现代法治国家大都在广泛征求意见和建议、实行民主协商的基础上，致力于消除分歧、化解纷争，增进互信、凝聚共识，将绝大多数人所普遍接受与认可的内容作为最低要求予以关注和尊重，并适时将其纳入法律调整的领域。"一旦含有最大公约数的包容进入法治领域，那么其就成为人人必须遵守的行为准则，成为公共政策制定的公理与前提，甚至成为执行政策和司法裁判的依据与规则。"① 此时的包容就会成为社会主体不可逾越的底线性要求而应当得到普遍遵守。

相较于法律所维护的底线性包容，基于道德关怀和价值追求的包容，既是对人的现实生活方式和行为方式的更高要求，也是对人的自我发展和自我完善的更高层次的目标牵引。人只有不断加强自身道德修养，尊重他人的主体地位和自由权利，克服和矫正自身的不当行为，才能把自己培养成具有高尚包容品质的人。显然，道德层面的包容的要求与范围远远高于和宽于法律层面的包容的要求与范围。然而，法律所维护的包容并非一成不变。随着人类社会的不断进步，法律与道德的关系会变得更加密切与深入，两者的融合也会更加复杂与频繁，道德层面的包容将会不断进入法律视野并为法律所吸收，因而法律所维护的包容底线和范围也会不断地抬升和扩展。

（二）法律包容的功能价值

包容作为一种客观的法律现象，不仅具有明确的法律边界，而且凸显丰富的功能价值。其主要表现如下。

第一，自由平等。法律包容是自由平等的客观要求和必然结果。一方面，法律包容体现自由的内容和范围。法律保护的自由具有普遍性，而不

---

① 于兆波：《包容特征的法治基础与法治保障》，载第五届北京中青年社科理论人才"百人工程"学者论坛文集编委会主编《北京精神：构建精神家园 提升文化软实力》，光明日报出版社，2013，第67页。

是某个人或某个群体所独享的自由。因而法律下的自由必然包含着对自身必要的限制，其目的在于促使人们在享受自由的时候，不做任何损害他人的事情，以确保其他人与自己享有同等的权利。换言之，法律下的自由就是对他人权利的尊重和宽容，这种尊重和宽容的程度和范围与自己依法享有自由的程序和范围是一致的。只有在人们遵循法律所规定和保护的自由规则的基础上，相互间的包容才会成为现实的可能。另一方面，法律包容凸显平等精神。法律包容强调尊重他人的独立人格及主体地位。在现代法治国家中，平等就是通过法律所确立的、向社会公开表达的一项基本原则和制度。具体地讲，平等意味着所有社会成员无论其家庭出身、政治背景、宗教信仰、社会地位、财产状况、隶属地区等存在何种差异和不同，都享有平等参与各种政治、经济、文化和社会活动的权利和机会；其人身权利和财产权利也受到法律的同等保护。这与法律包容的内涵和实质是一致的。

第二，民主协商。包容强调尊重他者、容忍异见和多元共存，这与植根于民主协商的现代法律制度高度契合。现代法律制度的建立离不开广泛认同的民主程序与协商机制。民主协商致力于凝聚多数人的共同意志。这种共同意志并非个人意志的简单累加，而是遵循少数服从多数原则，经过充分讨论、商量和辩驳而形成的，最后体现为可以被共同体成员所认同与接受的群体性意识。[1] 更为重要的是，这种公共意志的形成过程，蕴含着相互尊重、相互理解、相互融通和相互宽容的包容理念。正如艾丽斯·M.杨认为的那样，"沟通性的民主过程能够带来尊重与信任，能够跨越结构性差异与文化差异而使理解成为可能，能够激发起承诺、容忍与行动"[2]，从而使社会更加融洽与和谐。

第三，公平正义。法律包容以公平正义为依归。尽管法律包容承认和维护社会差异与分歧，但这并非意味着它支持和鼓励所有情形下的社会差异与分歧。相反，法律包容所承认和维护的社会差异与分歧，不仅要受到自由平等和民主协商原则的支配，更要受到公平正义原则的支配。一般而

---

[1]　参见周国文《公共善、宽容与平等：和谐社会的伦理基础》，《社会科学辑刊》2010 年第 5 期。

[2]　〔美〕艾丽斯·M.杨：《包容与民主》，彭斌、刘明译，江苏人民出版社，2013，第 70 页。

言，正义具有公正、公平、正当的意思。一个社会若完全失去了正义，武力横行、强权霸道，那么这个社会必定会被彻底摧毁，变成人间地狱。那种伤害的后果将非常恐怖，极有可能把维系社会的绳子扯得四分五裂，继而使组成社会的成员之间产生激烈的倾轧与对抗，① 社会必将因此陷入永无止境的争斗之中而不能自拔。因此，法律的重要使命就是致力于构建一个富有包容性的法律制度体系，并以此维护底线公平和社会公正，从而设法消除各种强权霸凌和制度壁垒所造成的差异与不平等现象，有效保障全体公民的机会公平、过程公平和分配结果的公平，促进社会公平正义，增进人民福祉。

（三）法律包容的重要作用

当前，新时代中国特色社会主义建设是一个浩大的系统工程，必然要对法律提出新的期望和要求，与此同时法律也应该在新时代中国特色社会主义建设的伟大进程中充分彰显和发挥其独特的包容功能和作用。

首先，公民权利的肯认与保障。在法律制度体系中，权利就是通过法律规范来确定和认可的人在社会生活中的行动自由。在现代社会，包容作为一种价值理念，越来越深刻地影响和推动着法律制度体系的发展与完善。法律包容是对新兴权利、弱者权利的一种最重要的态度。就新兴权利而言，"当新兴权利虽然于法无据，但并不违背法律的规则、原则和精神时，法律对之以包容的态度予以对待"②。放眼世界，现代法治国家对人的生存与发展相关权利的关注与肯定，特别是对个人隐私、信息、数据等新兴权利以及少数人权利的认可与保护，刑法的谦抑尤其是对死刑的限制或禁止等，就是包容理念不断走向深入，包容性价值取向所产生的强大的内驱力不断推动法律发展与完善的结果。在中国全面推进依法治国，大力促进国家治理体系和治理能力现代化的现实背景下，不仅要赋予包容更加丰富的时代内涵和精神价值，更重要的是必须通过法治建设与制度构造将包容理念转化为生动的法治实践。也就是说，只有将人们普遍肯定和认同的包容需求转变为法律所维护的权利，才能从法律制度上为人们铸就享有各种权利、

---

① 参见〔英〕亚当·斯密《道德情操论》，谢宗林译，中央编译出版社，2008，第103页。

② 谢晖：《论新兴权利的一般理论》，《法学论坛》2022年第1期。

发挥聪明才智、进行公平竞争的坚强堡垒。

其次，多元利益的协调与平衡。在现代社会，包容强调对多元利益的平等对待与协调合作。通俗地讲，利益就是好处，或者说就是某种需要或愿望的满足。① 随着中国经济社会的不断发展，资源配置方式的转变和收入分配制度的改革导致了社会利益格局的剧烈变化，多元利益群体及不同利益需求形成，这就必然会带来各种利益的分化与整合、竞争与合作、冲突与妥协。作为一种特殊的社会规范体系，法律秉承包容的思想理念和价值追求，承认权利所肯定和保护的利益是多元的，并且极有可能发生冲突。那么，法律是如何肯定和保护随时可能发生冲突的利益呢？关键在于其特有的利益协调与平衡机制的建立与运作，它有助于不同利益主体间化解冲突、达成共识，从而使人们在保持利益平衡、寻求互利共赢中凝聚起推动社会发展进步的重要力量，确保社会朝着开放包容、多元共存、和谐共生的方向发展。

最后，民主制度的确立与完善。人类社会的民主政治实践深刻表明，包容的价值理念已经被现代法治国家所普遍尊崇，并且作为一项不可或缺的法治原则全面嵌入民主体制和政治制度的基本架构之中，形成了法治保障民主、民主促进法治、民主法治兼收并蓄的良性互动关系，凸显了包容性民主法治在限制与约束权力、保障人民民主权利、促进公民政治参与中的重要功能和作用。包容不是某个党派、某个集团或某个人特别是国家权力执掌者居高临下的宽大为怀，更不是心生慈悲的怜悯恩赐，而是符合法律原则和规则的一种制度规范和刚性要求，具有普遍性价值和意义。倡导法律包容有助于充分尊重和保障人民群众的主体地位，确定和优化民主政治实现的程序与方法，广泛吸纳各种不同的声音，鼓励通过对话协商消弭分歧，从而达成友好合作互助共识，构建和谐稳定的社会关系。

二　引导：亟待提升的法律功能

法律蕴含和承载着十分丰富的价值理念，具有鲜明的价值评价与导向功能，尤其是在人的价值判断、价值选择、行为模式和生活方式等方面所

---

① 参见沈宗灵主编《法理学》，高等教育出版社，2004，第56页。

发挥的引导作用更为显著。所以，在关注和重视法律包容功能的同时，还应增强法律的引导功能。

（一）引导的法律内涵与基础

引导的简明意思是带领、指导、启发和导引。具体来讲，引导是指带领、指导或帮助人们摆脱困惑、走出困境，朝向某个目标行动。从法律的角度看，法律不仅要承认差异、容忍异见和包容多元，尊重他者的权利，接受不同的生活方式；同时还应该在充满潜在纷争与冲突的环境中，运用法律理念、准则和规则对不同利益需求及行为习惯进行积极引导，广泛凝聚共识，转变人们的思想观念和行为习惯，从而减少和避免纷争与冲突的发生，拓展求同存异、兼容并包、协作共进的广度与深度。简言之，所谓法律引导，是指通过法律原则、准则或规则的引导，给人们提供具有普遍性的行为模式或目标指向。

法律引导具有深厚的法理基础。具体如下。

首先，从法的目的和任务看，任何法律都具有一定的目的，且承担一定的职能和使命。法律是一项有目的的事业。一部制定法显然是一件有目的的东西，服务于某一目标或一系列相关目标——使人类行为服从于一般性规则的指导和控制。正是因为人们总是能够在某种程度上理解并尊重这些目标性要求，法律制度才能够在本来千差万别的社会中呈现某种相似性。[1] 因此，在发达的法治社会，法律始终维持着明确的目的和使命，以保证自身具有清晰的发展方向和未来的目标指引，从而对社会秩序的建构和人类行为的调整起到积极的导向作用。

其次，从法的实施过程看，法律的公正实施是法律引导功能得以有效彰显的实质所在。法律只有得到公正实施，立足于有效维护和保障每个公民的合法权利和社会成员的整体利益，才能显示出权威的普遍力量。值得注意的是，法律不仅约束普通社会成员，而且约束立法、执法和司法人员，以便促使人们在从事社会活动时遵守相应的行为规则，致力于营造一种有法可依、执法必严、违法必究的法治环境。这样一来，人们就会对包括自己在内的所有社会成员的行为形成一种明确而稳定的预期，并据此采取相

---

① 参见〔美〕富勒《法律的道德性》，郑戈译，商务印书馆，2009，第 169~175 页。

应的策略，从而使人们相互之间的行为方式和社会关系在一体化、普遍的法律制度的指引下呈现规范有序的和谐状态。

最后，从法的社会作用看，在法治社会，法律与每个人的生活息息相关，起着非常重要的行为导向作用。法律根据社会和时代发展的需要，构建全面系统的规范来指导人们社会生活各个方面的行为，它允许人们做什么，要求人们应该做什么，禁止人们做什么，以此来调整人们之间以及个人与社会之间的关系，保证社会秩序的有序运行。法律的作用不是约束人们不做任何自愿行为，而是指导和维护人们不要因其行为鲁莽或不慎而伤及自身，"正如同栽篱笆不是为了阻挡行人，而只是为了使他们往路上走一样"①。因而，在某种意义上，人就像一个旅行者，法律就像一个导游，试图为人们制作出行的路线图，告诉人们行走的道路及目的地，并力图使人们认识到法律指明的方向也是他自己出行的目标，尽管实际情况未必都是如此。

（二）法律引导的基本形态

法律作为由国家制定或认可的、具有价值评价和价值导向作用的行为规范，有原则、准则和规则等多种形式，并且在不同法域或法律部门中表现出来的形态是有差异的。与之相对应的是，法律引导可以表现为抽象概括的法律原则的引导、明确具体的法律规则的引导以及介于两者之间的法律准则的引导。

其一，法律原则引导。法律原则是法律精神和性质的集中体现，是法律的最高价值和根本理念。法律原则引导是法律引导中的最高层次的引导，具有抽象概括性、高度权威性和宏观指导性等特征，不仅指引着法律制度的整体运行方向，而且对社会主体的行为也发挥着十分重要的引导作用。法律原则对于法律操作的意义在于它指明了一部法律的总的精神意蕴及法律运行的总的方向，同时它也是法律价值得以实现的工具。② 当一个社会出现法律没有规定或规定不明的情况——"法律漏洞"或"法律沉默"，而无法有效解决面临的现实问题时，自由、平等、公正、诚信等法律原则就要

---

① 〔英〕霍布斯：《利维坦》，黎思复、黎廷弼译，商务印书馆，1985，第 271 页。
② 参见谢晖《法学范畴的矛盾辨思》，山东人民出版社，1999，第 130 页。

现身登场，发挥其不可替代的引导作用。

其二，法律规则引导。法律规则引导是法律引导中的最低层次的引导，或者说是一种底线引导，具有确定性、可预测性和微观指导性等特征。法律规则是法律明确规定的行为规范，即关于人们必须履行的法律义务以及所应承担的法律责任的规范，其目的在于明确要求人们为或不为一定行为，使人们在作出具体行为之前就能知道自己的行为是否受到法律保护或制裁，以免作出违反法律明确要求的行为。简言之，法律规则致力于在其所预设的事实范围内，为人们提供明确具体的行为指引，只不过它是"通过用一种强制性命令对逆向行为进行制裁的方式来规定某种行为"① 而实现的。

其三，法律准则引导。法律准则引导是介于法律原则引导与法律规则引导之间的一种引导，是中观层次的引导，具有不确定性、自主性和选择性等特征。在法律规范体系中，法律准则本身对社会主体的行为不具有正式的法律约束力，但能够对社会主体的行为产生一定的影响。法律准则的规范属性主要表现为授权性规范，其具有很强的任意性和选择性，可以为人们提供自主支配和自由发展的空间，人们是否行使权利、如何行使权利等完全由权利人自行决定。如果缺失法律准则这一授予权利或权力的行为规范，就无法有效地指导人们的行为，从而也就会扼杀和消灭人们自由发展的机会和空间。

（三）法律引导的功能体现

法律引导呈现稳定性引导和动态性引导的功能作用。

先看法律的稳定性引导。稳定性是法律最基本和最重要的特征之一。法律不仅是社会关系的调节器，通过确认和维护社会关系的性质与内容来保持和促进社会的和谐稳定，也是人们社会行为的指向标，通过制定和认可明确、肯定、普遍的行为规范来规约和引导人们和谐共处。基于法律自身所固有的稳定性视角，人们往往针对法律形成一种趋于保守的刻板印象，认为法律会延缓甚至阻碍时代的发展和社会的进步。这恐怕是对法律的一种误解，其主要原因在于简单地将法律归结为一套处理事务的、纯粹规范性的技术手段。其实，法律不是凭空制造出来的，而是通过对过去经验的

---

① 〔美〕E. 博登海默：《法理学：法律哲学与法律方法》，邓正来译，中国政法大学出版社，2017，第 138~139 页。

总结和归纳并根据人们的需要予以认可和规定而形成的。法律的这种认可和规定也不是随意的，而是受到各种因素的影响和制约，其中最为关键的是不仅要受到特定社会的物质生活条件的制约，还要受到特定社会的核心价值观念的支配。法律可以被理解为由经验固化而成的一系列规范（原则、准则或规则等表现形式）所引导的防护机制，以保护社会系统不被非法力量所瓦解以及人类行为不被非法力量所侵害。法律绝非因其稳定性而必然带有保守性，表现为一种阻止社会前进的制动力，恰恰相反，它是一种促进社会发展进步的牵引力。所以在某种意义上，与其说"法律通过其稳定制约未来"①，不如说法律通过其稳定引导未来。

接着看法律的动态性引导。法律的稳定性并非绝对而是相对的，法律应该随着人类社会的发展变化而发展变化。这就意味着法律在保持稳定性的同时，必然会表现出其动态性的一面。其实，法律并非一次性的锻造物，而是经过反复淬火打磨才炼成真身的，从而成为引导、维护和促进社会发展进步的重要力量。所以，绝大部分法律特别是具体的法律规范常常要根据人类生存和社会发展的需要而作出调整和改变，即使是一些体现永恒价值观念的法律原则和精神也会被人们不断地赋予新的时代内涵。例如，尽管自由与秩序这对法律重要价值范畴的基本意蕴是确定的，但这绝不意味着否定人们在社会发展的不同阶段、不同时期对其提出不同的要求；继而无论是自由还是秩序都蕴含着不同的法律政策目标与不同的价值内涵。社会变迁与法律变迁是个永不停息的互动过程：一方面，社会变迁必然要求法律作出相应的调整与变化，任何法律规则都不是凭空产生的，它都来自特定的社会背景，随着社会的变化而变化、发展而发展②；另一方面，法律变迁又必然会促进和引导社会发生革新与变化，法律规则如同潮水一样在随着社会力量起落的同时，也在指引着人们按其设定的方向前行。因而我们完全可以说，承载着人类社会所追求的自由、秩序、平等、公正等价值理念的法律就像一个永不停息的火车头，牵引人们在其根据社会发展变化

① 〔美〕伯尔曼：《信仰与秩序》，姚剑波译，中央编译出版社，2011，第 3 页。
② 参见〔美〕劳伦斯·M. 弗里德曼《法律制度——从社会科学角度观察》，李琼英、林欣译，中国政法大学出版社，2004，第 361 页。

而不断修正完善的轨道上驶向未来。

三 包容与引导视域下网络言论自由法律规制的功能实现

当前，充分认识和拓展法律的包容功能和引导功能，坚持在包容多元、尊重异见中彰显自由，在引导启发、凝聚共识中发展自由，并以此指导网络言论自由法律规制体系建设，加强对网络自由价值、网络利益表达和网络民主监督的尊重、宽容、接纳与引导，既是学术界面临的重要而紧迫的时代课题，也体现了广大人民群众的迫切愿望和要求。

（一）对网络自由价值的尊重与引导

自由是人类最宝贵的精神财富和最崇高的价值理念。不断追求更多的自由、获得最大化的自由一直是人类社会共同的愿景。法律的核心价值和终极任务就在于尊重和保障自由，法律对自由的任何限制的"唯一的正当理由只能是这种限制会带来更多自由"①。互联网作为人类文明进步的标志性产物，正是人们追求最大化的自由所取得的重大成果。网络自由特别是网络言论自由以其自主性、草根性、原生态、多元化之特点越来越赢得人们的广泛青睐，它对于赋予人们更大的话语权、加强民主监督、舒缓民众情绪和激发社会活力都是十分有利的。因此法律应该与时俱进，把尊重和包容网络言论自由作为自己的重要使命之一，适时构建起具有广泛包容性和开放性的尊重和保障言论自由的法律制度体系，以满足广大人民群众对网络言论自由表达的迫切需求和期待。

然而，包容并不意味着放任不管，更不意味着包庇和纵容。法律包容是有原则要求、底线边界的，法律对网络言论自由不能不闻不问，尤其是对网络言论失范行为更不能熟视无睹。所以，法律在尊重和保障网络言论自由的同时，必须承担起维护网络言论秩序、净化网络空间环境的重任。问题的关键是在整治网络言论秩序尤其是将网络言论失范纳入刑法规制范围时，务必秉持谦抑宽容的理念和谨慎克制的态度。如果依靠刑法以外的其他部门法就能实现惩治网络言论失范的目的，则必须优先加以选用而放弃刑法规制的手段，因为"刑法作为后卫的力量，属于其他法律调整社会

---

① 刘艳红：《刑法的根基与信仰》，《法制与社会发展》2021 年第 2 期。

关系不能时的保障法"①，若"刑法理会的事项过于宽泛，必然会过大地限制国民自由"②，公民的网络言论自由也必然会因此受到过度抑制。

那么，法律如何才能做到既尊重和包容网络言论自由，又不完全或不主要依仗其强制力而促使网络言论秩序有效实现呢？关键是要重视和强化法律的引导功能。法律引导能够较好地填补那些既需规范而又不需强制的网络言论表达与传播的空白地带，防止滑向要么严格控制、要么放任自流这两种极端的境地。更为重要的是，通过法律引导网络言论表达与传播可能比通过法律强制所要达到的效果更加有效和持久。由于强制言论一致是既不应该实际上也不可能做得到的，"制裁人的意见的法律对于心地宽宏的人有影响，对于坏人没有影响，不足使罪犯以必从，而是激怒了正直的人"③，这是不可取的。当务之急是认真研究互联网新媒体发展的新情况、新特征和新趋势，切实把握网络言论的传播态势和网络舆论的形成规律，不断丰富和完善网络言论表达法律引导的内涵、表现形式和作用机制，为网络言论自由的健康发展提供有效的法律保障。近些年来，我国网络内容治理立法的有关规定，较好地体现了法律在促进与引导网络言论理性表达方面的价值理念。④

（二）对网络利益表达的宽容与引导

言论自由的直接目的是"保护多元化的表达，让公民能够最大限度地自由发表观点"⑤。利益表达是人们基于自身的利益需要而向政治体系提出各种诉求，它是言论自由的一项重要内容。互联网的快速发展为人们的利益表达创造了极佳的条件和机遇。网络利益表达可以在助推民意感知便捷化、促进政府决策科学化、实现社会利益均衡化等方面发挥积极作用。然

---

① 姜涛：《社会风险的刑法调控及其模式改造》，《中国社会科学》2019 年第 7 期。
② 包旭：《言论自由刑法控制的正当性和原则——以自媒体为背景》，《学术探索》2017 年第 3 期。
③ 〔荷〕斯宾诺莎：《斯宾诺莎书文集（第 3 卷）：神学政治论》，温锡增译，商务印书馆，2014，第 279 页。
④ 参见《网络安全法》第 6 条，《网络信息内容生态治理规定》第 5 条、第 11 条、第 20 条、第 26 条，《互联网信息服务算法推荐管理规定》第 5~6 条、第 11 条、第 12 条。
⑤ 秦前红、王雨亭：《论我国宪法言论自由条款在司法判断中的运用——基于 295 份名誉权纠纷判决书的分析》，《苏州大学学报》（法学版）2020 年第 1 期。

而，网络利益表达也存在诸多不尽如人意的地方，一些情绪化、非理性甚至极端的网络言论很容易形成群体极化效应，使网络利益表达变异为群体攻击、多数人暴政或道德审判等异常行为，人为制造不同利益群体间的对立与隔膜，从而极有可能引发甚至加剧群体性事件，势必给社会治理带来严峻挑战。显然，由网络利益表达所形成的民意有真实、积极的一面，也有虚假、消极的一面，这似乎印证了黑格尔那句既简明扼要又"模棱两可"的名言："在民意中，一切皆亦真亦假。"①

因此，对于网络利益表达，法律应该秉持开放包容和积极引导的原则。

一方面，要尊重和包容网络利益表达，为其提供更多的制度关怀和保障。当今社会是一个自由、开放和多元化的社会，人们有着不同的利益诉求与主张，其表达意愿和参与意识十分强烈。网络内容治理应该顺应这一趋势，坚持开放包容的法治原则和理念，充分尊重人们发表意见和表达诉求的权利和自由，并将其贯穿于社会主义法治建设的各个领域、各个环节和整个过程，构建起体现和反映广大人民群众的意志与利益的法律机制。只有这样，才能够及时、全面、准确地了解和吸收客观真实且富有建设性的意见和诉求，有效化解和消除不同利益主体间的对抗与冲突，不断推动社会发展与进步；而且更重要的是，能够充分体现党和政府秉持的人民至上的治理理念以及对不同利益群体的呵护与关怀之情。

另一方面，要积极引导网络利益表达，为其指明正确的发展方向。网络利益表达群体的多元化、诉求内容的多样化必然导致网络表达结果的分散化和碎片化，尤其是情绪化、非理性的网络利益表达往往会助长和放大民众对社会的不满情绪和怨恨心理，从而给社会的和谐稳定带来潜在风险，甚至有可能引发政治危机和社会动荡，对此必须高度重视。因此，在强调尊重和包容不同群体的网络利益表达，营造平等尊重和多元共存的社会氛围的同时，还应该着力塑造以社会主义核心价值观为引领的法律制度和法治文化，并以此来规范、指导人们树立稳固的公民意识和责任观念，形成强烈的国家认同感和使命感，进而促使人们的网络利益表达沿着合法、合理、正当的轨道稳步前行。需要强调的是，政府在致力于保障网络言论表

---

① 转引自〔德〕施米特《宪法学说》，刘锋译，上海人民出版社，2005，第267页。

达和信息传播平台有序运行的基础上，应该积极推行柔性治理方式，充分发挥协调引导作用，鼓励多元主体共同参与议事，广泛听取民意表达，合理平衡各方利益，最大限度地凝聚共识，以便把公民引导到理性表达自己利益诉求的路径上来。

（三）对网络民主监督的接纳与引导

互联网的普及应用与快速发展为人们塑造了一个自由开放的公共话语空间，广大公民参政议政的政治热情被空前地激发出来，热衷于利用互联网积极行使宪法赋予的民主监督权这一神圣的权利，这有力地推动了网络民主监督这一新生事物的迅速成长和发展。如果说网络利益表达体现的是公民自身的意志主张和利益诉求（对私的权利），那么网络民主监督体现的则是公民对公权力运行的意见主张和利益诉求（对公的权利）。从发展历程和现实状况看，网络民主监督对促进政府作风转变、反腐倡廉建设和民主政治发展等方面所起的积极作用是显而易见的，但也难免存在一些问题，呈现十分明显的双重效应。这就要求我们既要敞开胸怀、包容接纳，又要理智对待、积极引导，将法律的包容功能与引导功能有机地结合起来，并自觉运用于网络民主监督的治理实践。

首先，尊重话语权，夯实网络民主监督的根基。言论自由是民主政治的必要条件和基础，其核心要义在于发表政治性言论以及批评政府及其官员的自由，这意味着人们对政府决策过程以及官员公务行为所提出的建议、批评和意见不受任何非法限制。如果人们不能自由地发表政治性言论，那么非政治性言论无论多么自由与繁荣都没有实质性意义，就像马克思所说的那样："如果一个人没有指责的权利，他的赞扬也是没有价值的。"[①] 因而，一个不允许批评政府及其官员的社会不是一个真正自由民主的社会。互联网以其开放包容的特质赋予人们平等的话语权，使每个人都能成为自由发表和传播言论的主体。在自由开放的互联网环境下，人们自觉承担起监督公权力的民主使命，纷纷通过网络评论、网络舆论、网络举报和网络曝光等多种途径对政府及其官员的权力进行批评和监督，织就起无处不在、无时不有的"天罗地网"，大大压缩了政府及其官员作风懈怠、滥用权力、

---

① 《马克思恩格斯全集》第一卷，人民出版社，1995，第200页。

暗箱操作和贪污腐败的空间。因此，尊重和保障公民的网络话语权，完善相关法律法规，赋予其明确的法律地位和功能，不仅对于承认和接纳网络民主监督，强化普通公民作为权力所有者对权力行使者、作为"社会主人"对"社会公仆"进行监督的主体意识，增强和提升社会主义法治的包容性和亲和力，而且对于激发人们"愿讲话、敢讲话、讲真话"以及主动担当起监督公权力的"哨兵"责任的政治热情和积极性，增强和提升政府的合法性和影响力，都是极其重要的。

其次，满足知情权，优化网络民主监督的环境。从宽泛的意义上说，知情权是指知悉和获取官方或非官方信息的自由与权利。狭义知情权仅指知悉和获取官方信息的自由与权利，就此而言，知情权也称为知政权，它是公民更好地行使政治性言论自由权尤其是参与权和监督权的基础和前提。互联网的广泛普及与应用将人类社会带入了可以自由言说的新媒体时代，民众的参政意愿和监督热情得以充分释放。随之而来的是民间舆论场迅速崛起，而官方舆论场垄断话语权的局面正在逐步瓦解。政府主要依靠官方媒体进行有限的、具有选择性的信息披露已经明显不符合新媒体时代的要求，也无法满足民众基于对公权力监督的需要而对政务公开提出的更高期待。另外，网络言论表达与传播所具有的匿名性和随意性等特征使网络民主监督更容易受到不实传言乃至恶意谣言的困扰。尽管没有什么东西能够完全保证网络民主监督不存在任何问题，但可以肯定的是，谣言止于真相、信任源于公开。防止和破除谣言的最好方法是让真相公开。这就迫切需要建立健全政府信息公开的法律制度体系，增强和提高政府信息依法主动公开的刚性约束力和依申请公开的便利化水平，实现官方舆论场和民间舆论场的优势互补和深度融合，形成全方位、多渠道、常态化的政务公开的新格局，不断提升政府信息透明度，最大限度地满足公众的知情权，为网络民主监督的健康发展营造良好的环境氛围。

再次，扩大参与权，拓宽网络民主监督的渠道。参与权是政治性言论自由的又一项重要内容，它对于公民当家作主、参与政治生活、管理国家和社会事务至关重要。政治参与是现代民主政治的一个显著标志，它体现了公民对国家和社会事务的主动关怀以及对自身权利和自由的自觉期待。

因而只要人们的言论是参与到有关国家政策、社会事务、公共利益等的公共讨论中的就不应加以限制。互联网为政治参与提供了一个开放包容、便捷高效的话语平台，使宪法和法律赋予公民的批评权、建议权、检举权等参与性权利的充分行使实现巨大突破。随着国家经济的持续发展、网络应用的全面升级以及公民民主意识的普遍增强，网络政治参与必将更加广泛和深入，继而促使人们对政治体系提出更高的要求和期待。因而，通过对网络参与权利的权威性价值弘扬来评价和升华网络政治参与活动，并通过一系列规则和制度保障公民网络政治参与权利的实现，是网络民主监督法治建设的一项重要任务。① 当前，应该积极扩大网络政治参与的范围，不断拓宽网络政治参与的渠道，尤其要着力构建一系列规范化的、科学化的、面向全社会的网络政治参与制度机制——网上意见征集平台、网络听证制度、网络协商制度、网络问政机制、腐败线索征集机制等，全面提高公民网络参与权利保障的制度化水平。

最后，增强引导力，引领网络民主监督健康发展。毫无疑问，互联网为人们普遍享有话语权、知情权和参与权提供了前所未有的便利条件和途径，为中国的民主监督注入了新的生机与活力。但是，网络言论自由并非毫无节制的，网络民主监督也非没有约束的，而是都要受到法律的规制。不过尚需注意的是，对网络言论自由和民主监督进行规制，更为适宜、效果更好的法律功能不是强制和惩罚，而是教育和引导。有效的法律引导能够让人们从心灵深处树立起对法律的真诚信仰，养成自觉遵守法律法规的良好习惯，从而在行使网络言论自由权利和民主监督权利的过程中主动担当起维护社会秩序和谐稳定的重任。为此必须做到以下几点。一要完善网络言论自由法律规制体系。根据我国立法现状，适时出台把网络言论自由涵盖在内的言论自由保障基本法，修改完善相关法律法规和行政规章，提升立法位阶，形成合乎宪法、结构清晰、规则完备、权责明确的网络言论自由法律规制体系，并对法律实施过程中涉及的相关术语和疑难问题进行统一解释，为充分运用法律的原则引导、准则引导和规则引导等多种策略，以及促进网络民主监督的健康发展提供可靠的法律保障。二要建立鼓励网

---

① 参见丁大晴《简论网络政治参与法治化》，《电子政务》2012 年第 9 期。

络实名举报制度。互联网所固有的匿名性特征极大地调动了民众举报贪腐的热情和积极性，对推进党风廉政建设和反腐败斗争有着不可忽视的作用，但同时也暴露出举报人的主观随意性强、举报内容的真实性弱、纪检监察检察机关查处难度大等诸多弊端。网络实名举报有助于消除匿名举报的弊端，促进和约束举报人对检举控告内容的真实性负责，虚假举报将面临被追究法律责任的风险。因此，要建立健全网络实名举报的激励保障机制，确保网络实名举报的受理、查办、督办、反馈等各项工作落到实处，充分发挥网络举报在民主监督中的积极导向作用。三要健全政府与民众的网络互动机制。政府要在及时了解和准确掌握民众的利益关切、监督意愿与正当诉求的前提下，通过举办新闻发布会、听证会和论证会等并进行网络直播及时向社会发布相关信息，回应民众热点关切，让民众的疑惑和焦虑在主题突出、内容精准、形式多样的网络互动中得到消解，从而有效避免网络民主监督过程中的过激言论、情绪化表达和非理性行为的发生，积极推动网络民主监督朝着制度化、规范化、理性化的方向发展。

第三章 中国网络言论自由法律规制的现状与问题

经过多年发展，中国网络言论自由法治建设取得了积极成果，法律框架体系日臻完善，行政执法和司法保障水平明显提高，广大民众的网络法律意识有所增强。但还存在诸多问题，无法有效适应网络空间言论表达及其治理所带来的新情况、新问题，如网络言论自由立法观念滞后，法律体系不够完善，执法规制的常态化和协作化水平不高，司法宽容有待进一步彰显，等等。这些问题的产生，既有法治观念缺陷、传统文化影响等方面的原因，也是网络技术发展带来的冲击所致。

第一节 中国网络言论自由法律规制的现状

由于网络言论自由是公民言论自由在网络环境中的具体体现，因而对公民网络言论自由法律规制现状的探究，既要考察现行宪法和法律对公民言论自由的一般规定，还要把握和理解公民网络言论自由法律规制的框架体系和主要内容。

一 言论自由的一般规定

（一）宪法规定

我国《宪法》对言论自由作出了概括性规定。一方面，《宪法》把言论自由作为一项基本人权予以尊重和保障。如第 35 条将言论自由与出版、集会、结社、游行、示威等表达自由并列规定，并置于其他所有表达自由之首，足见其被重视的程度；第 41 条具体规定了公民对监督国家机关及其工作人员活动的言论自由，"公民对于任何国家机关和国家工作人员，有提出批评和建议的权利；对于任何国家机关和国家工作人员的违法失职行为，有向有关国家机关提出申诉、控告或者检举的权利，……由于国家机关和国家工作人员侵犯公民权利而受到损失的人，有依照法律规定取得赔偿的权利"；第40条规定了公民在通信方面的言论自由，"除因国家安全或者追查刑事犯罪的需要，由公安机关或者检察机关依照法律规定的程序对通信进行检查外，任何组织或者个人不得以任何理由侵犯公民的通信自由和通信秘密"；第47条则专门规定了公民在科学研究、文艺创作和其他文化活动等方面的言论自由，"国家对于从事教育、科学、技术、文学、艺术和其他文化事业的公民的有益于人民的创造性工作，给以鼓励和帮助"。另一方面，言论自由作为一项相对性权利，《宪法》也对其作出了限制性规定。如第4条规定的"禁止对任何民族的歧视和压迫，禁止破坏民族团结和制造民族分裂的行为"，第38条规定的"公民的人格尊严不受侵犯。禁止用任何方法对公民进行侮辱、诽谤和诬告陷害"，第51条规定的"公民在行使自由和权利的时候，不得损害国家的、社会的、集体的利益和其他公民的合法的自由和权利"，第53条规定的"公民必须遵守宪法和法律，保守国家秘密，……遵守公共秩序，尊重社会公德"，第54条规定的"公民有维护祖国的安全、荣誉和利益的义务，不得有危害祖国的安全、荣誉和利益的行为"，当然也适用于对言论自由的限制。《宪法》关于言论自由保障与限制的诸多规定，为公民网络言论自由权利的行使和其他部门法的具体制定提供了根本遵循。

（二）法律规定

我国还颁布了许多含有公民言论自由权利与义务相关规定的法律，如《全国人民代表大会组织法》《立法法》《监察法》《刑法》《集会游行示威法》《邮政法》等，这些法律为公民行使言论自由权利提供了坚实的制度保障。其中，关于保护公民言论自由权利的规定主要如下。《全国人民代表大会组织法》第4条第2款规定："全国人民代表大会及其常务委员会坚持全过程民主，始终同人民保持密切联系，倾听人民的意见和建议，体现人民意志，保障人民权益。"第44条规定："全国人民代表大会代表应当同原选举单位和人民保持密切联系，可以列席原选举单位的人民代表大会会议，通过多种方式听取和反映人民的意见和要求，努力为人民服务，充分发挥在全过程民主中的作用。"《地方各级人民代表大会和地方各级人民政府组织法》第 4 条规定："地方各级人民代表大会、县级以上的地方各级人民代表大会常务委员会和地方各级人民政府坚持以人民为中心，坚持和发展全过程人民民主，始终同人民保持密切联系，倾听人民的意见和建议，为人民服务，对人民负责，受人民监督。"这些规定对于保障公民的言论自由和民主监督权利具有特殊意义。《立法法》第 6 条第 2 款规定，"立法应当体现人民的意志，发扬社会主义民主，坚持立法公开，保障人民通过多种途径参与立法活动"，为公民参与和监督各种立法活动、表达自己的意见和建议提供法律支撑。《监察法》第 35 条规定："监察机关对于报案或者举报，应当接受并按照有关规定处理。"第 64 条规定："监察对象对控告人、检举人、证人或者监察人员进行报复陷害的；控告人、检举人、证人捏造事实诬告陷害监察对象的，依法给予处理。"为了与此规定相衔接，《刑法》第 254 条规定，"国家机关工作人员滥用职权、假公济私，对控告人、申诉人、批评人、举报人实行报复陷害的，处二年以下有期徒刑或者拘役；情节严重的，处二年以上七年以下有期徒刑"，以防范和制止公民因行使批评监督权这一政治性言论自由而受到官员的非法阻挠乃至人身侵害。《集会游行示威法》第 3 条规定："公民行使集会、游行、示威的权利，各级人民政府应当依照本法规定，予以保障。"《邮政法》第 3 条规定"公民的通信自由和通信秘密受法律保护"，直接规定了对与公民言论自由相关的表达自由权利的保护。

同时，《国家安全法》《国歌法》《英雄烈士保护法》《刑法》《保守国家秘密法》《治安管理处罚法》《反恐怖主义法》《突发事件应对法》《民法典》等法律都有关于防止公民滥用言论自由的限制性规定。其主要体现在两个方面：一是禁止公民用语言、文字或者其他方式煽动危害国家安全和公共安全、破坏民族团结、扰乱社会秩序、破坏社会公德等方面的行为；二是禁止公民用语言、文字或者其他方式陷害、侮辱、诽谤他人人格等方面的行为。公民只要违法发布或传播有损于社会公共利益和他人人身权利的言论且造成严重社会影响，就要依法承担相应的法律责任。例如，《国家安全法》第 15、23、26~28 条明确规定，国家防范、制止和依法惩治任何叛国、分裂国家、煽动叛乱、颠覆或者煽动颠覆人民民主专政政权的行为；防范、制止和依法惩治窃取、泄露国家秘密等危害国家安全的行为；防范、制止和依法惩治境外势力的渗透、破坏、颠覆、分裂活动；防范和抵制不良文化的影响；防范、制止和依法惩治民族分裂活动；防范、制止和依法惩治利用宗教名义进行危害国家安全的违法犯罪活动，反对境外势力干涉境内宗教事务，维护正常宗教活动秩序；依法取缔邪教组织，防范、制止和依法惩治邪教违法犯罪活动；反对一切形式的恐怖主义和极端主义，依法取缔恐怖活动组织和严厉惩治暴力恐怖活动。《国歌法》第 15 条规定："在公共场合，故意篡改国歌歌词、曲谱，以歪曲、贬损方式奏唱国歌，或者以其他方式侮辱国歌的，由公安机关处以警告或者十五日以下拘留；构成犯罪的，依法追究刑事责任。"《英雄烈士保护法》第 26 条规定："以侮辱、诽谤或者其他方式侵害英雄烈士的姓名、肖像、名誉、荣誉，损害社会公共利益的，依法承担民事责任；构成违反治安管理行为的，由公安机关依法给予治安管理处罚；构成犯罪的，依法追究刑事责任。"《刑法》对滥用言论自由而造成严重社会后果的行为分别规定了相应的犯罪类型和处罚标准，其中相关条款规定的罪名为：第 105 条第 2 款"煽动颠覆国家政权罪"、第 120 条之三"宣扬恐怖主义、极端主义、煽动实施恐怖活动罪"和之四"利用极端主义破坏法律实施罪"、第 243 条"诬告陷害罪"、第 246 条"侮辱罪、诽谤罪"、第 249 条"煽动民族仇恨、民族歧视罪"、第 250 条"出版歧视、侮辱少数民族作品罪"、第 278 条"煽动暴力抗拒法律实施罪"、第 291 条之一第 1 款"编造、故意传播虚假恐怖信息罪"、第 293 条"寻衅滋事罪"、第 295 条"传授犯罪方法罪"、第 296 条"非法集会、游行、示威罪"、第 299 条"侮辱国旗、国徽、国歌罪"等。《保守国家秘密法》严格禁止滥用言论自由权利、泄露国家秘密的行为，若违反相关规定，将依法给予处分，直至依法追究刑事责任。《治安管理处罚法》对于扰乱公共秩序、妨害公共安全、侵犯人身权利、妨害社会管理，且具有社会危害性的违法言论，作出给予治安管理处罚的规定。《反恐怖主义法》第 4 条第 2 款规定："国家反对一切形式的以歪曲宗教教义或者其他方法煽动仇恨、煽动歧视、鼓吹暴力等极端主义，消除恐怖主义的思想基础。"《突发事件应对法》第 54 条规定，"任何单位和个人不得编造、传播有关突发事件事态发展或者应急处置工作的虚假信息"，否则将会受到相应的法律处罚。此外，《民法典》第 185 条规定："侵害英雄烈士等的姓名、肖像、名誉、荣誉，损害社会公共利益的，应当承担民事责任。"《民法典》人格权编和侵权责任编则对侵害公民的姓名权、肖像权、名誉权、荣誉权、隐私权等行为规定了相应的民事责任。

二　网络言论自由法律规制的框架体系

相较于宪法和法律关于公民言论自由的一般规定，我国立法对网络环境下公民言论自由的专门规定明显不足。在我国现有与言论自由有关的网络法律法规中，既没有使用"网络言论"，也没有使用与之相类似的"网络表达"，而主要使用的是"网络信息"一词。信息和言论一样，本质上都是人的情感、认识、观念或思想的外在表现形式，所以信息与言论在某种意义上是可以互换的词语，网络信息不过是人们借助互联网发布或传播的言论的体现而已。尽管网络信息涵盖的内容可能远远超过网络言论的内容，但这并不妨碍我们通过研究网络信息内容治理（以下简称为"网络内容治理"）方面的立法状况来探讨网络言论自由法律规制的情形。总体上看，我国已经初步建立起以网络内容治理为核心的网络言论自由法律规制体系。

（一）法律

前些年，全国人大常委会先后发布网络安全和信息保护方面的两个专门性立法：一是《全国人民代表大会常务委员会关于维护互联网安全的决定》（2000 年通过，2009 年修订），它是我国关于网络安全管理的最早专门立法，主要针对日益猖獗的网络破坏和网络犯罪行为规定了应当依法追究刑事责任的具体情形，重点打击包括网络信息犯罪在内的各种网络犯罪行为；二是《全国人民代表大会常务委员会关于加强网络信息保护的决定》（2012 年通过），该决定主要包括信息保护、垃圾信息治理、身份管理和职能部门监管等内容，补齐了网络内容治理立法的"短板"。但这两个决定比较粗疏，缺乏严密性和系统性。

令人欣慰的是，全国人大常委会于 2016 年 11 月通过了《网络安全法》，该法为有效规范网络建设、运营、维护和使用以及网络安全的监督管理提供了较为系统的法律保障；全国人大常委会还于 2021 年 6 月和 8 月分别通过了《数据安全法》和《个人信息保护法》，这两部法律为规范数据和个人信息处理活动，保护个人、组织的合法权益，维护国家主权、安全和发展利益，提供了法律依据。另外，全国人大及其常委会还修正了《刑法》《国家安全法》等法律，增加了预防和打击与网络信息活动有关的违法行为以及保障公共安全和公民合法权益的内容。如《刑法》第 287 条增加"非法利用信息网络罪"和"帮助信息网络犯罪活动罪"，第 291 条之一增加"编造、故意传播虚假信息罪"；《国家安全法》第 25 条首次明确网络空间主权："国家建设网络与信息安全保障体系，……加强网络管理，防范、制止和依法惩治网络攻击、网络入侵、网络窃密、散布违法有害信息等网络违法犯罪行为，维护国家网络空间主权、安全和发展利益。"同时，《民法典》在侵权责任编中用 4 个条文专门规定了网络侵权责任。[①] 至此，我国已经初步构建起较为完整的网络言论自由法律规制体系。

（二）行政法规

国务院制定和发布的网络信息管理方面的行政法规主要有：《计算机信息系统安全保护条例》（国务院令第 147 号，1994 年 2 月发布，2011 年 1 月修订）、《计算机信息网络国际联网管理暂行规定》（国务院令第 195 号，1996 年 2 月发布，1997 年 5 月修正）、《计算机信息网络国际联网安全保护管理办法》（公安部令第 33 号，1997 年 12 月发布，国务院于 1997 年 12 月批准并于 2011 年 1 月修订）、《电信条例》（国务院令第 291 号，2000 年 9 月公布，2016 年 2 月第 2 次修订）、《互联网信息服务管理办法》（国务院令第 292 号，2000 年 9 月公布，2011 年 1 月修订）、《互联网上网服务营业场所管理条例》（国务院令第 363 号，2002 年 9 月公布，2022 年 3 月第 4 次修订）、《信息网络传播权保护条例》（国务院令第 468 号，2006 年 5 月公布，2013 年 1 月修订）、《关键信息基础设施安全保护条例》（国务院令第 745 号，2021 年 7 月公布）等。

---

① 参见《民法典》第 1194～1197 条。

（三）部门规章

国家互联网信息办公室、公安部、教育部、工业和信息化部等部门都在各自职权范围内发布了有关网络信息管理的部门规章。例如，邮电部发布《中国公用计算机互联网国际联网管理办法》（1996 年），国家保密局发布《计算机信息系统国际联网保密管理规定》（1999 年），教育部发布《教育网站和网校暂行管理办法》（2000 年），信息产业部发布《互联网电子公告服务管理规定》（2000 年）、《互联网电子邮件服务管理办法》（2006 年），国家广播电影电视总局发布《互联网等信息网络传播视听节目管理办法》（2004 年），国家广播电影电视总局与信息产业部联合发布《互联网视听节目服务管理规定》（2007 年），国家版权局与信息产业部联合发布《互联网著作权行政保护办法》（2005 年），文化部重新发布《互联网文化管理暂行规定》（2011 年公布，2017 年修订），工业和信息化部发布《规范互联网信息服务市场秩序若干规定》（2011 年）、《电信和互联网用户个人信息保护规定》（2013 年）、《互联网域名管理办法》（2017 年），公安部与国家互联网信息办公室等部门联合发布《互联网危险物品信息发布管理规定》（2015 年），国家新闻出版广电总局与工业和信息化部联合发布《网络出版服务管理规定》（2016 年），等等。

自 2014 年国务院授权国家互联网信息办公室负责互联网信息内容管理工作以后，国家互联网信息办公室陆续出台互联网信息内容管理方面的规定，如《即时通信工具公众信息服务发展管理暂行规定》（2014 年），《互联网用户账号名称管理规定》（2015 年），《互联网信息搜索服务管理规定》《移动互联网应用程序信息服务管理规定》《互联网直播服务管理规定》（2016 年），《互联网新闻信息服务管理规定》《互联网新闻信息服务许可管理实施细则》《互联网信息内容管理行政执法程序规定》《互联网用户公众账号信息服务管理规定》（2017 年），《微博客信息服务管理规定》（2018 年），《网络信息内容生态治理规定》《儿童个人信息网络保护规定》《区块链信息服务管理规定》（2019 年），《网络安全审查办法》（2020 年），《互联网用户账号信息管理规定》《数据出境安全评估办法》（2022 年），《个人信息出境标准合同办法》（2023 年）；另外，国家互联网信息办公室还与有关部门联合发布《网络音视频信息服务管理规定》（2019 年），《互联网信息服务算法推荐管理规定》《常见类型移动互联网应用程序必要个人信息范围规定》（2021 年），《互联网信息服务深度合成管理规定》（2022 年），等等。

（四）地方性法规和政府规章

一些省、自治区、直辖市人大和政府也发布了网络信息管理方面的地方性法规和政府规章。前者如《重庆市计算机信息系统安全保护条例》（1998 年公布，2022 年第 3 次修正）、《广东省计算机信息系统安全保护条例》（2007 年）、《山西省计算机信息系统安全保护条例》（2008 年）、《宁夏回族自治区计算机信息系统安全保护条例》（2009 年）、《辽宁省计算机信息系统安全管理条例》（2013 年）、《新疆维吾尔自治区防范和惩治网络传播虚假信息条例》（2016 年）等，后者如《山东省计算机信息系统安全管理办法》（1998 年公布，2004 年修订）、《河南省计算机信息系统安全保护暂行办法》（1999 年公布，2011 年修订）、《江苏省计算机信息系统安全保护管理办法》（2002 年）、《天津市公共计算机信息网络安全保护规定》（2002 年公布，2004 年修正）、《江西省计算机信息系统安全保护办法》（2004 年公布，2022 年修正）、《北京市公共服务网络与信息系统安全管理规定》（2005 年）、《福建省电子政务信息外网管理暂行办法》（2010 年）、《内蒙古自治区计算机信息系统安全保护办法》（2011 年）、《上海市公共数据和一网通办管理办法》（2018 年）等。这些地方性法规和政府规章的出台，为网络信息安全管理提供了更为具体、更具可操作性的依据。

此外，最高人民法院、最高人民检察院联合公布了一系列关于网络信息违法犯罪的司法解释[①]，这些司法解释为依法惩治利用网络平台传播违法有害信息的犯罪活动、保障公众的合法权益、维护网络公共秩序提供了法

---

① 例如，《最高人民法院、最高人民检察院关于办理利用互联网、移动通讯终端、声讯台制作、复制、出版、贩卖、传播淫秽电子信息刑事案件具体应用法律若干问题的解释》（法释〔2004〕11 号）、《最高人民法院、最高人民检察院关于办理利用互联网、移动通讯终端、声讯台制作、复制、出版、贩卖、传播淫秽电子信息刑事案件具体应用法律若干问题的解释（二）》（法释〔2010〕3 号）、《最高人民法院、最高人民检察院关于办理利用信息网络实施诽谤等刑事案件适用法律若干问题的解释》（法释〔2013〕21 号）、《最高人民法院、最高人民检察院关于办理非法利用信息网络、帮助信息网络犯罪活动等刑事案件适用法律若干问题的解释》（法释〔2019〕15 号）等。

律适用依据。最高人民法院公布了一系列关于网络信息违法侵权行为法律适用的司法解释①，对正确审理侵害信息网络传播权和利用信息网络侵害人身权益的民事纠纷案件、依法维护公民权利和公共利益、保护信息网络传播权和人身权益、统一法律适用和裁判尺度起到了重要作用。

三　网络言论自由法律规制的主要内容

通过梳理网络内容治理方面的法律法规，不难发现我国网络言论自由法律规制的主要内容包括保护和限制两大方面。

（一）对网络言论自由的保护性规定

我国现有网络内容治理法律法规都把保护公民的个人信息与言论自由权利和促进网络空间健康发展作为立法的指导思想和原则。《网络安全法》第 12 条第 1 款规定："国家保护公民、法人和其他组织依法使用网络的权利，促进网络接入普及，提升网络服务水平，为社会提供安全、便利的网络服务，保障网络信息依法有序自由流动。"《数据安全法》第 7 条规定："国家保护个人、组织与数据有关的权益，鼓励数据依法合理有效利用，保障数据依法有序自由流动，促进以数据为关键要素的数字经济发展。"《个人信息保护法》第 2 条规定，"自然人的个人信息受法律保护，任何组织、个人不得侵害自然人的个人信息权益"；第 11 条规定，"国家建立健全个人信息保护制度，预防和惩治侵害个人信息权益的行为，加强个人信息保护宣传教育，推动形成政府、企业、相关社会组织、公众共同参与个人信息保护的良好环境"。国务院发布的《信息网络传播权保护条例》第 1 条明确规定，该条例是"为保护著作权人、表演者、录音录像制作者（以下统称权利人）的信息网络传播权，鼓励有益于社会主义精神文明、物质文明建设的作品的创作和传播"而制定的。国家互联网信息办公室发布的《网络信息内容生态治理规定》也在第 1 条开宗明义地宣称，该规定是"为了营造良好网络生态，保障公民、法人和其他组织的合法权益，维护国家安全

---

① 例如，《最高人民法院关于审理侵害信息网络传播权民事纠纷案件适用法律若干问题的规定》（法释〔2012〕20 号，2020 年修正）、《最高人民法院关于审理利用信息网络侵害人身权益民事纠纷案件适用法律若干问题的规定》（法释〔2014〕11 号，2020 年修正）等。

和公共利益"而制定的。正是在这些法律法规的保护之下，公民的网络言论自由权利得到较为充分的尊重和实现，互联网信息服务得到健康有序发展，网络技术也得到前所未有的应用与普及。

但需要指出的是，立法对网络言论自由保护的具体规定显得比较单薄，主要是《计算机信息网络国际联网安全保护管理办法》《电信条例》《互联网电子邮件服务管理办法》《网络信息内容生态治理规定》等行政法规和部门规章作粗略规定。《计算机信息网络国际联网安全保护管理办法》第 7 条规定："用户的通信自由和通信秘密受法律保护。任何单位和个人不得违反法律规定，利用国际联网侵犯用户的通信自由和通信秘密。"《电信条例》第 65 条第 1 款规定："电信用户依法使用电信的自由和通信秘密受法律保护。除因国家安全或者追查刑事犯罪的需要，由公安机关、国家安全机关或者人民检察院依照法律规定的程序对电信内容进行检查外，任何组织或者个人不得以任何理由对电信内容进行检查。"《互联网电子邮件服务管理办法》第 3 条规定："公民使用互联网电子邮件服务的通信秘密受法律保护。除因国家安全或者追查刑事犯罪的需要，由公安机关或者检察机关依照法律规定的程序对通信内容进行检查外，任何组织或者个人不得以任何理由侵犯公民的通信秘密。"尽管这些规定是对通信自由的规定，但由于通信自由是实现言论自由的一种重要途径，当人们通过电子邮件、即时通信等方式进行网络言论表达与传播受到不法侵害时，完全可以据此主张权利保护。《网络信息内容生态治理规定》第 22 条规定："网络信息内容服务使用者和网络信息内容生产者、网络信息内容服务平台不得通过发布、删除信息以及其他干预信息呈现的手段侵害他人合法权益或者谋取非法利益。"这是直接针对公民网络言论表达与传播权利的保障措施。如果公民网络言论表达与传播权利受到不法侵害，权利人也可以据此主张权利保护。

（二）对网络言论自由的限制性规定

相较于网络言论自由保护而言，目前我国立法对网络言论自由限制的规定更为详尽和完备，几乎所有涉及网络内容治理的法律法规都对网络言论自由作出了限制性规定。这些限制性规定主要渗透和体现在网络内容审查与治理、网络服务运营管理和网络服务用户管理三个方面。

1. 网络内容审查与治理

这类规定主要是关于计算机信息系统保密、网络内容合规、网络内容整治的。

计算机信息系统保密是我国网络内容治理立法的首要任务。为了加强计算机信息系统国际联网的保密管理，确保国家秘密的安全，在立法机构已经制定《保守国家秘密法》这部基本法律的基础上，国家保密局专门制定《计算机信息系统国际联网保密管理规定》，该规定第3条明确要求凡是进行国际联网的个人、法人和其他组织都有保守国家秘密的义务，禁止任何单位和个人通过互联网发布、谈论和传播任何被认定为国家秘密的信息。《保守国家秘密法》第2条明确界定了国家秘密的内涵，"国家秘密是关系国家安全和利益，依照法定程序确定，在一定时间内只限一定范围的人员知悉的事项"。《计算机信息系统国际联网保密管理规定》第8条还指出，"凡向国际联网的站点提供或发布信息，必须经过保密审查批准"。国家对网络内容所实施的保密审查制度，严于对传统媒体的审查制度。此外，其他有关网络内容治理的法律法规和政府规章也都不同程度地规定了保守国家秘密的内容。

网络内容合规规定一直是网络立法工作的重中之重。这类规定主要是从正反两个方面规定的。正面规定旨在对网络信息发布与传播行为起导向性、引领性作用。例如，《互联网上网服务营业场所管理条例》第3条规定："互联网上网服务营业场所经营单位应当遵守有关法律、法规的规定，加强行业自律，自觉接受政府有关部门依法实施的监督管理，为上网消费者提供良好的服务。互联网上网服务营业场所的上网消费者，应当遵守有关法律、法规的规定，遵守社会公德，开展文明、健康的上网活动。"再如，《网络信息内容生态治理规定》鼓励网络信息内容生产者制作、复制、发布含有宣传习近平新时代中国特色社会主义思想，全面准确生动解读中国特色社会主义道路、理论、制度、文化以及其他讲品位讲格调讲责任、讴歌真善美、促进团结稳定等内容的信息；鼓励网络内容服务平台坚持主流价值导向，优化信息推荐机制，加强版面页面生态管理，在重点环节积极呈现正能量的信息；网络内容服务使用者应当文明健康使用网络，按照法律法规的要求和用户协议的约定切实履行相应义务，在以发帖、回复、留言、弹幕等形式参与网络活动时文明互动、理性表达；鼓励行业组织发挥服务指导和桥梁纽带作用，引导会员单位增强社会责任感，唱响主旋律，弘扬正能量，反对和制止违法信息，防范和抵御不良信息。① 反面规定则是对网络信息发布与传播行为划定不可逾越的底线，几乎所有法律法规和政府规章都对网络信息发布与传播行为作出禁止性规定。

网络内容整治是网络立法关注和聚焦的又一项重点任务。如果说网络内容合规主要立足于事前防范，那么网络内容整治则更多地立足于事后治理。网络内容整治，是指政府、企业、社会、网民等主体，以培育和践行社会主义核心价值观为根本，以网络信息内容为主要治理对象，以建立健全网络综合治理体系、营造清朗的网络空间、建设良好的网络生态为目标，开展的弘扬正能量、处置违法和不良信息等相关活动。② 这类规定主要分布在行政法规和部门规章中，尤以国家互联网信息办公室制定的《网络信息内容生态治理规定》最为集中。该规定明确了负责网络内容生态治理的统筹监管部门和各有关主管部门的职权范围；界定了正能量信息、违法信息和不良信息的具体范围；指出了网络信息内容生产者应当遵守法律法规和遵循公序良俗，网络内容服务平台应当履行信息内容管理主体责任和建立网络内容生态治理机制，网络内容服务使用者发布与传播信息时应当理性文明，不得发布违法信息，要防范和抵制不良信息，以及网络行业组织应当建立完善行业自律机制。该规定还对网络信息内容生产者、网络内容服务平台、网络内容服务使用者因实施违法行为而应承担的法律责任作出规定。

总而言之，我国法律法规和政府规章的相关规定，既为网络信息内容生产者和服务平台等制作与发布网络信息和言论划定了责任底线，同时也为广大民众通过互联网发表与传播网络信息和言论明确了行为界限。

2. 网络服务运营管理

在我国，从事网络服务运营的主体范围较广，既包括网络的所有者和

---

① 参见《网络信息内容生态治理规定》第 5 条、第 11 条、第 18 条、第 26 条。
② 参见《网络信息内容生态治理规定》第 2 条。

管理者，也包括网络服务提供者，可统称为"网络运营者"。① 《计算机信息网络国际联网管理暂行规定》为网络运营者国际联网构建起了一体化的层级管理体系。从最顶层到最底层，可依次分为信道层、互联网络层、接入网络层和网络用户层。最顶层是信道层，专门进行国际联网的信道管理，该规定要求，国家电信行业主管部门统一负责对公用电信网的国际出入口信道的管理，任何单位和个人不得擅自建立或者使用其他信道进行国际联网。这项要求实际上赋予了国家电信行业主管部门从源头上对互联网信息内容实施监督管理以及对各类违法有害信息进行过滤的权限。其次是互联网络层，实施国际联网的权限管理。该规定在将互联网络定义为"直接进行国际联网的计算机信息网络"的基础上，要求只有获得国务院批准的互联单位才能直接通过信道连接国际网络，进而才有资格负责互联网络的运行。在我国，最具代表性的进行计算机网络国际联网业务的互联单位有中国公用计算机互联网（CHINANET）、中国科技网（CSTNET）、中国教育和科研计算机网（CERNET）、中国网通公用互联网（CNCNET）、中国移动互联网（CMNET）等。接下来是接入网络层，实施接入互联网络的审核管理，该规定要求，任何接入单位（负责接入网络运行的单位）想要接入互联网络提供相关服务，必须要向政府有关部门提交申请，经审核批准后才能实施。该规定明确了对接入单位拟从事国际联网经营活动或者拟从事非经营活动进行分类管理的措施，为我国基于接入单位不同业务属性而建立分类管理模式奠定了基础，这一模式之后不断为其他相关立法所吸收。需要指出的是，鉴于互联网新闻信息服务在国家政治生活和社会生活各个领域中具有特殊重要地位，我国对其一律实行许可制度，凡是通过互联网站、应用程序、论坛、博客、微博客、公众账号、即时通信工具、网络直播等形式向社会公众提供互联网新闻信息服务的，都应当取得互联网新闻信息服务许可，禁止未经许可或超越许可范围开展互联网新闻信息服务活动。② 同时还有一些特殊要求：申请互联网新闻信息服务许可，应当符合在中国境内依法设立的法人，其主要负责人、总编辑必须是中国公民等条件；任何

① 参见《网络安全法》第 76 条第 3 项。
② 参见《互联网新闻信息服务管理规定》第 5 条。

组织不得设立有外资参与的互联网新闻信息服务单位；互联网新闻信息服务提供者的采编业务和经营业务应当分开，非公有资本不得介入互联网新闻信息采编业务。① 最底层是网络用户层，对通过接入网络进行国际联网的用户（个人、法人和其他组织）进行管理。从事国际联网业务的单位和个人应当遵守法律法规，不得利用国际联网从事违法犯罪活动，不得发布和传播违法有害信息。若违反规定且同时触犯其他有关法律、行政法规，将依法受到惩处。

3. 网络服务用户管理

在互联网发展的起步阶段，由于我国技术装备落后，以及网民规模和互联网普及率远远低于世界平均水平，能够上网的个人和单位非常有限，因而网络服务用户管理并没有引起足够重视，相关管理制度及措施很少，只是要求网络用户必须首先经过公安机关和相关政府机关登记审核才能上网，而且网络用户不得使用电子布告牌、电子白板、电子论坛、网络聊天室、留言板和电子邮件系统发行、讨论或传播任何国家秘密，不得制作、复制、发布、传播各种违法有害信息。伴随着互联网的迅猛发展和网络用户规模的急剧扩大，规范网络用户信息行为的管理制度得以逐步建立。目前我国已初步形成比较完备的网络服务用户管理制度体系。除了前述的计算机信息系统保密和网络内容合规要求同样适用于用户管理外，还建立了相对完善的网络信息服务实名制和投诉举报制度等。就网络信息服务实名制而言，已经构建起以《网络安全法》为基础、行政法规为主干和部门规章为支撑的法律规范体系。② 如果网络用户不进行实名身份认证，会处于无法访问互联网的境地，继而也就无法获取网络信息服务。

---

① 参见《互联网新闻信息服务管理规定》第 6~8 条。
② 参见《网络安全法》第 24 条、第 76 条，《反电信网络诈骗法》第 9 条、第 12 条、第 21 条，《互联网上网服务营业场所管理条例》第 23 条，《互联网新闻信息服务管理规定》第 13 条，《互联网论坛社区服务管理规定》第 8 条，《互联网跟帖评论服务管理规定》第 5 条，《互联网群组信息服务管理规定》第 6 条，《微博客信息服务管理规定》第 7 条，《互联网直播服务管理规定》第 12 条，《网络音视频信息服务管理规定》第 8 条，《互联网用户账号信息管理规定》第 7 条、第 9 条，《互联网信息服务深度合成管理规定》第 9 条，等等。

第二节　中国网络言论自由法律规制存在的问题

毋庸置疑，中国现有立法对规范互联网信息服务活动、保障网络言论自由权利、促进网络空间健康发展起到了积极的推动作用。但是随着网络信息技术的快速发展和广泛普及，以及由此带来的网络表达方式的不断翻新和网络言论内容的多元化与复杂化，一些深层次的矛盾和问题不时涌现出来，使现有立法无法有效适应网络言论自由规制的新形势和新挑战而逐渐暴露出诸多缺陷与不足，具体表现在以下几个方面。

一　立法观念滞后

（一）与宪法至上的理念全面落到实处的目标尚有一定距离

总体来看，我国宪法至上的理念正在逐步深入人心，立法机构使各项法律法规和制度政策符合宪法规定、体现宪法精神也蔚然成风，但是与宪法至上的理念全面落到实处的目标尚有一定距离。言论自由作为宪法保障的一项基本权利，具有鲜明的政治权利性质和重要的民主政治价值功能。根据《立法法》的相关规定，言论自由属于法律绝对保留的事项，对其进行限制必须经由全国人大及其常委会通过立法形式加以确定。就此而论，我国可以适用于网络言论自由限制的法律主要有全国人大常委会在 2000 年通过的《关于维护互联网安全的决定》和相关刑法修正案以及 2016 年制定的《网络安全法》、2020 年颁布的《民法典》等法律，这就意味着比它们位阶低的法律规范不得与之相抵触，也不得超出其权限。

目前我国对网络言论自由的立法规制大都停留在行政法规和部门规章的层面，这种由政府及其有关部门自主立法、自定规矩的做法往往会导致它们基于扩权冲动而赋予自身过于宽泛的职权，从而很可能会出现政府及其有关部门"闭门立法"和"立法专横"的现象：一方面，设法扩大自己对网络信息和言论内容进行审查的权限，以便拥有更大的自由裁量权；另一方面，尽量少设定或不设定自己应当履行的行政执法职责和义务，以逃避因过错执法而给当事人造成损失所应承担的法律责任。在网络内容治理的行政法规和部门规章中，赋予有关职能部门审查和监管的权限过大，但对于其应当承担法律责任的规定比较少。这可能导致人们在权利受到公权力侵害时较难寻求有效的救济，无形中减损公民的合法权利。这样做既与现代法治精神和行政控权理论不相符合，也与宪法至上理念和法律保留原则相违背。

（二）规制逻辑占据主导地位

在我国，立法者往往更加注重对国家安全与社会秩序的维护以及对网络信息和言论的规制，体现在立法中则侧重于网络信息系统安全与管理、网络内容安全与管理以及特定领域的信息安全与管理等方面，这种做法无可非议，其目的在于维护网络安全秩序、促进网络健康发展，但尚需注意的是，不应该也不能以忽视多元主体共同参与网络生态治理的价值取向为代价。互联网是一个自由开放的交互空间，它在给人们的思想交流、观点碰撞提供极大便利，继而为社会的发展与进步注入无限生机与活力的同时，也给人们塑造了多元主体共同治理的新理念和新模式。因而，网络立法在突出政府对信息内容进行管理的同时，还应该确立多元主体共同治理的理念和模式，注重网络行业自律、网民自律等社会治理方式的运用。然而，在"重规制轻治理、重立法轻自治"的思维惯性的支配下，我国网络言论自由立法规制存在失衡现象。

第一，立法赋予政府对网络言论自由进行规制的职权范围较广。政府不仅拥有法律赋予的对网络运营者进行资质审核、实施行政许可的权力，而且可以依据自己制定的行政法规和部门规章的规定，获取对网上违法信息进行认定和处置的自由裁量权。政府一旦认定网上出现违法信息，就会要求网络运营者采取相应处置措施。为了满足对网上海量庞杂的信息内容审查把关的需要，相关规定还赋予网络运营者较为严格的审查与处置责任，网络运营者若发现网上违法信息，应立即停止传输，同时采取相应处置措施，并向有关主管部门报告，否则要承担相应的法律责任。值得注意的是，这些要求均已得到《网络安全法》的正式确认。① 由于我国法律规定得较为原则，且相关配套规定缺乏精确性和可操作性，网络运营者在判断某种言

---

① 参见《网络安全法》第 8 条、第 47 条、第 49~50 条、第 60 条。

论是否违法时很大程度上依赖于自己的主观判断。这不仅可能使网络运营者出于规避法律风险之考量，不惜以减损公民的言论自由权利为代价而删帖、禁言与封号，而且可能诱发甚至激化言论发表者与传播者同网络运营者之间的矛盾和冲突，直接影响社会和谐稳定。

第二，立法给予社会组织对网络言论自由进行自主治理的空间相对有限。互联网发展的特殊性决定了虽然它也要运行在法律规范允许的范围内，但是法律并不是唯一的也不是最有效的网络规制途径。网络行业自律、网络用户自律同样是规范网络言论、净化网络环境的重要方式。然而，在网络行业自律方面，虽然我国相关行业协会已经出台了不少自律公约，但这些公约或多或少地带有一定的官方色彩，而且其中绝大部分是关于网络信息技术应用与服务管理的自律公约①，直接涉及网络内容服务的自律公约②相对较少，这在很大程度上表明网络行业在网络内容服务中所发挥的自治作用是非常有限的。目前我国唯一的全国性规范网络用户上网行为的《文明上网自律公约》（2006年），不是网络用户组织发起制定的，而是由中国互联网协会代为制定的，这种现象不能不引起我们的深思。

（三）适时立法的观念不够强

法律只有与时代发展保持同步，其生命力才能充分体现出来。这就要求立法者紧扣时代脉搏，及时做好法律的立改废释工作。但由于立法者适时立法的观念不够强，网络言论自由立法存在相对粗略和空白遗漏的现象。

第一，网络言论自由法律规定过于原则化，难以得到准确适用。例如，

---

① 如《中国互联网行业自律公约》（2001年）、《互联网新闻信息服务自律公约》（2003年）、《中国互联网协会反垃圾邮件规范》（2003年）、《互联网公共电子邮件服务规范（试行）》（2004年）、《中国互联网网络版权自律公约》（2005年）、《抵制恶意软件自律公约》（2006年）、《反网络病毒自律公约》（2009年）、《中国互联网协会关于抵制非法网络公关行为的自律公约》（2011年）、《互联网搜索引擎服务自律公约》（2012年）、《互联网终端安全服务自律公约》（2013年）、《互联网企业社会责任宣言》（2015年）、《用户个人信息收集使用自律公约》（2019年）、《个人网盘服务业务用户体验保障自律公约》（2021年）、《移动互联网环境下促进个人数据有序流动、合规共享自律公约》（2022年）等。

② 如《互联网站禁止传播淫秽、色情等不良信息自律规范》（2004年）、《搜索引擎服务商抵制违法和不良信息自律规范》（2004年）、《博客服务自律公约》（2007年）、《反垃圾短信息自律公约》（2008年）、《短信息服务规范（试行）》（2008年）、《微博客服务自律公约》（2011年）、《抵制移动智能终端应用传播淫秽色情信息自律公约》（2014年）等。

《网络安全法》第 14 条第 1 款规定："任何个人和组织有权对危害网络安全的行为向网信、电信、公安等部门举报。收到举报的部门应当及时依法作出处理；不属于本部门职责的，应当及时移送有权处理的部门。"令人遗憾的是，该法虽对"网络安全"的内涵进行了界定①，却未对哪些行为属于"危害网络安全的行为"作出解释或说明，这使该法确立的网络安全投诉举报制度无法落实到位；同时其界定本身还存在无法涵盖网络信息安全的缺陷，很容易导致适用上的困难和公权力的滥用。《网络安全法》还规定，政府可以基于处置重大突发社会安全事件的需要而在特定区域对网络通信采取限制等临时措施，但是既未对"重大突发社会安全事件"的内涵进行界定，也未对政府滥用该项权力的法律责任作出规定②，这就很容易使公民网络言论自由处于一种随时可能被剥夺的危险状态。

第二，网络言论自由法律规定存在空白，难以有效应对和解决新的法律问题。如资本对网络舆论的控制问题就是一例。近些年来，随着互联网等信息技术的快速发展，网络平台越来越成为民众发出真实声音、表达利益诉求的不可或缺的重要通道。然而一些资本为了谋求一己私利，公然操控网络平台账号，蓄意生成虚假流量数据，或竭力制造虚假舆论热点。当花样翻新的虚假数据、信息站上舆论风口，成千上万的营销号、"水军"公司成为互联网舆论的传播者和操控者，真正的民意则被淹没在"大水漫灌"之中，一些网民甚至还莫名其妙地成为网络暴力的帮凶。③ 这种资本伪装民意操弄舆情的行为，不仅破坏了公民言论自由权利行使的社会环境，而且破坏了互联网生态和社会经济秩序。对此，国家互联网信息办公室 2021 年发布了新修订的《互联网用户公众账号信息服务管理规定》，旨在通过加强对互联网用户账号名称信息的规范管理，防范和打击操纵多个平台账号、生成虚假流量数据、制造虚假舆论热点的行为。该规定实施后取得了一定

---

① 《网络安全法》第 76 条第 2 项规定："网络安全，是指通过采取必要措施，防范对网络的攻击、侵入、干扰、破坏和非法使用以及意外事故，使网络处于稳定可靠运行的状态，以及保障网络数据的完整性、保密性、可用性的能力。"

② 参见《网络安全法》第 50 条、第 58 条。

③ 参见蒋芳《伪装民意操弄舆情当休矣》，半月谈网，http://www.banyuetan.org/jrt/detail/20211028/1000200033134991635242399650268698_1.html，最后访问日期：2023 年 7 月 1 日。

成效。但必须看到，该规定明显缺乏精准有力惩治操纵网络舆论的背后资本黑手的刚性措施，而且它并不是严格意义上的法律，这表明对资本控制网络舆论、危害言论自由的现象还缺乏有力的法律规制。

（四）统筹立法的思想认识有待提高

经过多年的探索和实践，我国在网络内容治理上逐步形成了以国家互联网信息办公室为主管机构、有关部门协作配合的统筹协调体制，较好地改变了"九龙治水"、政出多门的状况。然而，立法者缺乏科学的系统观念和统筹思想，以至于在网络言论自由立法的内容设计、规范配置和模式选择等方面未能很好地体现出完整性、一致性和协调性。

第一，在立法内容的设计上存在重义务轻权利的现象。坚持权利与义务相统一是马克思主义法学的一个基本观点。但在我国立法观念中长期存在重义务而轻权利的认识误区，这造成了言论自由立法上的偏颇，即对言论自由的限制过多而保护过少。例如，在《刑法》涉及言论自由的 47 种犯罪中，涉及言论自由限制的犯罪有 39 种，占总数的 83%；有关言论自由保护的犯罪有 8 种，占 17%。① 这种"厚此薄彼"的立法态度，在网络言论自由立法中也有所体现。例如，《全国人民代表大会常务委员会关于维护互联网安全的决定》为了维护国家安全和社会稳定、社会主义市场经济秩序和社会管理秩序，以及保护个人、法人和其他组织的人身权、财产权等合法权利，具体列举了依照《刑法》有关规定追究刑事责任的 12 种涉及网络言论的犯罪，其中涉及网络言论限制的犯罪有 11 种，占总数的 91.7%，针对网络言论保护的犯罪只有 1 种，仅占 8.3%。

第二，在立法规范的配置上存在重实体法轻程序法的现象。我国网络言论自由立法不仅在权利和义务的规定上处于失衡状态，而且在实体法规范和程序法规范的配置上也存在不匹配现象。一些法律虽然赋予政府及其有关部门以规制网络信息和言论内容的较大权力，但是缺乏政府在管理和控制活动中与民众进行沟通和互动时所应遵循的规则与程序，以及因其违法行为所应承担的法律责任和后果的规定。例如，《网络安全法》明确了国

---

① 参见刘守芬、牛广济《试析我国宪法中的言论自由在刑法中的规制》，《法学家》2006 年第 3 期。

家网信部门和有关部门处置和阻断违法信息传播的权力，但没有规定信息发布者和传播者进行异议、申辩、申请回避、要求听证等的权利，这就极有可能导致政府部门为逃避法律责任或打压舆论监督而过度审查网络信息，进而侵害公民的网络言论自由。同时，我国法律法规虽然对公民的网络言论自由权利作出了倡导性和激励性规定，但往往欠缺公民网络言论自由权利的具体行使方式和救济途径。

第三，在立法模式的选择上存在重秩序轻自由的现象。自由和秩序是相互依存、不可分割的辩证统一关系。任何片面地强调一个方面而忽视另一个方面的认识和做法都是错误的。然而，我国网络言论自由立法在自由与秩序的选择上呈现一定的畸轻畸重的倾向。[①] 这可以从有关行政法规和部门规章所宣示的立法目的中得到印证：或只提出对公共秩序与安全的维护而忽视公民自由与权益的保障，或即使对两者都作规定，但亦是把维护公共秩序与安全置于保障公民自由与权益之前。这种立法价值取向必然会使我国的网络言论自由立法体系呈现"重秩序轻自由"的模式特点。

二 法律体系不够完善

从总体上看，我国网络言论自由立法已经具有一定的数量和规模，并构建起了相对完整的效力层级和框架体系。但是严格来讲，网络言论自由立法体系仍然不够成熟和完善，无法有效应对网络空间治理的新问题、新挑战。

(一) 言论自由立法缺乏系统性和协调性

互联网在很大程度上就是现实世界的直接反射与真实映照，因而现有法律中的绝大部分规定都可以适用于网络空间中的法律关系，而无须区分网上网下。所以要探明网络言论自由立法体系的问题，有必要首先弄清言论自由立法体系中的不足。经过梳理分析不难发现，我国言论自由立法明显存在系统性和协调性不强的缺陷。

---

① 正如有学者所指出的那样："我国现有涉及网络言论的相关规定立法价值以安全、秩序为主，偏重于网络管理和网络信息安全，对公民的言论自由保障不够充分。"参见陈纯柱、韩兵《我国网络言论自由的规制研究》，《山东社会科学》2013 年第 5 期。

　　第一，言论自由保障与限制的失衡问题突出。公民的言论自由是一项重要的宪法权利，首要应保障其依法行使，同时也应对其进行必要的限制，以防止权利被滥用而对社会公共利益或者他人合法权益造成损害，从而实现言论自由权利保障与限制的有机统一。不过遗憾的是，无论是《刑法》《民法典》等基本法，还是《集会游行示威法》等特殊法，对于言论自由的规定大都是限制多于保护、强制多于引导。例如，《刑法》中关于犯罪和刑罚的规定，存在对言论自由重限制轻保护的思想偏差。有学者从犯罪主体、具体个罪侵犯的法益、犯罪行为的特点和刑法的具体罪状、犯罪所涉及的言论自由的性质以及刑罚的轻重高低等方面，对我国现行《刑法》中言论自由犯罪进行多角度透视后指出，"我国刑法在言论自由方面的立法重点在于对言论自由的限制和规范"①。这在很大程度上说明，我国《刑法》对公民在行使言论自由权时应履行的义务和承担的责任规定较多，但对其应当享有的权利的保护规定较少，继而在事实上形成了言论自由被矮化甚至虚置，言论责任却被凸显、强调的失衡困境。显然，《刑法》不仅未能清晰地划定言论自由的边界，反而更容易对言论自由造成伤害。再如，《民法典》对言论自由的保护也远不及对其他民事权利的保护。《民法典》虽然在规定自然人享有各种具体人格权的同时，还赋予自然人享有包括言论自由在内的人身自由权、人格尊严权等一般人格权②，但是在对具体人格权的保护均已建立较为完备的法律制度的情况下，关于言论自由保护的措施却乏善可陈，更多的是基于维护姓名权、名誉权、荣誉权、隐私权等权利的需要而对言论自由权的行使采取不同程度的限制③。这意味着若言论自由受到侵犯，通过民事途径获得救济是难以实现的。

　　第二，言论自由立法的分散化现象较为明显。我国现行立法对公民言论自由的规定比较琐碎，分散在一系列有关法律法规中。首先由宪法对言论自由的内容及边界作出原则性、概括性规定，接着由《全国人民代表大会和地方各级人民代表大会选举法》《全国人民代表大会组织法》《地方各

---

① 刘守芬、牛广济：《试析我国宪法中的言论自由在刑法中的规制》，《法学家》2006 年第 3 期。
② 参见《民法典》第 109～110 条、第 990 条。
③ 参见《民法典》人格权编。

级人民代表大会和地方各级人民政府组织法》《国家安全法》《立法法》《监察法》《国歌法》《英雄烈士保护法》《集会游行示威法》等宪法相关法对特定领域或环节的言论自由内容及边界作出专门规定，再由《刑法》《反有组织犯罪法》《保守国家秘密法》《治安管理处罚法》《反恐怖主义法》《突发事件应对法》《民法典》《著作权法》《电影产业促进法》《邮政法》《未成年人保护法》《预防未成年人犯罪法》等有关部门法对言论自由权利的行使及其限制作出具体规定，最后由《广告管理条例》《广播电视管理条例》《出版管理条例》《音像制品管理条例》《娱乐场所管理条例》《邮政法实施细则》《著作权法实施条例》《反间谍法实施细则》《保守国家秘密法实施条例》《监察法实施条例》等行政法规以及部门规章对言论自由权利的行使及其限制作出细化规定。应该承认，这种做法固然有其合理之处，能够根据不同的领域、对象、条件和场景，灵活运用各种方法方式去处理和解决具体法律问题。但是，这种过于分散的立法行为，容易导致立法内容缺乏统一性、整体性和连续性，还可能会形成法律法规之间的冲突，从而对法律法规的贯彻实施造成障碍。尤其值得注意的是，在法律体系中，最能凸显言论自由价值的新闻、出版和文化等领域的立法仍停留在行政法规、部门规章的层面，尚未形成严格意义上的法律，因而在实践中始终存在立法位阶低的困扰。

第三，对言论自由立法解释的重视程度不够。为了有效应对纷繁复杂、千变万化的社会现象，法律必须兼具涵括性和可操作性的品格。但若过于原则抽象，法律会变得语焉不详，难以落实执行；若过于具体琐碎，法律会变得不堪重负，难以长久维系。因而，明智的立法者总是在新的法律颁布后，适时对其中的核心概念与术语以及易生歧义的条款进行必要解释，以弥补法律条款较为抽象笼统、可操作性差的缺陷。但是，我国言论自由立法仍然存在过于原则和简单而相关解释跟进不够的问题。作为国家根本大法的宪法对言论自由的界定较为原则，容易与其他相关概念产生混淆，从而给人们对言论自由的准确理解带来障碍；同时，也没有对言论自由的具体内容、范围和行使方式等作出规定。《刑法》中涉及言论自由的法条几乎均未设置直接调和与其相关法益冲突的规定，容易使言论自由遭受公权力或者其他强权势力的侵犯。《民法典》尚没有关于言论自由的直接规定，只是将其隐含在一般人格权的核心内容之一——人身自由之中，其内涵和外延根本不像其他民事权利那样具体明确，这导致言论自由受到侵害时很难依据民法而获取损害赔偿等民事救济。在其他法律法规中，对于言论自由的表述大都含混不清、易生歧义。尤其是在违法和不良言论认定中的一些核心概念，诸如国家安全、公共安全、国家秘密、国家荣誉和利益、社会秩序、社会稳定、民族尊严、民族习惯、民族仇恨、民族歧视、封建迷信、邪教、淫秽、色情、暴力等，均具有抽象性、模糊性和多义性的特征，属于非常不确定的法律概念。这些概念若不解释清楚，就会在具体适用过程中产生较大的负面影响，"既有可能因难以统一把握解释口径，导致'同案不同判'；也有可能被恣意进行扩大解释，限缩公民表达自由空间，侵犯相对人合法权益"①。

（二）网络言论自由立法缺乏统一性和权威性

我国虽已初步建立起网络言论自由法律规制的基本框架，但还存在法律体系不完备、法律位阶不高的现象，这极大地影响了法律的系统性、严肃性和权威性。总体来看，涉及网络言论自由的立法主要表现为：全国人大常委会制定的"关于维护互联网安全"和"关于加强网络信息保护"的两个特别决定，以及系统规范网络空间信息安全与管理秩序的《网络安全法》和保护个人网络信息权利的《个人信息保护法》，尚没有一部针对网络言论自由保护和规制的专门法律；国务院制定的行政法规也相对较少；绝大多数是国家互联网信息办公室、公安部、教育部、工业和信息化部等部门依职权制定的规章，其数量有数百件；另外还有为数不多的地方性法规和政府规章。总之，我国网络言论自由的相关立法规定大都分散于不同的法律领域之中，且以部门规章为主。应当承认，这种由行政部门主导立法所带来的法的低位阶化和分散化特征，在互联网发展初期固然能够体现立法的针对性和灵活性优势，从而收到较快适应形势发展与变化的效果。但是随着时间的推移，其固有的弊端也越来越充分地暴露出来。制定规章的部门往往会从自身的角度出发，优先考虑本部门的职权与利益，容易忽视

---

① 尹建国：《我国网络有害信息的范围判定》，《政治与法律》2015 年第 1 期。

国家和社会的整体利益以及与其他相关部门职能的协调和衔接，这必然会导致网络言论自由立法缺乏统一性和权威性以及由此带来的诸多问题和挑战。

第一，网络言论自由权利保障制度不够完善。在权利备受关注和尊重的现代社会，充分保障包括网络言论自由在内的公民基本权利是法律的重要使命。综观我国立法现状，不难发现，与网络言论自由有关的法律文件大都确立了"保护公民、法人和其他组织的合法权益"的指导思想，应该说这种做法是值得肯定的。问题的关键是在具体立法规定中这一思想没有真正落实到位，在权利义务配置上出现了严重失衡现象，即对公民网络言论自由权利进行鼓励和保障的规定较少，相反，直接或间接的禁止性、惩罚性规定却是一大堆。[①] 正如有学者认为的那样："若单纯以法律法规覆盖的范围、规定的细密以及惩罚的力度而言，它们织就的内容监管体系对各级政府、互联网接入服务提供者以及网民都提出了具体而明确的规定，称得上是法网恢恢，疏而不漏了。"[②] 这就很容易给一些地方政府及其有关部门为了逃避监督而不惜动用公权力资源来钳制公民的言论自由权利提供便利。不但如此，对公民网络言论自由权利保护重视不够，还会造成人们对法律的漠视和误解，严重损害法律的权威与尊严。

第二，网络言论自由的行为规制制度存在不足。法律作为社会关系和人的行为的调节器，具有定分止争、惩恶扬善、匡扶正义的功能，应在网络言论表达行为规制中发挥其独特而重要的作用。我国法律对网络言论表达的行为边界存在厘定不清之嫌，以致产生规制过度与规制不力并存的现象。

一方面，立法对网络违法言论的禁止性规定过于宽泛。关于网络违法言论的范围，《网络安全法》作为我国唯一一部全面规范网络空间安全管理的基础性法律，只是在第 12 条对其作出了原则性规定，而相关行政法规和部门规章大都对其进行了列举式规定。且不说这些列举式规定普遍存在立法位阶较低、效力层次不足的缺陷，关键还在于规定得过于宽泛模糊，甚

---

① 详见本章第一节"中国网络言论自由法律规制的现状"中关于"网络言论自由法律规制的主要内容"的论述。

② 李永刚：《我们的防火墙：网络时代的表达与监管》，广西师范大学出版社，2009，第 88 页。

至有超越宪法和法律规定的嫌疑。如有些行政法规或部门规章中除了前述关于禁止宣扬危害社会公德或者民族优秀文化传统的信息内容，还有禁止传播迷信、恐怖以及损害国家机关信誉等信息内容。就禁止损害国家机关信誉①而言，其明显违背宪法精神。《宪法》第 41 条规定，"中华人民共和国公民对于任何国家机关和国家工作人员，有提出批评和建议的权利"。而公民在行使《宪法》赋予的批评建议权，对国家机关及其工作人员的行为是否合法提出批评、建议、申诉、控告或检举时，必然会影响到国家机关的信誉，因此禁止损害国家机关信誉的言论或信息的规定明显超越了宪法规定的范围。总体而言，现有行政法规和部门规章对禁止网络违法言论的范围划定得过于宽泛模糊，极有可能忽视或剥夺宪法和法律赋予公民的权利与自由，从而使公民的网络言论自由处于被过度规制的境地之中。

同时，在禁止传播网络违法言论的对象范围上，没有体现出对成年人用户与未成年人用户的区别对待。由于互联网的开放性、匿名性和互动性等特征，网络空间中的违法有害言论较现实世界中的违法有害言论更容易摧残和影响未成年人的身心健康，因而一些国家虽然在网络言论自由规制的宽严程度上有所不同，但是在严厉打击涉及未成年人的违法有害言论与信息，尤其是涉及未成年人的色情信息方面表现出惊人的一致，这也表明这些国家在涉及未成年人的问题上采取严格规制网络言论自由的立场。② 我国在《未成年人保护法》第 50~52 条中作出貌似针对未成年人但也可以适用于成年人的规定，并无显著特别之处。这种立法，可能起不到严厉打击涉及未成年人的违法有害言论与信息、为未成年人撑起强有力保护伞的作用，反而有可能出现打击面过大从而过度规制成年人网络言论自由的问题。

另一方面，立法没有将新出现并具有社会危害性的网络言论失范行为纳入规制范围。互联网的广泛应用，无疑给公民言论的自由表达提供了多样化发展和多元化呈现的极佳机会，使人们不再囿于"街头发言"和"群体抗议"的表达方式，但同时也产生了"网络水军"、网络暴力、网络谣言、网络诈骗、网络淫秽、网络仇恨等一系列问题，进而对网络言论自由

---

① 参见《计算机信息网络国际联网安全保护管理办法》第 5 条第 8 项。
② 参见陈道英《我国网络空间中的言论自由》，《河北法学》2012 年第 10 期。

的有序发展造成冲击与挑战。仅就一直困扰人们的网络暴力问题来看,与现实生活中的杀人越货、抢劫绑架、寻衅滋事等暴力行为不同,网络暴力是指通过互联网散布那些攻击谩骂、造谣中伤他人的暴力言论或者非法搜索和披露他人的隐私信息,侵犯他人的人格权利,造成严重社会影响或者扰乱社会秩序的行为。网络暴力远远超出了正当言论自由的范围,不仅直接给当事人造成精神痛苦和心灵创伤,侵害公民的名誉权、隐私权等人格权,而且严重扰乱社会秩序,影响社会的和谐与稳定。网络暴力行为显然已经突破了法律的底线,但遗憾的是,现有立法并没有对网络暴力与言论自由的边界以及网络暴力的类型、认定和处罚作出明确规定,使网络暴力等失范行为的法律规制面临困境。

第三,网络言论自由行政管理制度缺陷凸显。在网络言论自由行政管理问题上,现行立法中的相关规定过于粗疏或根本没有相应规定,这导致行政管理制度暴露出诸多漏洞,阻碍了网络言论自由行政管理工作的顺利开展。

一是禁止传播违法信息内容的兜底条款设置不当,给网络言论自由行政管理越权执法提供了条件和可能。在有关互联网信息内容管理的行政法规和部门规章中,凡是涉及禁止传播违法信息内容的条文几乎都设置了兜底条款。就一般意义而言,作为一项立法技术,兜底条款具有高度概括性和不确定性的特征,它是对例外情形的一种延展性预设,能够较好地解决列举式规定无法穷尽所有情形的难题,因而在立法中恰当地采用兜底条款未尝不可。但是言论自由是一项重要的宪法权利,对其进行限制和约束必须符合宪法和法律的原则与精神,遵循"法无授权不可为"的原则。所以,我国现行行政法规和部门规章中所设置的禁止传播违法信息内容的兜底条款,无形中赋予行政机关较大的自由裁量权,进而极有可能导致公民的网络言论自由因行政机关滥用自由裁量权而被过度限制或剥夺,这是很不妥当的。

二是对行政管理权力行使缺乏有效的监督和制约,给网络言论自由行政管理任性执法留下了可乘之机。现行立法对于网络言论自由是否合理的判定存在权力分配失衡问题。例如,《网络安全法》第 14 条确立的网络安全投诉举报制度，不仅要求网信、电信、公安等部门对收到的有关危害网络安全行为的举报，应当及时依法作出处理，属于其他部门职责范围的，应当及时移送有权处理的部门；而且要求有关部门应当对举报人的相关信息予以保密，保护举报人的合法权益。但是，该法没有对网信、电信、公安等收到举报的部门在调查处理中推诿塞责、隐瞒包庇、泄露举报人信息或者打击报复投诉举报人的行为所应当承担的法律责任作出具体规定。《网络安全法》第 50 条规定，国家网信部门和有关部门依法履行网络信息安全监督管理职责，发现发布或者传输违法信息的，应当要求网络运营者停止传输，采取消除等处置措施，保存有关记录；对来源于国外的违法信息，应当通知有关机构采取技术措施和其他必要措施阻断传播。然而，该法却没有具体规定网信部门和有关部门对网络违法信息进行认定的标准、程序以及失职渎职或滥用职权所应当承担的法律责任。立法对行政管理权力监督与制约的缺失，给网络言论自由行政管理任性执法提供了可乘之机。

三是没有将资本操纵网络舆论、干扰言论自由的行为纳入行政规制范围，使网络言论自由行政管理出现了执法缺位现象。资本操纵网络舆论、干扰言论自由是近年来出现的一个新问题，由它所引发的利益冲突和矛盾纠纷错综复杂、影响巨大，但立法没给予足够的重视。毋庸置疑，网络言论自由离不开互联网平台，而互联网平台则是由资本控制的网络服务提供者负责运营管理的，所以与现实社会言论自由的实现需要摆脱公权力和传统媒体控制一样，网络言论自由的真正实现也要摆脱公权力同时要摆脱互联网平台的控制。这就意味着除了公权力不能过度干预外，还要求互联网平台自身必须是自由开放、充分竞争的，而不能走向垄断与封闭。然而，一些资本力量为了特殊利益，凭借算法控制、平台渗透、舆情干预、境外操纵等方式对网络言论与信息进行筛选加工或封号禁言，这不仅使网络舆论本身呈现"冲击和消解主流意识形态""危害国家安全""叠加综合风险体"等负面效应①，而且使公民的言论自由权利面临被限制或剥夺的危险，

---

① 参见方旭《资本意志渗透网络舆论的运行机制、表征及风险防范》，《毛泽东邓小平理论研究》2022 年第 3 期。

从而给网络言论自由行政管理的法律规制带来新课题和新挑战。

三 执法的常态化和协作化水平不高

（一）执法的常态化不足

在全面推进依法治国的大背景下，只有在法律框架体系内形成制度化、规范化、常态化的执法机制，才能实现社会的长治久安和持续发展。但是长期以来，存在于行政执法领域的运动式执法就像挥之不去的阴影，一直伴随并影响着我国的法治化进程，它"非但没有随着法治建设的推进而销声匿迹，反而已经成为一种执法常态"①。所谓运动式执法，通俗地讲就是为了重点遏制某些违法现象，而在短期内迅速集中优势人力物力对其进行突出打击的执法行为，它既包括由中央发起、覆盖全国的集中执法行动，也包括由某个或多个部门或者地方政府发起的部门性或地方性集中执法行动。运动式执法常常以"综合整治""专项治理""突击执法""专项行动""特别行动"等执法方式出现，具有应急性、短暂性和非常态性的典型特征，"是不得已而为之的一种非制度性举措"②。

这种热衷于运动式执法模式的倾向在我国网络言论自由的治理领域同样存在。如近些来年国家相关部门在全国范围内陆续开展了"整治互联网和手机媒体淫秽色情及低俗信息""整治网络弹窗""净网扫黄打非""清理整治网络视频有害信息""整治网络敲诈""整治有偿删帖、跟帖评论""整治网上文化娱乐乱象""清朗·'饭圈'乱象整治"等一系列专项行动。毫无疑问，这些声势大、力度强、范围广的专项行动，对于迅速整治网络乱象、打击网络违法行为、净化网络空间生态环境，确实起到了很大的推动作用，但其所暴露出来的弊端也是显而易见的。实际上，运动式执法是一种事前疏于常态化管理而事后热衷于搞突击整治的执法方式，过分追求短期的执法效果，忽视法律的严肃性、稳定性和公正性，无法彻底铲除越权执法、随意执法、暗箱执法等违法执法现象。不仅如此，运动式执法还会助长违法者的投机心理和躲避打击的举动，难以从根本上制止违法

---

① 程琥：《运动式执法的司法规制与政府有效治理》，《行政法学研究》2015 年第 1 期。

② 刘艳红：《刑法的根基与信仰》，《法制与社会发展》2021 年第 2 期。

行为。因此，过分依靠运动式执法对网络言论失范进行整治的做法，显然是不可取的。

（二）执法的协作化不够

一度以来，根据网络信息内容监管机构的框架体系设计，我国网络言论自由行政规制几乎涉及所有政府职能部门，这从表面上看似乎便于发挥各职能部门的专业化管理的优势，调动其参与网络信息与言论治理的积极性。其实不然，这种做法明显存在管理体制不顺、行政执法协同机制不畅以及由此带来的职能交叉、多头执法和权力冲突等弊端，难以有效预防和应对互联网迅速发展过程中可能出现的各种失范言论的传播与泛滥。为此，国务院于 2011 年新设国家互联网信息办公室，并以通知的形式赋予其全面负责、统筹协调国家网络信息内容管理的地位，其主要职责为：落实互联网信息传播方针政策和推动互联网信息传播法治建设，指导、协调、督促有关部门加强互联网信息内容管理，依法查处违法违规网站，等等。国家互联网信息办公室的设立与运作，在一定程度上解决了互联网信息内容多头管理体制的整合问题，以及"政出多门"带来的责任不明、推诿扯皮的治理乱象，但从实践来看，我国网络言论自由执法机构的协同性欠缺现象依然突出，正如有学者所揭示的那样："长期存在的行政执法部门林立、分段执法、分兵把口、相互掣肘有余、协调配合不足的困境尚未根本改变……仍然存在职权不清，权责模糊，相互推诿、揽功诿过的诸多弊病，尤其是在处理涉网重大、紧急、复杂且边界相对模糊的网络社会治理新情况、新问题时，容易滋生网络社会治理'各自打扫门前雪、不顾他人瓦上霜'的现象。"[①] 值得关注的是，2014 年成立中央网络安全和信息化领导小组，后于 2018 年改为中央网络安全和信息化委员会，这有利于从根本上破解长期困扰我国的"九龙治网""多头治理"的困局，不过要真正形成各职能部门间的协调配合机制还有相当长的路要走。

四 司法宽容有待进一步彰显

互联网的快速发展给言论自由带来了极大的便利，同时也滋生了利用

---

① 徐汉明、张新平：《网络社会治理的法治模式》，《中国社会科学》2018 年第 2 期。

网络传播谣言、虚假信息等网络失范行为，这远远超出了原有法律的调整范围。尽管立法机关一直在努力调整、积极应对，但立法相对滞后的局面无法彻底改变，这就不可避免地使司法机关拥有较大的自由裁量权，进而对司法机关秉持宽容的理念与原则处理涉及网络言论自由的案件构成挑战。总体而言，司法机关在办理网络言论自由案件时，虽然也能够采取宽容、审慎、克制的态度来对待，但仍有不尽如人意之处。2013 年，《最高人民法院、最高人民检察院关于办理利用信息网络实施诽谤等刑事案件适用法律若干问题的解释》（以下简称《网络诽谤解释》）发布，专门就利用网络实施诽谤、寻衅滋事等刑事案件的立案证据标准与法律适用进行了详细规定，该解释在一定程度上体现了刑法的谦抑精神。但在网络谣言型寻衅滋事罪识别标准的理解与适用方面，或多或少存在虚假信息的认定过于宽泛、公共秩序识别过于随意、起哄闹事的主观目的易被忽视、严重混乱的认定范围过大等问题，这样"不仅过度扩大了网络谣言型寻衅滋事罪的适用范围，违反了刑法谦抑性的基本原则，而且必然对公民言论自由权利造成过于严厉的限制，与网络谣言型寻衅滋事罪应当保护公民合法言论自由的原则相悖"[1]。有学者以 2014~2018 年涉及网络诽谤的 151 份裁判文书为样本进行研究，也得出了类似的结论。在一些司法案件中，"被告人之所以被定罪，主要是因为他们在互联网上揭发了某些政府官员违法乱纪的行为。此类判决严重限制了公民的言论自由"[2]。

另外，《最高人民法院关于审理利用信息网络侵害人身权益民事纠纷案件适用法律若干问题的规定》于 2014 年发布，对于正确审理利用信息网络侵害人身权益的民事纠纷案件、依法保护公民的人身权益、统一法律适用和裁判尺度起到了重要作用。但是该规定由于缺乏对公众人物和非公众人物、政治性言论和非政治性言论等的区分，以及对言论自由与名誉权、隐私权等人身权的界定，并没有从根本上改变我国司法实践中长期存在的公民权利边界模糊、容易受到侵害的现状，以致出现法律保护疲软的窘境：

---

① 陈莉：《网络谣言型寻衅滋事罪的识别标准》，《人民司法》2021 年第 34 期。

② 郑海平：《网络诽谤刑法规制的合宪性调控——以 2014—2018 年间的 151 份裁判文书为样本》，《华东政法大学学报》2019 年第 3 期。

既不能很好地尊重和保护公民的名誉权、隐私权等人身权，也不能充分地包容和促进言论自由，其结果是极有可能造成两种基本权利的共同丧失。

第三节 中国网络言论自由法律规制问题的原因分析

在认识和把握我国网络言论自由法律规制的现状及存在问题的基础上，还要从观念、文化、技术等层面深入剖析问题产生的原因，以便有针对性地采取相应的对策措施。

一 法治观念的误区

任何一个国家的法律制度都是在一定的法治观念指导下制定和实施的。法治观念直接决定和引领法律制度的发展方向及实施路径。当前，造成我国网络言论自由法律规制存在问题的法治观念上的原因主要表现在以下几个方面。

（一）"超父爱主义"的法治观

"超父爱主义"是父爱主义的一种极端的表现形式，因而了解和把握"超父爱主义"首先要厘清父爱主义。父爱主义起初是源自西方的一个法学理论，也被称为"家长主义"，意指政府在某些领域为了公民自身的利益可以不顾其意志而限制其自由或自治。基于父爱主义理论指导和影响的政府行为就像具有责任心和爱心的家长对待孩子一样，故而得名。父爱主义理论不仅与中国法律传统、法律规范及社会现实颇有契合之处，而且与中国当代奉行的以人为本理念相适应，因此该理论在我国也有广泛的适用空间。然而，法律父爱主义理论和原则并不能确保其在任何场合都可以得到证明，它只能在特定的场合才具有正当性，而这种正当性恰恰是建立在尊重公民人格与主体性，并且为相对人自身的利益而对其自由进行温和限制的基础上的。对于很多行为而言，如果采用一种简单直接而又粗暴武断的家长式统治，无限制地扩大"父爱"的范围，把公民个人作为完全听从政府摆布的客体，那么势必沦为"超父爱主义"，继而导致不堪设想的后果。[1] 很显

①　参见孙笑侠、郭春镇《法律父爱主义在中国的适用》，《中国社会科学》2006年第1期。

然，"超父爱主义"已经背离了父爱主义所固有的善意初衷、有限范围、温和限制的基本要素以及人性尊严的核心价值取向，因而是不可取的。

但值得警惕的是，"超父爱主义"在人们的法治观念中有一定市场。"超父爱主义"的实质在于缺乏对人性尊严的关注和重视，违反"以人为目的"这一根本出发点，表现在立法取向上就是一味地坚持国家主义的立场。国家主义强调国家至上，国家作为自足自洽的存在有独特的地位和运作理性，国家主义始终处于个人与国家关系的中轴位置。在国家主义看来，一方面，要通过立法与命令来分配资源，明确权利义务，促进人与人之间的沟通与合作，并承担定分止争的功能①；另一方面，要"通过立法使权力实现自上而下的延伸，国家的权威及合法性皆在立法的场合得以证成"②。毫无疑问，在人类社会中，只要有阶级存在，就会有国家存在。无论国家的社会形态是什么，都必须由集中体现和反映国家和人民意志与利益的法律规范来维系才能存续，因而国家主义显然具有其存在的合理性。但在现实生活中，有些人习惯将国家主义绝对化，并把法律理解为纯粹的国家意志与利益的体现以及国家专门用来对民众进行管理的主要工具，这在很大程度上造成了我国网络言论自由立法中的权利与权力配置失衡的现象。

突出自我授权，强调严格管制，对当事人意志不管不顾，是"超父爱主义"的显著特点。在"超父爱主义"法治观的影响与支配下，一些政府官员思想上自觉或不自觉地形成了"为民作主"的行政观，他们已经习惯于做"父母官"，乐于替民作主，为民请命。"为民作主"似乎成为一些政府官员的自我标榜和行为逻辑。而人们似乎也习惯于官员为其作主，甚至乐于听从官员的安排和摆布，把自己当作权力役使的工具。然而，"为民作主"不符合我国宪法精神和原则，更与我们党坚持以人民为中心的价值追求和执政为民的责任担当相违背，它不仅会淡化和削弱官员的公仆意识和民本理念，为其滥用职权、任性执法和暗箱操作提供理论依据；而且会强化官员的特权思想和霸道作风，助长其肆意打压民意、粗暴干涉公民网络言论自由的恶习。我国传统网络内容治理路径中的重管制轻激励、重打击

---

① 参见于浩《共和国法治建构中的国家主义立场》，《法制与社会发展》2014 年第 5 期。

② 于浩：《当代中国立法中的国家主义立场》，《华东政法大学学报》2018 年第 5 期。

轻引导的"刚性"治理模式①就是例证。

（二）僵化狭隘的维稳观

毋庸置疑，一个国家的全面发展离不开和谐稳定的社会环境。改革开放以来特别是党的十八大以来的伟大实践雄辩地证明，中国取得举世瞩目巨大成就的根本原因，就在于中国共产党具有超凡卓越的执政能力。正是中国共产党的坚强领导，最广泛最充分地调动一切积极因素，广开言路，汇聚民意，集中民智，共谋发展，开拓奋进，才形成了国家长治久安、社会和谐稳定、人民安居乐业的大好局面。很显然，保障公民言论自由与实现社会和谐稳定并不矛盾。如果把基于对言论自由保障所形成的广开言路、畅所欲言的良好氛围与和谐稳定的发展局面对立起来，认为言论自由不利于社会稳定，进而主张对其进行严格管制，那就是极其狭隘错误的。

言论自由作为公民的一项宪法权利，在传统媒体环境下主要是通过报刊、广播、电视等媒介实现的。而互联网是个面向所有人平等开放的信息系统，任何人都可以通过网络平台自由地发表言论和传播信息，政府和网站无法对所有言论和信息进行逐一筛选审查。如果政府要加以控制，绝大多数情况下只能在事后通过特定的技术手段进行处理。因而，公民的言论尤其是批评监督政府的言论一旦通过网络发表后，就会呈现传统媒体无可比拟的社会穿透力和渗透性，产生广泛而持久的影响力和震撼力，从而形成对政府权力运作的全方位、无死角的监督格局。这对扩展公民言论自由和政治参与的空间、拓宽和提升公民监督的渠道和效率，无疑是一个巨大的进步。

然而，有些政府官员片面看待和放大网络言论自由的负面效应，认为网络言论自由会造成人们思想上的混乱与分歧，不利于凝聚广泛的社会共识，形成强大的社会合力；也有人认为网络言论自由会使政府轻易受到批评、挑剔和指责，有损政府的权威和影响力；甚至有人把网络言论自由置于社会稳定的对立面，认为网络言论自由是危害社会稳定的祸因。总之，在他们看来，要维护好社会稳定就要严格管控网络言论自由。这种貌似非

---

① 参见刘艳红《互联网治理的形式法治与实质法治——基于场所、产品、媒介的网络空间三维度的展开》，《理论视野》2016 年第 9 期。

常稳妥的"万全之策",其实体现了僵化狭隘的维稳观,体现了"盲目而固执地依恋一种夸大其词的稳定观"①。

(三) 消极被动的守法观

法的精神使命在于要活在人们的心中,其任务则在于在人的心中创造最佳的行为动机。② 而只有确立和形成高水平的法律意识以及积极主动的守法倾向,法才能实现自己的精神使命。就积极主动的守法倾向而言,人们不是出于惧怕受到法律的惩罚而被迫守法,而是出于内心的真诚信仰而主动守法。但在现实生活中,人们的守法行为大都停留在"害怕""被迫"的消极层次上。从直观意义上看,基于"害怕""被迫"而形成的消极守法行为倾向,似乎体现国家强制力在保障法律实施中的作用和效果,然而过度依赖和偏重法的强制功能并非良策,其结果只能是强化被动的、机械的服从意识。

消极被动的守法倾向在网络言论自由法律规制建设方面是极其有害的。一方面,弱化了自觉守法意识。真正意义上的守法是一种建立在信仰法律的基础上的自觉行为,消极被动守法则正好相反,其实质是畏法而守法。而网络空间是个虚拟空间,人们大都是匿名上网的,相关管理者很难查明上网者的真实身份。即使是可以借助某些技术手段加以查证,但是面对庞大的网民数量和海量的网络信息,管理者往往防不胜防、力不从心。正是在网络特有的匿名保护功能的影响下,一些人可能不再害怕受到法律的处罚而变得大胆起来,平时不能说、不敢说的都在网上任意发泄,无论是不良言论、违纪言论还是违法言论都在所不问。另一方面,助长了违法投机心理。消极被动守法的典型特征是,有人监督时能够守法,否则不能守法,甚至知法犯法。这种违法投机心理在网络言论表达与传播活动中表现得尤为突出。被人们广为诟病的"人肉搜索"、网络暴力、"网络审判"等现象就是违法投机心态驱使下的恶果。一些人无视国家法律法规,利用网络把关不严和监管疏漏的天然缺陷,经常发起和参与"人肉搜索",策动和助推

---

① 〔法〕邦雅曼·贡斯当:《古代人的自由与现代人的自由》,阎克文、刘满贵、李强译,上海人民出版社,2017,第396页。

② 参见〔俄〕伊·亚·伊林《法律意识的实质》,徐晓晴译,清华大学出版社,2005,第28页。

网络暴力，煽动和加入"网络审判"，从而对他人的合法权益和网络空间秩序造成严重损害。

二　传统文化的影响

中国传统文化中的许多智慧结晶对于现代法治建设仍具有重要的借鉴价值和启示意义，然而，其中长期积淀的糟粕也对现代法治建设继而对公民网络言论自由法律规制建设形成严重冲击。

（一）重人治轻法治

法治的核心要义和理想形态在于：法律至高无上、权力受到制约、摒弃专制统治、实行自由民主。然而，中国古代几千年封建专制统治具有浓厚的人治色彩：君权神授，朕即国家，皇帝的话就是法律；君要臣死，臣不得不亡，任何人都不能挑衅和冒犯皇帝的权威。法律在古代根本没有独立存在的基础与灵魂。中国古代思想家，从儒家圣贤孔子、孟子到法家精英韩非、商鞅以及道家鼻祖老子等，无一例外地主张人治，他们学说的共同本质是人治主义。孔子把"仁"作为最高的道德原则和统治策略，他认为"为政在人"，"其人存，则其政举；其人亡，则其政息"（《礼记·中庸》）。虽然法家打出了"以法治国，则举措而已"（《管子·明法》）的旗号，似乎与儒家的观点截然相反，但其实两家的主张并不存在本质区别，只不过是各自强调的侧重点有所不同而已。儒家宣扬德主刑辅，鼓吹道德教化；法家倡导以力服人，强调实行严刑峻法。这种"重人治轻法治"的流弊，具有很强的历史惯性，严重地阻碍和影响了法治理念的形成和法律权威的确立。时至今日，仍有一些官员对法治建设存在严重的认识误区。在他们心目中，权大于法，领导意志高于一切，法律制度不过是一种摆设，他们在实践中不愿意接受法律规则的约束，恣意妄为、滥用职权、越权执法、随意执法、暗箱执法，突破和跨越法律的红线与底线。普通民众则成为他们权力滥用的牺牲品，这使普通民众很难从内心确立和坚守对法律的信仰，相反可能采取一种麻木、无所谓甚至规避的态度。"由于没有法律的具体保护，也由于公民不去寻找法律保护，一旦公民的权利受到侵害，受害者并不考虑权利的法律依据，却往往寻求非法律的解决手段。"① 这些消极因素，是极不利于公民网络言论自由法律规制建设的。

（二）重特权轻平等

平等是法治的内在属性。平等意味着反对特权。在特权横行的地方，就没有平等可言。"国民法治国建基于国民的自由和平等之上。……法律面前人人平等，这不仅意味着平等适用一次性颁布的法律，而且意味着，任何人不得违反法律，不得享有豁免权和特权，至于法律是以什么形式颁布的，这都无关紧要。"② 但是中国古代封建社会长期实行"君臣有别""尊卑有序""贵贱有等"的特权制度，奉行"礼不下庶人，刑不上大夫"和"民不告官，禁止越诉"的律文，始终维护以皇权为中心的专制主义统治阶层的特权，将广大民众牢牢地压制、禁锢于社会的底层和边缘。作为全国最大的封建主，皇帝拥有至高无上的绝对权力，其他大大小小官员也被赋予相应的特权，广大民众的权利则被剥夺殆尽。由这种等级制度历经几千年的历史积淀而形成的顽固力量，极大地强化了官员"高人一等"的特权思想，严重压抑了人们的平等观念。尤其值得注意的是，这种特权等级观念至今仍然影响和支配着一些人的思想与行为，使他们对权力倍加迷恋与崇拜，而对法律却极为冷漠与蔑视。很多人在自身合法权益受到侵害后，不是寻求法律保护，而是设法托关系找人摆平；一些官员的"官本位"和"权力万能"思想更加严重，他们习惯于搞特权、耍威风、摆派头，动辄以"为民作主"为由头，把法律仅仅当作治民的手段与工具，而非保障与实现民众利益诉求的至上权威。在他们看来，"依法治理"的对象就是普通民众，重点就是设法把民众管住、管好，让民众百依百顺、安分守己。当前，网络言论自由法律规制中的排斥民众参与和执法中的正当性欠缺等现象，充分反映了部分立法者、执法者思想深处残存的"重特权轻平等"这一传统文化观念作祟。

（三）重义务轻权利

在现代法治社会，权利与义务是不可分割的统一体，但是，中国传统法律文化中更多的是义务而没有明确的权利观念。人们的义务大都出于国

---

① 梁治平等：《新波斯人信札》，中国法制出版社，2000，第 123 页。
② 〔德〕施米特：《宪法学说》，刘锋译，上海人民出版社，2005，第 166 页。

家权力而非产生于权利，法律存在的意义在很大程度上就在于保证人们履行义务①，权利和义务的关系被严重扭曲。这是因为，以儒家思想为核心的中国传统文化对个体人格的设计存在致命缺陷。儒家思想的重要特点在于用群体去定义个体，这是以家族本位为中心的文化整合的必然结果。在这种传统文化熏陶下的普通民众的权利观不可能是一种主动性权利观。而君主专制制度和等级特权制度对权利的肆意打压，则使中国古代民众的权利观更加呈现一种被动性特征。② 另外，加上封建统治阶级长期推行"重农抑商"政策，商品经济很难萌芽破土，更遑论成为基本社会经济形态，这就使人们的商品经济意识失去了存在的基础，从而也就难以形成与商品经济意识紧密关联的平等主体间的权利要求，以至于直到今天一些人仍难以完全形成现代意义上的权利义务观念。这种情况不能不对网络言论自由法律规制建设产生消极影响。如网络内容治理立法，非常详尽地规定了公民应尽的各项义务，但对公民享有的权利规定很少，更缺乏公民权利受到侵害后的救济措施，这与立法者抱持"重义务轻权利"的观念有直接联系。③

三　网络技术的冲击

人类社会发展的历史表明，科学技术一旦获得突破就会以超乎寻常的速度向前发展，然而法律却总是沿着既定的路径按部就班地稳步前行。这就必然使法律和科技很难携手并进，其结果往往是法律滞后于科技发展的步伐。正如荷兰学者简·梵·迪克所言："几乎在每一个历史时期，法律和公正都被新科技远远地抛在后面。"④ 而互联网对现行法律及其言论自由规制体系的冲击和挑战，明显地超过以往任何时代的科技所造成的冲击和挑战。

（一）网络匿名性的挑战

网络空间的最基本特征是虚拟性。与网络空间的虚拟性密切联系的是

---

① 参见梁治平等《新波斯人信札》，中国法制出版社，2000，第 120 页。
② 参见夏锦文主编《冲突与转型：近现代中国的法律变革》，中国人民大学出版社，2012，第 768 页。
③ 参见丁大晴《公民网络监督法律机制研究》，南京大学出版社，2013，第 118~121 页。
④ 〔荷〕简·梵·迪克：《网络社会——新媒体的社会层面》，蔡静译，清华大学出版社，2014，第 136 页。

网络主体身份的匿名性。在网络空间，人们大都是以匿名方式自由参与各种言论表达和信息交互活动的。尽管采取注册信息实名制管理，但是在无中心、多节点、自由开放的网络平台，人们另行寻求其他方式隐藏自己的真实身份是件非常容易的事情，人们依然可以通过虚拟身份在网上发表言论和传播信息。网络言论表达与传播的匿名性无疑为人们自由表达与传播自己的思想和观点，尤其是大胆揭露社会问题和腐败现象创造了有利条件，但也容易使人们丧失真实身份的约束以及逃避法律责任的追究，从而导致各种网络失范言论的滋生蔓延。因此，匿名可能是网络最令人惊恐的特征，它常常会鼓励恶习的滋生，甚至是产生诈骗和其他不端行为的温床。① 匿名也是一个大黑洞：它可能被想借助匿名通信密谋犯罪的人和恐怖分子滥用；它也可以使胆小鬼粗鲁地通信，或者不负责任地诽谤他人。② 更为关键的是，即使国家针对网络失范言论制定了法律并施加各种限制，执法者也很难查找到有关责任主体，相关法律规定会因此失去存在的价值和意义。而且网络言论主体的匿名性给法律适用和司法管辖权确定等方面所带来的困境更是前所未有。③

（二） 网络开放性的挑战

互联网之所以能够演进发展成一个全球性超级网络，根本原因在于其突破了物理意义上的国界限制而能够畅通无阻地无限连接这一开放性特征。开放是互联网的天性，也是吸引人们广泛参与其中的魅力所在。无论人的身份和地位状况如何，只要连接互联网，就能与置身不同国家和地区的人进行自由、平等的言论交流与信息互动，这也就意味着任何人凭借网络发布的言论信息都会迅速传播到世界各地。这对加强人们与外界的广泛沟通与联系、拓宽和启迪人们的视野与思维、加快世界全球化的进程，无疑具有巨大的推动作用。然而，互联网的开放性架构使对言论自由进行法律规制变得非常困难，尤其是跨越多个国家和地区的各种各样的网络言论犯罪，

---

① 参见〔美〕埃瑟·戴森《2.0版数字化时代的生活设计》，胡泳、范海燕译，海南出版社，1998，第305~306页。

② 参见〔美〕理查德·斯皮内洛《铁笼，还是乌托邦——网络空间的道德与法律》，李伦等译，北京大学出版社，2007，第69页。

③ 参见蒋永福《信息自由及其限度研究》，社会科学文献出版社，2007，第261页。

诸如淫秽、诈骗、造谣、侮辱、诽谤等言论和侵害隐私权等人权的言论以及其他网络违法言论，都难以被追踪、检举、查证和追责。若实施这些活动常常要耗费警方和安全机构的大量人力和物力。而且，即便是发现了违法行为，也会遭遇司法管辖和法律适用的难题，很少能够顺利地控告、审判和惩治侵害人的罪行。

（三）网络创新性的挑战

互联网作为信息技术发展进步的产物，给人类带来了无限的机会和持续不断的创新，引起了人类社会的生活方式、行为方式和思维方式的一系列变革以及社会结构和治理机制的重塑，与此同时，也对网络言论自由法律规制建设造成了全方位的冲击与影响。首先，对治理体制的冲击与影响。网络信息和言论覆盖面广、渗透性强、治理难度大，需要相关管理部门的通力协作和紧密配合。但是长期以来，我国实行条块分割、各自为政的治理体制，这严重影响和制约了网络言论与信息管理权限及职能作用的发挥。虽然2014年成立了中央网络安全和信息化领导小组（后改为中央网络安全和信息化委员会），加强了网络与信息安全管理的顶层设计，但要彻底改变传统治理体制上的缺陷还有许多工作要做。其次，对立法体系的冲击与影响。基于网络技术与人工智能技术的融合发展以及算法控制的推出和流量经济的加持，一种通过自动化程序掌控账号并模仿人类用户行为模式来发表言论的社交机器人应运而生。尽管社交机器人可能不涉及意见表达的真伪问题，也不一定传播假新闻，但它给言论自由及其立法带来的挑战是显而易见的，如真实的人类言论因被忽略或隐藏而无法得到有效传播，互联网中固有的群体极化现象变得更加突出，理性认识的形成和舆情信息的传播受到干扰；更为严重的是，社交机器人所创造的舆情不仅会对民主政治与社会稳定构成威胁，而且也可能由于国外政治力量的介入而演变成国家安全问题。[①] 诸如此类的问题，势必对网络言论自由立法造成困扰。互联网的快速普及与应用，也为一些网络新型违法犯罪提供了可乘之机。虽然2015年《刑法修正案（九）》专门针对网络犯罪增加了5项新罪名，其中的编造、故意传播虚假信息罪给司法实践提供了依据，但是此次修正案并

---

① 参见李晟《国家安全视角下社交机器人的法律规制》，《中外法学》2022年第2期。

未涉及网络语言暴力的相关内容，对网络语言暴力行为的法律规制依然任重而道远。[①] 再次，对行政执法的冲击与影响。随着新的媒介形式的不断涌现，网络空间似乎模糊了公共领域与私人领域的界限，给网络言论自由的管制及执法带来了困难。如对于淫秽内容，通过网站、新闻讨论区、公告板等像大众媒介一样的载体公开传播的，与通过完全封闭的讨论组、聊天室抑或私人邮件列表等人际媒介传播的，是同等对待、采用同一标准予以惩治，还是根据不同情况分别对待，是一个亟待解决的问题。最后，对司法审判的冲击与影响。正如此前反复强调的，网络言论侵权行为和犯罪行为对司法管辖和法律适用造成的冲击是空前的。

综上所述，网络言论自由法律规制问题产生的原因是多方面的，既有法治观念的缺陷，也有传统文化的影响，还有网络技术的挑战。除此之外，还应该包括体制机制和治理能力的不足等方面，限于篇幅，此处不再展开讨论。

[①] 参见陈纯柱、马少盈《网络语言暴力的治理困境及路径选择》，《中国人民公安大学学报》（社会科学版）2019 年第 2 期。

第四章　网络言论自由法律规制的宪法界限

宪法是法律和秩序的基础和前提，具有最高的法律权威和法律效力。如果宪法受到蔑视和挑战，法律体系会混乱不堪，社会无序也会随之而来。网络言论自由是宪法赋予公民的言论自由这一基本权利在网络空间中的具体体现，对其进行法律规制需要加强顶层设计与制度构建。宪法是网络言论自由法律规制的根本依据，网络言论自由法律规制应受宪法基本原则的约束。因而从公共利益和人格利益两个层面着手明晰宪法界限，有助于为网络言论自由法律规制体系的构建提供根本遵循和行动指南。

第一节　网络言论自由法律规制的宪法基础

一　宪法是网络言论自由法律规制的根本依据

（一）宪法为网络言论自由法律规制确立了最高指引

世界各国宪法文本大都以序言开篇，尽管宪法序言好像是一种象征性表述，高度概括且没有直接的法律约束力，但这并不意味着它是一种可有可无的摆设。恰恰相反，宪法序言是一个国家政治文化的最好表达——集中体现了一个国家的核心价值观念和理想目标。例如，《法国宪法》在序言中宣告，根据1789年《人权宣言》的核心思想和1946年宪法序言所确立的原则精神，国家建立以自由、平等、博爱为共同理想并且为民主发展而设计的新体制。《德国基本法》在序言中把国家发展方向定位为"服务于世界和平"，并声明不能剥夺任何群体的公民权，以便国家能够彻底消除任何纳粹统治的痕迹和影响。根据《俄罗斯宪法》序言，俄罗斯致力实现的国家目标和核心价值观念是，确认人的权利和自由、公民和睦与和谐，维护国家统一，遵循民族平等和自决的原则，巩固俄罗斯主权的国体并确认其民主基础的不可动摇性，努力促进国家繁荣和昌盛。《越南宪法》肯定越南是一个由越南共产党领导的属于人民、依靠人民、服务人民的社会主义法治国家；越南坚持自主建国的精神，奉行独立、自主、和平、友好与合作的外交政策，严格认真地遵守宪法，加快改革和革新，建设和保卫自己的国家。显而易见，在宪法序言中确认一国的核心价值观念和理想目标是各国的普遍做法。虽然以上国家的宪法序言所表述的内容有所不同，呈现各自文化传统和政治体制上的差异，但它们本质上反映了各个国家政治文化的共同特征。

我国《宪法》序言把国家的根本任务和理想目标概括为：坚持中国共产党领导，坚持人民民主专政，坚持社会主义道路，发展社会主义市场经济，健全社会主义民主与法治，推动五大文明协调发展，把我国建设成富强民主文明和谐美丽的社会主义现代化强国，实现中华民族伟大复兴。我国《宪法》所表达的国家根本任务和理想目标深刻体现了全国各族人民的共同愿望和共同意志。另外，2018 年《宪法修正案》增写了"国家倡导社会主义核心价值观"的内容，这是中国法治建设中具有里程碑意义的一件大事。社会主义核心价值观既是当代中国时代精神的集中体现，也是全体人民共同追求的深刻反映。作为"众法之母"的宪法是法律体系的核心和根基，它具有最鲜明和最权威的引领与规范作用。因此，坚持以宪法所表达的国家理想目标和社会主义核心价值观为最高指引，对推进包括网络言论自由法律规制在内的新时代法治体系建设，使每一项法律法规都能更好地体现国家的理想目标和公民的价值准则，具有非常重大的指导意义。

（二）宪法为网络言论自由法律规制提供了根本遵循

宪法规定了一国最具根本性的内容，即国家政治、经济、文化、社会和对外交往等方面的重大原则与制度。我国《宪法》规定的最能体现国家本质特征的制度主要有三个。一是国家的领导核心力量和指导思想。中国特色社会主义的最本质的特征就是中国共产党领导，中国特色社会主义制度的最大优势是中国共产党领导，"中国共产党是最高政治领导力量"，"马克思主义是我们立党立国、兴党兴国的根本指导思想"①。《宪法》深刻揭示了中国国家制度的灵魂和要旨，即中国共产党始终是领导中国的核心力量，在国家政治和社会生活中居于最高的领导地位；马克思主义及其中国化思想理论体系是党和人民团结奋斗的行动指南和共同思想基础，在国家政治和社会生活中具有最高的指导地位。二是社会主义制度这一根本制度。《宪法》第1条第1款规定："中华人民共和国是工人阶级领导的、以工农联盟为基础的人民民主专政的社会主义国家。"这是对国家的国体（国家性质）的精辟概括。我国《宪法》还明确将国家各个方面制度都定位为社会主义性质，或者以社会主义为原则和导向。例如，实行依法治国，建设社会主义法治国家；实行社会主义市场经济；发展社会主义的教育事业，提高全国人民的科学文化水平；发展为人民服务、为社会主义服务的各类文化事业；加强社会主义精神文明的建设，倡导社会主义核心价值观；等等。② 三是人民代表大会制度。人民代表大会制度是我国《宪法》确立的国家政体（政权组织形式）。国体决定政体，政体反映国体。人民代表大会制度的内涵非常丰富，对此，习近平总书记在庆祝全国人民代表大会成立60周年大会上的讲话中作出了深刻阐释，他指出："人民代表大会制度是坚持党的领导、人民当家作主、依法治国有机统一的根本制度安排。"③ 他还进一步指出，坚持和完善人民代表大会制度，就必须毫不动摇坚持中国共产党的领导，保证和发展人民当家作主，全面推进依法治国，坚持民主集中制。《宪法》确立的国家的根本制度无疑为网络言论自由法律规制提供了根本遵循。

（三）宪法为网络言论自由法律规制奠定了规范基础

宪法是公民权利的宣言书。各国宪法大都集中规定了公民的基本权利，确认公民在政治、经济、文化、社会生活等各个领域的自由和利益。

我国《宪法》较为独特，在第二章专门规定了"公民的基本权利和义务"。言论自由作为一项基本权利，我国《宪法》第35条不仅将其置于表达自由之首，"公民有言论、出版、集会、结社、游行、示威的自由"，凸

---

① 习近平：《高举中国特色社会主义伟大旗帜　为全面建设社会主义现代化国家而团结奋斗——在中国共产党第二十次全国代表大会上的报告》，人民出版社，2022，第6、16页。

② 参见《宪法》第5条、第15条、第19条、第22条、第24条。

③ 习近平：《在庆祝全国人民代表大会成立60周年大会上的讲话》，人民出版社，2014，第6页。

显言论自由在表达自由中的首要地位；而且规定了言论自由的特殊表现形态，突出强调公民的监督权利、通信自由以及从事科学研究、文艺创作和其他文化活动等方面的自由。一是公民对任何国家机关及其工作人员有提出批评、建议、申诉、控告和检举等权利，二是公民的通信自由和通信秘密受法律保护，三是国家鼓励和帮助公民在教育、科技、文艺和其他文化事业方面从事有益于人民的创造性工作。同时，我国《宪法》坚持公民权利义务法定原则、权利义务相一致原则，旨在强调包括言论自由在内的公民基本权利并不是绝对的，而是具有相对性的。根据《宪法》的相关规定，言论自由必须受到宪法法律、国家利益和社会公共利益以及具体法律关系的约束和调整：一是公民在享有宪法法律赋予的权利的同时，必须履行其相应的义务；二是公民行使自由与权利时，不得损害国家、社会或集体的利益和其他公民的合法的自由与权利；三是公民必须保守国家秘密，遵守公共秩序，尊重社会公德；四是公民有维护祖国的安全、荣誉和利益的义务；五是禁止对任何民族的歧视和压迫。① 总而言之，《宪法》不仅为网络言论自由权利的行使提供了根本保障，还为网络言论自由法律规制奠定了规范基础。

总而言之，对网络言论自由进行法律规制必须坚持以宪法为根本依据，不得与宪法的原则和精神相违背、相抵触。正因为如此，有学者认为："网络言论自由问题也就是政府以各种理由——公共利益、施政目标、固有职能等——所采取的调整和管制互联网的法律、措施是否合宪的问题。"② 也有学者基于宪法的视角对网络谣言的刑法治理进行分析研究后指出，若仅从刑法的视角探讨刑法干预网络谣言应采取何种审查标准才符合法治的要求，无疑会走进"死胡同"，"刑法作为最严厉的处罚手段，最需要宪法的支持，言论犯罪的立法与解释，仍需从宪法的视角受到宪法法理的验证"③。

---

① 参见《宪法》第 4 条第 1 款、第 33 条第 4 款、第 51 条、第 53~54 条。
② 秦前红、黄明涛：《论网络言论自由与政府规制之间的关系——以美国经验为参照》，《武汉科技大学学报》（社会科学版）2014 年第 4 期。
③ 姜涛：《网络谣言的刑法治理：从宪法的视角》，《中国法学》2021 年第 3 期。

二　网络言论自由法律规制应受宪法基本原则的内在约束

为确保作为保护性规定的法律和作为限制性规定的法律相冲突时必须服从于宪法，网络言论自由法律规制不仅要以宪法确立的国家的理想目标、核心价值观念、根本制度以及公民的基本权利和义务等为根本指引，还要受到宪法确立的人民主权原则、人权保障原则和法治原则等基本原则的内在约束。

（一）人民主权原则

我国《宪法》第 2 条第 1 款庄严宣告："中华人民共和国的一切权力属于人民。"这既是对人民主权原则的高度概括和凝练，更是对人民当家作主地位的充分肯定和认可。人民主权原则的核心内涵是指主权归属的主体是人民，其精髓在于宣示国家的最高权力属于人民，强调政府的权力不是天然产生的，而是源自人民，政府的组建必须经过人民同意，政府行使权力的过程和结果必须接受人民的监督；人民是国家真正的主人，是政府权力的委托者，政府及其工作人员只是人民的仆人，是代理人民行使权力的受托者。因而，人民依法通过各种途径和形式自由表达各种意见和建议，督促和监督政府及其工作人员积极而正确地行使人民赋予的权力，要求其始终坚持以人民为中心、为人民谋福祉，是天经地义的。在这里，"人民是所有社会成员的集合，不是指从事各种活动的利益和意志存在差异和矛盾的民众；而运用主权的也是人民的意志而不是具有差异的民众意志的加和。社会成员集合成人民，由人民行使主权决定社会事务，必须依赖一定的形式或制度。这种形式或制度保证民众对社会事务管理的参与，将民众集合成人民，将民众意志集合成人民意志，这种制度就是我们所说的民主制度"[①]。建立民主制度的目的是更好地实现社会共同体成员的民主权利，民主制度的根本价值就是更好地保障人民当家作主，舍此别无他求。在民主制度的演变进程中，政治参与一直居于不可或缺的核心地位。在当代中国政治生活中，扩大人民有序政治参与是"发展全过程人民民主，保障人民

[①]　黄建武：《民主的价值追问及制度的法律化》，载《中山大学法律评论》第八卷·第一辑，法律出版社，2010，第 145 页。

当家作主"的重要途径。① 政治参与主要表现为两种途径，即现实政治参与和网络政治参与。现实政治参与主要是通过人大选举、行政复议、司法诉讼、听证质证、信访举报和基层自治等渠道来实现的，其基本特征在于参与性质的代议性、参与过程的间接性和参与程序的制度化。

互联网作为一种集开放性、自主性、互动性和离散性等特征于一体的新技术媒介，是民主自治的强大引擎，它重新塑造了媒介与民主的关系，天然契合人们对民主的热切期待与追求。相较于现实政治参与，网络政治参与更接近直接民主，它极大地丰富了政治参与的载体和形式，扩大了公众的知情范围和选择空间，从而给民主监督带来了无限的生机与活力，使作为权力所有者的人民对作为权力行使者的政府及其工作人员进行监督变得更加快捷和高效。需要指出的是，无论是现实政治参与还是网络政治参与，言论自由都具有决定性意义。没有言论自由的政治参与是毫无价值可言的。这是因为，人民必须享有主权，但倘若缺乏发言权作支撑，人民无法正常表达自己的意见，那么它只能是一种徒有虚名的摆设而已。如果特殊权益将参政权限制在社会中的一小部分人手中，就不会有自由权。假使一种统治的见解能够控制社会其余人的行为，而无须向后者说明这种控制的合理根据，也不可能有自由权。② 所以，构建完善的网络言论自由法律规制制度对于贯彻《宪法》确立的人民主权原则、推进网络政治参与健康发展和政府权力规范运行具有重要意义，它既是确认和保障公民网络言论自由与民主监督权利、发扬和扩大民主、落实主权在民理念的客观要求，也是规范和约束政府权力的运行过程、防止政府权力对公民网络言论自由与民主监督权利造成不当侵害的客观要求。

（二）人权保障原则

人权是人基于其自然属性和社会本质所应享有的权利。简单地说，人权就是人之所以为人所应该享有的权利。人权保障原则是人民主权原则的必然产物。为使人民真正成为国家主权（国家的最高权力）的主体，宪法

---

① 参见习近平《高举中国特色社会主义伟大旗帜 为全面建设社会主义现代化国家而团结奋斗——在中国共产党第二十次全国代表大会上的报告》，人民出版社，2022，第37~39页。
② 参见〔英〕拉斯基《现代国家中的自由权》，何子恒译，商务印书馆，1959，第118页。

必须进一步确认和保障公民的基本权利和自由。换言之，宪法只有确认和保障公民享有一系列基本权利和自由，才能使人民主权原则落到实处。正如哈贝马斯所指出的那样，国家权力来自人民的原则必须被具体化为"思想和信息自由，集会和结社自由，信仰、良心和信教自由，参加政治选举和投票的权利"等形式。[①] 因此，宪法直接确立的基本制度以及普通法律依据宪法所确立的各种具体制度都必须以保障和促进公民的基本权利和自由为出发点和根本目标，任何国家机关、组织和个人都不得予以非法侵害和剥夺，此即人权保障原则的精义所在。人权保障彰显了宪法的核心意义和终极价值。宪法保障是人权最直接也是最权威的保障。没有宪法保障，人权就无法转化为法定权利和现实权利。近现代各民主国家大都将人权保障原则载入宪法。

　　长期以来，中国一直承认并十分重视人权问题，人权保障事业也取得了积极成果。特别是改革开放以来，在建设中国特色社会主义的伟大进程中，中国人权法治建设取得了迅速发展。最具里程碑意义的是，2004 年《宪法修正案》首次把"国家尊重和保障人权"写进《宪法》，人权保障也因此成为我国《宪法》的一项基本原则。该原则高度抽象概括，内涵十分丰富，意蕴非常深厚，既包括所有法定人权也包括非法定人权。这就意味着我国《宪法》所保障的人权不仅限于《宪法》已经明确规定的公民基本权利，还应该扩展到《宪法》没有规定而又必须为人人所应拥有的非法定的权利和新生的、派生的、延伸的权利等。在公民享有的基本权利体系中，言论自由一直占据十分重要的位置，因为没有言论自由，就没有充分的自由权。马克思高度重视作为言论自由的一种特殊形态的新闻出版自由，"没有新闻出版自由，其他一切自由都会成为泡影"[②]。哈贝马斯也指出，人权的基础恰恰在于发出和倾听所有人的声音。[③] 网络言论自由正是由言论自由这一基本人权衍生而来的。在网络媒体环境下，人们热衷于通过网络平台自由发

---

① 参见〔德〕哈贝马斯《在事实与规范之间：关于法律和民主治国的商谈理论》，童世骏译，三联书店，2003，第 156 页。

② 《马克思恩格斯全集》第一卷，人民出版社，1995，第 201 页。

③ 参见〔德〕尤尔根·哈贝马斯《后民族结构》，曹卫东译，上海人民出版社，2002，第 140 页。

出自己的声音以体现自己的存在价值和应尽的社会责任，这大大丰富和拓展了人权价值的时代内涵。网络言论自由既不是一种新生的权利，也不是一种纯粹的"虚拟"权利。究其本质而言，网络言论自由就是一种活生生的现实人权，因此网络言论自由当然要受到《宪法》人权保障原则的统领和支配以及现实法律关系的调整和规范。

(三) 法治原则

法治原则与人民主权原则、人权保障原则等共同构成了现代国家民主政治基本制度的框架体系。法治原则在近现代国家的宪法中大都有所体现，在我国《宪法》中也得到了充分反映。1999年《宪法修正案》将"中华人民共和国实行依法治国，建设社会主义法治国家"正式载入《宪法》。我国《宪法》第5条还明确规定，"一切法律、行政法规和地方性法规都不得同宪法相抵触"，"一切违反宪法和法律的行为，必须予以追究"，"任何组织或者个人都不得有超越宪法和法律的特权"，这充分表明依法治国作为治国的基本方略已经由《宪法》固定下来。法治原则的基本内涵和精神实质对网络言论自由法律规制建设具有重要的约束和指导作用。

其一，坚持法律至上，实行依法治国。法治的核心思想就是法律至上，它突出强调人类社会的基本秩序主要依靠法律来建立和调整，而不是由统治者的意志随机决定和任意控制。法治应该包含已颁行的法律得到普遍服从以及人们所服从的法律必须是良法之双重意义。[1] 政府一切权力的行使根据应该是正式公布的有效法律，而不应该是个人的专断行为。[2] 只有这样，专制和独裁才会失去生存的土壤。相反，法律如果失去至高无上的权威，就很容易变异为统治者手中的"魔杖"——欺世盗名、愚弄人民的工具，他们或因法律对其有利而适用，或因法律对其不利而弃用，或出于其实行专制统治、压迫人民的目的而将法律异化为助纣为虐的"恶法"，所有这些都是与法治原则背道而驰的。由于宪法是一国的根本大法，是"众法之母"，具有最高的法律效力，"依法治国，首先是依宪治国；依法执政，关

---

[1] 参见〔古希腊〕亚里士多德《政治学》，吴寿彭译，商务印书馆，2009，第202页。

[2] 参见〔英〕洛克《政府论》下篇，叶启芳、瞿菊农译，商务印书馆，2011，第87页。

键是依宪执政"①。显然，宪法是法治的根基和前提。离开了宪法，法治就失去了基本依据。因此，坚持法律至上，就是要构建以宪法为核心的法律制度体系来治理国家的方方面面，网络言论自由法律规制建设自然也不例外。

其二，限制政府权力，保障公民权利。法治是人治的对立物，也是刺向人治的利剑。法治与人治的根本分歧就在于法律与权力孰高孰低，即当法律与权力发生矛盾冲突的时候，是法大于权还是权大于法。若是法律高于权力、权力服从于法律，就是法治；相反，若是权力凌驾于法律之上、法律屈从于权力，就是人治。因此，树立法律神圣不可侵犯的至尊权威，强调由法律支配政府权力是法治的实质所在。而加强法治政府建设，通过法定程序、规则和制度来限制和制约政府权力，防止政府权力的膨胀和滥用，以有效保障公民权利免受非法侵害，则是法治建设的重要内容。邓小平十分重视民主政治和法制建设，强调"必须使民主制度化、法律化，使这种制度和法律不因领导人的改变而改变，不因领导人的看法和注意力的改变而改变"②。我国《宪法》第5条第4款明确规定："一切国家机关和武装力量、各政党和各社会团体、各企业事业组织都必须遵守宪法和法律。"需要强调的是，限制政府权力本身不是目的，而是为了更好地保障公民权利。因此，建设法治政府就是要严格按照法治原则办事，其中最为关键的是必须坚持以宪法所确认和保障的公民基本权利来拘束权力，从而促使政府致力于最大限度地保障公民享有各种权利。在网络言论自由法律规制方面，限制政府不当规约公民网络言论自由的权力，对于保护人们作为网络意见的表达者、网络信息的传播者和网络政治生活的参与者的核心利益来说是非常必要的。

其三，实现公正司法，维护法律秩序。一个法治国家离不开以宪法为基础的法律和秩序，但仅有法律和秩序是不够的，它还必须是良好的法律和秩序。而良好的法律和秩序的形成和维护必须贯穿于法治体系的各环节之中，通过全面推进科学立法、严格执法、公正司法、全民守法才能实现。司法是维护社会公平正义的最后一道防线。公正司法是实现依法治

---

① 《习近平谈治国理政》，外文出版社，2014，第141页。
② 《邓小平文选》第二卷，人民出版社，1994，第146页。

国、依宪治国的坚强堡垒，其基本内涵是基于独立公正司法在司法活动的过程和结果中体现公平、正当、正义的法治精神，最终建立和维护良好的社会秩序。法治原则必然蕴含独立公正司法的实质内容，它建立在对法律价值普遍认同的基础上，突出强调司法人员必须忠于和捍卫法律，在各种利益纷争中保持中立，而且独立于行政命令和权威，以便公正、无偏私地适用法律。这在我国现行《宪法》中也有所体现，如"人民法院依照法律规定独立行使审判权，不受行政机关、社会团体和个人的干涉"，"人民检察院依照法律规定独立行使检察权，不受行政机关、社会团体和个人的干涉"。需要说明的是，我国《宪法》中的独立公正司法及实践与西方国家的法治模式不同，带有鲜明的国情特色。在互联网时代，实现独立公正司法，要注意两点：一方面，要坚决克服司法行政化倾向，根治行政权力随意干预司法的痼疾，杜绝以言代法、以权压法、逐利违法、徇私枉法等现象，最大限度地保障公民网络言论自由等权利的实现；另一方面，还要注意防止有些人打着网络言论自由的幌子，大搞"网络审判"，甚至恶意谩骂和诽谤司法机关及其工作人员、影响司法机关独立判案、妨害司法公正。

第二节　网络言论自由宪法界限之一：公共利益

网络言论自由作为一种进攻性权利，其行使不可避免地要与其他利益与权利产生冲突。因而，在阐明网络言论自由法律规制的宪法基础之后，有必要进一步厘定其宪法边界，以确保人们在网络空间行使言论自由权利时不越界侵权。正如习近平总书记指出的那样，"形成良好网上舆论氛围，不是说只能有一个声音、一个调子"，而是"不能超越了宪法法律界限"[①]。网络言论自由法律规制的宪法界限主要包括公共利益和人格利益两个方面。先就公共利益展开阐述。

---

① 《习近平谈治国理政》第二卷，外文出版社，2017，第337页。

一　公共利益的宪法内涵及地位

公共利益是一个与个人利益相对应的范畴。通俗地说，公共利益就是共同体的或与共同体有关的利益。共同体的规模可大可小，小到某一个团体，大到整个国家或全社会，因而不同共同体所涵盖的公共利益的范围是有差异的。法律上的公共利益则是由不同层级的立法来确定的。作为国家的根本大法，宪法从整个国家和全社会的利益出发来界定公共利益的内涵。所谓公共利益，是基于宪法的基本原则和精神而确定的价值标准，是全体社会成员物质和精神需要的综合体现，反映了国家、社会以及个人之间的利益关系，承载着为整个社会提供规则的任务。它具有公益性、目标性、合理性和制约性等核心要素。①

在各国宪法文本中，公共利益是个惯常提法，但也通常被表述为公共福利、国家安全、公共安全、公共秩序、社会利益等。例如，《德国基本法》同时采用社会福利和公共利益来界定财产权，第 14 条规定，享有财产应履行义务，财产的使用应为社会福利服务；若要进行财产赔偿，应适当考虑社会公共利益和相关人员的利益之间的公正平衡。《韩国宪法》采取了类似做法，将国家安全、公共秩序和公共福利作为对公民享有的所有自由和权利进行限制的基本依据。《瑞士联邦宪法》在不同条文中分别采用多种提法：首先把"促进公共福利"规定为国家的根本目标之一；其次把"符合公共利益"作为国家活动和对基本权利进行限制的基本要求之一；再次把"维护公共秩序"作为联邦政府干预各州事务的重要依据，"当一个州的公共秩序受到破坏或威胁，而该州不能单独或在其他州的帮助下维持秩序时，联邦应进行干预"；最后把"维护各宗教团体的公共和平"作为处理国家和教会之间关系的基本遵循，"联邦及各州得在其职权范围内，采取措施来维护不同宗教团体成员之间的公共和平"。《意大利宪法》采用公共安全和公共利益来界定公民集会权和财产权。《日本宪法》用公共福利对公民享有的所有自由和权利进行限制。综上，尽管各国宪法对公共利益的提法和表述各异，对公民自由和权利限制的范围也有所不同，但公共利益高于个

---

① 参见韩大元《宪法文本中"公共利益"的规范分析》，《法学论坛》2005 年第 1 期。

人权利，个人权利的行使不能违反公共利益已经成为各国宪法的共同主旨，这是毋庸置疑的。

我国《宪法》在第51条集中概括了公共利益的范围："公民在行使自由和权利的时候，不得损害国家的、社会的、集体的利益和其他公民的合法的自由和权利。"其中国家的、社会的、集体的利益指的就是公共利益。同时相关条文对公共利益的特殊表现形态——国家安全、国家主权、国家秘密、公共秩序、社会公德等——作出了规定，充分表明公民在行使包括网络言论自由在内的所有自由和权利时都要受到公共利益的限制，或者说公共利益相较于公民的自由和权利具有优先地位。《宪法》所确立的公共利益的优先地位，具有重要的理论价值和现实意义。

首先，公共利益是社会共同体存在和发展的基础。人类社会与自然的根本区别就在于它是一个组织严密的整体。在人类社会中，个人无法孤立存在、独善其身，总是生活在特定的共同体之中，而特定共同体的存在和发展需要某种共同利益的维系。这是因为，人们生活在一起，个人的利益总会与他人的利益产生各种各样的联系，从而必然形成某些共同的利益。这些共同利益尽管不一定是共同体中所有人的利益，但最起码是代表了共同体中多数人或绝大多数人的整体利益，因而，共同体在本质上就是一种利益共同体，有着"一损俱损，一荣俱荣"的利害关联。当然，由于不同共同体的性质和功能定位各不相同，其共同利益的内容和范围也会有所不同。但是，任何国家都有能够体现所有共同体及其成员共同追求的根本的、整体的、长远的利益——公共利益。每一个共同体及其成员都有责任维护体现整个国家和全社会利益的公共利益，而维护国家利益和社会利益就是维护每个共同体及其成员的自身利益，否则，每个共同体及其成员的自身利益就会受到损害。因此，一个理性的人，必须习惯于根据公共利益作出相应判断，因为任何权利脱离了公共利益都无法存在。[①] 人们在行使网络言论自由权利的时候，也应该养成自觉维护和增进公共利益的良好习惯，不得与公共利益相抵触或相违背。

其次，公共利益是法律价值体系的基本体现和要求。法律作为一种特

---

① 参见〔英〕霍布豪斯《自由主义》，朱曾汶译，商务印书馆，2009，第65页。

别的社会行为规范，构成了一个社会价值体系的基础，而公共利益作为社会共同体的共同愿望和期待被法律奉于优先地位，这集中反映了法律价值体系的基本要求。亚里士多德曾把公共利益视为正义的出发点和落脚点，明确指出"正义以公共利益为依归"①。由于正义是法律最基本的价值目标，法律自然也应该以公共利益为依归。正因为如此，洛克坚持把公共利益作为立法的基准，他认为，公共利益是检验全部立法的准则和尺度。如果某件事情对于社会是无用的，那就不能以法律的形式确认②，足见公共利益在法律体系中的重要地位。霍布豪斯则把公共利益作为缓解权利冲突和进行价值选择的唯一标准，他认为，法律控制的扩展不一定就是自由的萎缩。这是或通常是一种约束对抗另一种约束的问题，以及对一些直接而较少得到承认的权力行使予以直接和公开禁止的问题。所以这不是普遍自由对抗普遍约束的问题，而是一种自由对抗另一种自由，或一种约束对抗另一种约束的问题。至于二者之中应当选择哪一个，应当根据共同福利的条件而定。因此，人们绝不能以尊重自由为由，而不去阻止对共同福利条件的任何明确的侵犯。每一种权利都受到它所服务的共同福利的某些要素的限定。③ 古斯塔夫·拉德布鲁赫干脆将公共利益、正义和法律相提并论，称它们"共同宰制着法"，尽管这种共同宰制"处在生动的紧张关系之中"④。显然，人们在行使网络言论自由权利时同样要受到公共利益的限定。

最后，公共利益是维护网络言论自由秩序的根本保障。毫无疑问，包括言论自由在内的任何一种基本自由本身都不是绝对的。罗尔斯甚至认为，即使人们公认的具有绝对价值的良心自由也要因公共秩序和共同利益而受到限制，这种限制可以很容易地从契约观点中推演出来。⑤ 因此，在巴洛发

---

① 〔古希腊〕亚里士多德：《政治学》，吴寿彭译，商务印书馆，2009，第153页。
② 参见〔英〕洛克《论宗教宽容——致友人的一封信》，吴云贵译，商务印书馆，2009，第25页。
③ 参见〔英〕伦纳德·霍布豪斯《社会正义要素》，孔兆政译，吉林人民出版社，2011，第52~58页。
④ 〔德〕古斯塔夫·拉德布鲁赫：《法律智慧警句集》，舒国滢译，中国法制出版社，2016，第21页。
⑤ 参见〔美〕罗尔斯《正义论》上册，何包钢、何怀宏、廖申白译，京华出版社，2000，第228页。

出网络空间绝对自由主义号令的多年之后，一些学者纷纷提出了新的网络空间宣言，试图复活公共利益的规制，意在扭转市场与国家的关系。他们认为，为了维护互联网服务民主的可能性，需要建立一套坚定的、为公共利益的规制，以阻止圈占互联网空间的行为日益发展。当然，并非一切规制都是要禁止某些内容和窥视用户。① 中国已经连续多年成为全球互联网用户的第一大国。网络的快速发展与普及为人们自由发表言论和传播信息提供了极大便利与可能，促使全社会真正形成了"知无不言、言无不尽"的多元化的言论表达氛围，这是传统媒体时代所无法企及的。但是各种不同声音、不同利益诉求、不同政治表达的同时释放与集中爆发，使网络空间言论环境鱼目混珠难以避免，甚至在一定时期和范围内出现了混乱与失控的现象。一些网民的自我意识极度膨胀，常常以非理性的方式来表达自己的立场和观点，把网络当作随意对他人进行各种谩骂、嘲讽、侮辱等人身攻击的场所。更为严重的是，一些不法分子趁机在网上兴风作浪，实施各种网络犯罪行为。所有这些，严重污染了网络公共空间，损害了社会公共利益。因此，在尊重和保护网络言论自由的同时，必须清醒地认识到网络言论自由的基础和前提是公共利益而不是其他。要把对公共利益的尊重和保护作为一项基本的宪法原则，贯彻落实到立法、执法、司法和守法等各个方面、各个环节，并把公共利益作为解决权利冲突和进行法益衡量的一个指导性原则运用到网络言论自由法律规制中去。

对基于宪法确立的公共利益原则，我们要特别强调人们在行使网络言论自由权利的时候，不得危害国家安全和公共秩序。

二 国家安全

所谓国家安全，就是一个国家既无外部侵犯也无内部动乱的客观状态。国家安全反映了国家的根本利益，没有国家安全，就无国家利益可言。正因为如此，庞德把安全看作第一性社会利益；并认为，安全使人们的合作动机激发，而合作的冲动也能促进安全，所以"普遍安全是法律首先承认

---

① 参见〔英〕詹姆斯·柯兰、娜塔莉·芬顿、德斯·弗里德曼《互联网的误读》，何道宽译，中国人民大学出版社，2014，第 132、209 页。

和保障的社会利益"①。尽管边沁偏爱自由主义，但他特别强调，在法律力图达致的诸多目标中，安全是主要的和基本的目标，"法律控制的主要目的并不是自由，而是安全与平等"②。在美国，国家安全一直被置于重要的地位，"9·11"事件后，美国更是赋予国家安全绝对的优先权，国家安全几乎成了美国最令人关注的东西，并成了政府国内外事务的首要基础；即使有绝对权之称的言论自由在遭遇国家安全问题时也会"退居二线"，法院的天平往往更偏向于国家安全，"当政府以危害国家安全为钳制言论的借口时，最高法院多倾向于政府一方"③；就连号称"第四权力"的美国新闻界也对政府以国家安全为理由封锁消息的行为抱持容忍的态度④。显然，国家安全是言论自由不可逾越的堡垒，言论自由无论如何都不能成为危害国家安全的通行证。国家安全是一个主权国家生存和发展的最根本的标志。

尽管当代的国家安全概念已经超越了传统的领土、主权和军事等安全而延伸到了政治、经济、文化、科技、信息等多个领域，但在我国法律意义上的国家安全，主要聚焦于"国家政权、主权、统一和领土完整、人民福祉、经济社会可持续发展和国家其他重大利益相对处于没有危险和不受内外威胁的状态，以及保障持续安全状态的能力"⑤。由于国家安全事关全体社会成员的整体利益，我国《宪法》第 54 条明确将维护国家安全作为每个公民的一项神圣义务："公民有维护祖国的安全、荣誉和利益的义务，不得有危害祖国的安全、荣誉和利益的行为。"只有确保国家安全不受任何威胁和侵害，才能建立起稳定的民主政治制度和健全的法律制度体系，进而才能使公民的自由和权利得到有效保障。所以，人们在行使权利和自由时无论如何都不得损害国家安全。在网络空间，公民行使网络言论自由权利

①　参见〔美〕罗·庞德《通过法律的社会控制 法律的任务》，沈宗灵、董世忠译，商务印书馆，1984，第 89 页。

②　转引自〔美〕E. 博登海默《法理学：法律哲学与法律方法》，邓正来译，中国政法大学出版社，2017，第 117~119 页。

③　〔美〕安东尼·刘易斯：《批评官员的尺度——〈纽约时报〉诉警察局长沙利文案》，何帆译，北京大学出版社，2011，第 294 页。

④　参见〔美〕唐纳德·M. 吉尔摩、杰罗姆·A. 巴龙、托德·F. 西蒙《美国大众传播法：判例评析》上册，梁宁等译，清华大学出版社，2002，第 389 页。

⑤　《国家安全法》第 2 条。

时尤其不能危害国家主权和泄露国家秘密。

（一）国家主权

我国《宪法》序言庄严宣告，中国坚持互相尊重主权和领土完整等五项原则。国家主权是独立国家固有的自主处理对内对外事务的最高权力，体现了国家安全的核心利益，是国际法赋予每个主权国家的最基本的权利，其主要内容表现为对内的最高权、对外的独立权和反抗侵略的自卫权三个方面，并以此为世界秩序和稳定的基石。国家主权是一个不断发展的概念，其外延随着人类可控制的活动范围的逐步扩大而不断扩展，从最初的陆地延伸到海洋和天空，国家主权的空间范围呈现渐进式发展趋势。随着互联网的快速发展和普及应用，人类生存和活动的范围延伸到了网络空间。那么，国家主权可否适用于网络空间呢？互联网发展初期的人们给出了否定的答案。在网络绝对自由观念的支配和影响下，国家主权似乎被全球互联互通的网络所遮蔽，"网络空间无主权论"一度甚嚣尘上。其中最具代表性的支持者当数巴洛，他以"未来的代言人"自居，昭告世人，网络空间不在工业世界的政府的管理之下，"在我们聚集的地方，你们不享有主权"①。然而随着时间的推移，人们越来越充分地认识到国家在维护网络安全和秩序中具有不可替代的重要地位和作用，尊重和维护网络主权也逐步成为世界各国的共识。2013 年 6 月，联合国公布的一份报告指出，"国家主权与源自主权的国际规范和原则适用于国家进行的信通技术活动，以及国家在其领土内对信通技术基础设施的管辖权"，这表明联合国采取了承认网络主权的立场。② 因此，从国家主权的角度来说，尽管网络空间与物理空间所呈现的具有物质形式的领陆、领海和领空不同，是个虚拟建构、全球互通、自由流动的表达和言说空间，但是，网络主权同样是一个主权国家所固有的神圣不可侵犯的权力。

我国政府高度关注和重视网络主权，早在 2010 年 6 月，中国政府就庄严声明，作为国家重要基础设施，中华人民共和国境内的互联网属于中国

---

① 〔美〕约翰·P. 巴洛：《"网络独立宣言"》，李旭、李小武译，载高鸿钧主编《清华法治论衡》第四辑，清华大学出版社，2004，第 509 页。

② 参见王远《网络主权：一个不容回避的议题》，《人民日报》2014 年 6 月 23 日，第 23 版。

主权管辖范围。① 2014 年 7 月，习近平总书记提出了"尊重网络主权"的重要论断，"虽然互联网具有高度全球化的特征，但每一个国家在信息领域的主权权益都不应受到侵犯"②。2015 年 7 月实施的新的《国家安全法》第25 条明确规定："维护国家网络空间主权、安全和发展利益。"中国也因此成为世界上首个通过法律形式维护网络主权的国家。2017 年 6 月，《网络安全法》正式施行，明确把维护网络空间主权和国家安全作为一个重要的指导思想和基本原则确定下来。因此，公民在行使网络言论自由权利时应该自觉维护国家主权，不得利用网络发表危害国家安全、荣誉和利益等方面的言论。

（二）国家秘密

保守国家秘密是每个公民应尽的义务。我国《宪法》第 53 条规定，"公民必须遵守宪法和法律，保守国家秘密"。据此规定，《国家安全法》《保守国家秘密法》《刑法》等法律，均对有关危害国家秘密安全的事项作出禁止性规定。基于网络空间的特性，《全国人民代表大会常务委员会关于维护互联网安全的决定》第 2 条重申《刑法》中的若干罪名适用于网络空间，其中规定，"通过互联网窃取、泄露国家秘密、情报或者军事秘密"构成犯罪的，依照《刑法》有关规定追究刑事责任。国家保密局制定的《计算机信息系统国际联网保密管理规定》对加强计算机信息系统国际联网的保密管理，确保国家秘密的安全作出专门规定。最高人民检察院、国家保密局联合出台的《人民检察院、保密行政管理部门查办泄密案件若干问题的规定》第 4 条指出，泄密犯罪案件的犯罪地包括发生泄密犯罪案件的计算机信息系统或者网站服务器所在地。宪法和相关法律、行政规章、司法解释为公民网络言论自由设定行为边界，就是为了防范和遏制可能出现的泄露国家秘密的行为发生，以便有效维护国家安全。

问题的关键是，有必要对国家秘密作出清晰界定，以便人们在行使网

---

① 参见国务院新闻办公室《中国互联网状况》，中国政府网，http://www.gov.cn/zwgk/2010-06/08/content_1622866.htm，最后访问日期：2023 年 7 月 1 日。

② 习近平：《弘扬传统友好 共谱合作新篇——在巴西国会的演讲》，人民出版社，2014，第 9 页。

络言论自由权利时准确把握和遵守法律，不逾越法律所划定的行为界限。《保守国家秘密法》第 2 条对国家秘密的内涵进行了界定："国家秘密是关系国家安全和利益，依照法定程序确定，在一定时间内只限一定范围的人员知悉的事项。"该法第 9 条具体列举了国家秘密的主要事项范围。国家秘密必须符合以下三个构成要件。一是实质要件，国家秘密与国家的安全和利益密切相关。凡是涉及国家秘密的事项，必须直接关系国家安全和利益，若仅间接与国家安全和利益有关，则不能被视作国家秘密来对待。二是程序要件，国家秘密依据法定程序加以确定。国家秘密事项的确定、秘密等级的划分、保密期限的设定以及解密程序的安排等，都应由法律明确规定，而不能由某个组织或个人任意指定。三是对象和时限要件，国家秘密在一定时间内仅限于特定范围的人员知悉。国家秘密并非对所有人都保密，它只是限制法定职权以外不应涉密的人知悉，而不限制法定职权以内可以涉密的人知悉；国家秘密也并非永远不为人所知悉，国家秘密一般都有一定的保密期限，保密期限届满即自行解密，可以向社会公开。只要是符合上述三个构成要件的国家秘密，公民在行使网络言论自由权利时就不能擅自触及，更不能随意泄露，要防止任何可能对国家秘密安全造成威胁的行为发生，否则就应承担相应的法律责任。当然，在我国信息公开制度还不太健全的情况下，要防止政府及其官员滥用职权，擅自扩大保密权限、范围和提升密级，随意延长保密期限，以达到其规避信息公开和逃脱监督的目的。事实上，对那些依法应当公开和依申请可以公开的政府信息，非但不能限制人们知悉与传播，反而应当成为人们行使知情权的标的，这是人们更好地行使政治性言论自由权利尤其是参与权和监督权的基础和前提。

三 公共秩序

公共秩序也称为"社会秩序"，是指为维护社会公共生活需要所必不可少的秩序。公共秩序蕴含着十分丰富的价值内涵。其一，公共秩序是公共生活的根本前提。公共秩序体现在社会劳动的分工协作之中，是公共生活得以形成和发展的内在根据；作为治理公共领域的准则，公共秩序奠定了公共生活赖以维系的基础；公共秩序起着调节社会关系的作用，有助于实现公共生活的价值目标。其二，公共秩序是公共利益的现实基础。公共秩序反映了公共利益的本质，决定了公共利益的内容，推动了公共利益的发展。其三，公共秩序是公共政策的价值追求。公共政策所承载的公共诉求决定了公共秩序具有工具价值，公共政策所承载的公共利益决定了公共秩序具有动力价值，公共政策所承载的公共诉求决定了公共秩序具有目标价值。① 公共秩序是通过保障和维护公共利益而构建起来的公共关系结构及其规范形式，它在本质上是公共利益的体现，具体地讲，它不仅是在确认公共生活全体参与者的私人利益的前提下维护公共利益，也是立足于公共利益来维护公共生活全体参与者的私人利益。因此，公共秩序的基本功能就在于保障公共生活的正常开展和有序进行，以满足人们自由参与公共生活的各种需求。② 而公共秩序的建立和维护则要依靠一整套普遍性法律规则，并以此为公民行使自由和权利的边界。

　　国际性、区域性人权文件和各国宪法早已将公共秩序作为言论自由的界限确定下来。《世界人权宣言》第 29 条第 2 款规定，人们在行使权利和自由时，必须受到法律明确规定的限制，其目的在于确保承认和尊重他人应该享有的权利和自由以及符合公共秩序和普遍福利的正当需要。《公民权利和政治权利国际公约》第 19 条就此作出了进一步具体细化规定。《欧洲人权公约》第 10 条在宣布人人有表达自由权利的同时，也明确规定该权利的行使必须受到"符合法律规定"和"为民主社会所需"的限制。《美洲人权公约》对思想和表达自由的规定基本承袭了《公民权利和政治权利国际公约》的基本精神。法国《人权宣言》第 10 条规定："任何人不应为其意见或宗教观点而遭到干涉，只要其表达没有扰乱法律所建立的公共秩序。"《爱尔兰宪法》第 40 条第 6 款明确把公共秩序作为公民言论自由行使的前提，即在符合公共秩序和道德的条件下，国家保障公民自由表达其信念和意见的权利。《韩国宪法》则将维持公共秩序作为对包括言论自由在内公民享有的所有自由和权利进行限制的基本要求，同时强调限制不得侵犯自由

---

① 参见陈绍芳《公共哲学视角的公共秩序价值解析》，《社会科学家》2009 年第 1 期。
② 参见窦炎国《论公共秩序——以奥林匹克赛事为例》，《哲学动态》2008 年第 7 期。

和权利的本质内容。

我国《宪法》明确宣布，为了维护社会秩序和社会稳定，国家"镇压叛国和其他危害国家安全的犯罪活动，制裁危害社会治安、破坏社会主义经济和其他犯罪的活动，惩办和改造犯罪分子"，并把"遵守公共秩序"规定为公民行使所有自由和权利时所必须履行的一项基本义务。根据《宪法》的精神，我国《网络安全法》第12条规定，任何个人和组织使用网络都应遵守宪法法律，遵守公共秩序和社会公德，不得传播暴力、淫秽色情等信息。因此，与物理空间一样，尽管人们可以在网络空间享有自由表达不同观点和意见的权利，但这绝不意味着其可以任意发表不负责任的言论。人们在网络空间行使言论自由权利时同样应以公共秩序为边界，若逾越公共秩序这一边界就要受到法律的制裁。因为网络空间既不是一个荒蛮之所，也不是一块飞地，而是人们进行意见表达、观点碰撞和思想交流的公共话语平台。在网络空间随意发表违法有害言论，不仅会污染网络舆论生态环境，而且必然会对现实社会产生严重影响，继而对社会公共秩序造成极大损害。所以，对危害公共秩序的网络言论进行法律限制是时代发展的客观要求。

当然，我们绝不能因为网络违法有害言论的存在及其对公共秩序造成的危害而全盘否定网络言论自由的价值功能。针对网络违法有害言论，必须坚守以宪法所确定的公共秩序的边界进行治理，切不可任意扩大公共秩序的适用范围，同时必须坚持以公共秩序为原则来指导网络言论自由的立法、执法和司法实践。立法中要坚持审慎、包容的立场，科学、合理地明确和划分网络言论自由的范围和类型，不能过度限制公民网络言论自由表达的空间；执法中要秉持依法、适当的原则干预网络言论表达活动，不能乱贴网络违法有害言论的标签而肆意打压公民的网络言论自由；司法中不得对公共秩序进行扩张性解释，以防止对公民网络言论自由可能造成的过度压制和打击。

第三节　网络言论自由宪法界限之二：人格利益

法律并不只维护和保障国家和社会的公共利益，也要维护和保障个人利益。如果一项法律专门为公共利益服务却拒绝为个人利益作任何辩护，那它就根本不可能获得法律的名分。① 所以，作为国家根本大法的宪法在坚定维护公共利益的同时，还要致力于保障个人利益。个人利益本质上是基于个人的目的和需要而主张或体现出来的利益，它是"直接涉及个人生活或从个人生活的立场看待的请求、需求和欲望"②。个人利益的范围很广，包括人格利益、家庭利益和物质利益等。由于网络言论自由在行使的过程中经常与公民的人格利益发生冲突，而公民的人格利益是受宪法保护的基本权利，人格利益无疑应成为网络言论自由的又一条宪法边界。

一　人格利益的宪法内涵及地位

人格利益是指人所固有的与其不可分离的利益。在庞德看来，人格利益包括法律所承认和保护的以及尚未得到法律所承认和保护的这两个组成部分。基于此，他对人格利益作出一个非常宽泛的描述，认为人格利益是"法律所不得不考虑或正在试图予以保护的请求或需求，以及归纳那些在当今社会正要求得到认可或要求得到完全认可的请求或需求"③，具体可以分为个人人身、自由意志、尊严和荣誉、隐私与情感、信仰与思想等多种类型。法律所承认和保护的人格利益具有以下典型特征。一是非物质性。人格利益既无物质外形也无直接的财产内容。二是专属性。人格利益与人身不可分离，离开了人身，人格利益无法得到体现。因而，人格利益不得转让和继承，通常也不得剥夺。三是普遍性。人格利益是每个主体普遍、平等享有的利益，不受性别、年龄、民族、种族、家庭出身、文化程度、职业职务、财产状况和社会地位等因素的限制。四是法定性。人格利益是法律规定的人格权的客体，换言之，人格权是法律赋予主体的人格利益。在现代社会，人格权作为主体依法享有的一项基本人权，尽管在法律体系中可以分为宪法上的人格权和部门法上的人格权，但在法律实践上，宪法基本权利条款所体现的人权价值为部门法关于人格权制度的存在和发展奠定

① 参见〔德〕古斯塔夫·拉德布鲁赫《法律智慧警句集》，舒国滢译，中国法制出版社，2016，第7~8页。
② 〔美〕罗斯科·庞德：《法理学》第三卷，廖德宇译，法律出版社，2007，第18页。
③ 参见〔美〕罗斯科·庞德《法理学》第三卷，廖德宇译，法律出版社，2007，第26页。

了合法性和合理性根据，提供了方向指引和根本遵循，这是毫无疑义的。

在现代社会中，人格权被视为人的最高价值，尊重人格权也因此被当作现代人权运动的基本目标，保障人格权则理所当然地成为法律的基本任务之一。① 全球性和区域性人权文件以及各国宪法和法律都将人格权的全面保护作为重要内容规定下来。联合国《世界人权宣言》和《公民权利和政治权利国际公约》都专门对人格权作出了保护性规定。一些区域性人权文件承继了国际人权公约对人格权进行保护的基本精神。迄今为止，对人格权进行保护，已成为衡量一个国家宪法先进的重要标志之一。另外，各国还把人格权的民法保护摆到重要位置。

中国历来重视对人格利益的尊重和保护。《宪法》第38条明确规定，"公民的人格尊严不受侵犯。禁止用任何方法对公民进行侮辱、诽谤和诬告陷害"，这充分凸显了《宪法》在对人格尊严和合法权益进行认可、尊重和保护中的崇高地位，也凸显了我国法治建设的时代价值。根据《宪法》的精神，被称为"社会生活的百科全书"、中国第一部以"法典"命名的法律——《民法典》在总则第109条规定了一般人格权："自然人的人身自由、人格尊严受法律保护。"该法典第110条第1款则具体列举了自然人人格权的种类："自然人享有生命权、身体权、健康权、姓名权、肖像权、名誉权、荣誉权、隐私权、婚姻自主权等权利。"《民法典》还专设侵权责任编，全面系统地规定了民事主体侵害他人权益应当承担的法律后果，使人格权的民法保护体系更趋完备。另外，其他部门法也纷纷将公民人格权宪法保护的精髓要义落实到具体制度及其实施之中，特别是《刑法》和《治安管理处罚法》还对非法侵害他人人格权利的行为科以相应的刑事处罚或治安处罚。因此，在行使言论自由权利时应当尊重公民的人格权，不得以损害公民的人格权为代价来实现言论自由。相对于传统媒体环境下的言论自由，网络媒体环境下的言论自由具有匿名表达、方便快捷、高度互动、影响广泛等鲜明特点，这使其侵犯公民人格权的可能性越来越大。尤其是人们在行使网络言论自由权利时常常出现侵害公民的名誉权和隐私权的情形，因而基于《宪法》的基本精神，不妨重点强调名誉权和隐私权作为网

---

① 参见梁慧星《民法总论》，法律出版社，2017，第93页。

络言论自由权利行使的边界。

二　名誉权

所谓名誉，是指对权利主体的人格价值诸如品德、能力、声望、信誉和形象等各方面的客观的社会评价，它集中体现了一个人的人格与尊严。名誉权是法律关系主体依法享有的获得和维持对其名誉进行客观、公正的社会评价的一种权利。名誉权是人格权的一种。对名誉权进行保护具有坚实的法理基础。一是维护个人人格尊严的需要。人们保护其名誉免受不当侵害的权利，反映了人类不可或缺的基本尊严与价值。[①] 每个人都需要得到尊重，也渴望得到尊重，渴望别人给予其客观公正的评价和认可。法律确认与保护公民的名誉权就是为了确保人们得到客观公正的社会评价和认可，满足人们得到应有尊重的需要，如果人的名誉受到损害，能够给予其必要的、适当的救济。二是实现人们相互之间以及个人与社会之间和谐相处的需要。一个社会的和谐在本质上体现为社会秩序的和谐。而社会秩序的和谐，需要构成社会秩序的元素——每一个公民以及公民相互之间的联系——基本稳定。法律则是实现和维持这种社会秩序和谐的最为重要的手段。实现个人与社会的和谐以及整个社会的安定团结，是法律所追求的重要价值之一。三是树立良好的社会道德风尚的需要。保护公民的名誉权，有利于弘扬良好的社会道德风尚，促进社会精神文明建设。非法侵害公民的名誉权，无疑是一种非文明、非道德的行为。通过法律保护公民的名誉权，制裁和惩罚侵权者，不仅在法律上为人们构建起一条合法与违法的界线，而且也为精神文明建设尤其是道德评价和舆论监督提供必要性和合理性的依据。[②]

基于名誉权在社会生活中的重要地位和作用，国际组织文件和世界各国宪法大都对名誉权作出保护性规定，而且特别强调名誉权应成为言论自由或表达自由的边界。联合国《公民权利和政治权利国际公约》第 19 条规定，人们行使表达自由应"尊重他人的权利或名誉"。《德国基本法》第 5

[①] 参见〔美〕安东尼·刘易斯《批评官员的尺度——〈纽约时报〉诉警察局长沙利文案》，何帆译，北京大学出版社，2011，第 236 页。

[②] 参见张新宝《名誉权的法律保护》，中国政法大学出版社，1997，第 21~23 页。

条规定，表达自由应受个人名誉权的限制。《韩国宪法》第 21 条第 4 款规定："言论、出版不得侵犯他人的名誉、权利或公共道德、社会伦理。言论、出版侵犯他人的名誉或权利的，被害者可就此提出损害赔偿请求。"我国《宪法》虽未直接规定名誉权，但第 38 条明确宣布"公民的人格尊严不受侵犯"，这为制定和实施保护名誉权的具体法律制度奠定了坚实的基础。《民法典》不仅原则性地规定民事主体享有名誉权，而且明确规定侵害名誉权而应承担民事责任的具体方式。① 《民法典》还首次对侵害英雄烈士等的名誉而损害社会公共利益的行为作出应当承担民事责任的规定。② 《刑法》则通过制裁性规范规定侵害名誉权的罪名及刑事责任，以惩罚侵害公民名誉权的犯罪行为。同时，《治安管理处罚法》对"公然侮辱他人或者捏造事实诽谤他人的"行为以及"煽动民族仇恨、民族歧视，或者在出版物、计算机信息网络中刊载民族歧视、侮辱内容的"行为，作出拘留或罚款等行政处罚的相关规定。③ 另外，最高人民法院还先后出台多个司法解释，对审理名誉权案件若干问题进行具体规定。以上关于保护名誉权的法律规定和司法解释，不仅贯彻落实了《宪法》关于人格利益保护的原则和精神，还为公民行使网络言论自由权利划定了行为界限。

当然，言论自由作为公民的一项基本的宪法权利，具有崇高而又巨大的价值和功能。在互联网快速发展和普及应用的今天，网络言论自由作为言论自由的一种特殊形态，在国家政治生活和社会生活中发挥了不可替代的重要作用。因此，在依法保护公民名誉权的同时，还要在法律上设定网络言论侵害名誉权的免责条件，如真实可靠的内容、虽不真实但无实际恶意的揭露、客观公正的评论、监督公权力运行的言论、享有特许权者的言论等可以免除责任，以防止对名誉权的过度保护影响公民网络言论自由权利的正当行使。

三 隐私权

相对于名誉权，隐私权是晚近才发展起来的，其最初的定义是"让人

---

① 参见《民法典》第 110 条、第 990 条、第 1024 条、第 1027~1028 条。
② 参见《民法典》第 185 条。
③ 参见《治安管理处罚法》第 42 条、第 47 条。

独处的权利"。此后，世界各国立法纷纷对隐私权进行了规范和扩展，普遍将隐私视为与公共利益、社会利益无关而完全由个人独立自主支配的领域，它"意味着个人与某些相对广泛的'公众'——包括国家——之间的一种消极关系，是对某些范围的个人思想或行为的不干涉或不侵犯"①。简单地说，隐私就是一种与别人毫不相干的领域。隐私涵盖的范围非常广泛，可概括为私人信息秘密、私人空间安宁和私人活动自主：私人信息秘密是指属于个人的家庭住址、财产状况、生活经历、电话号码、身体形态、病历资料、婚情恋史、个人资料等不被他人非法刺探和知悉；私人空间安宁是指个人身体所处的私密空间，如个人的居所、通信、日记、相册、行李、电子邮箱等不被他人非法侵入和干扰；私人活动自主是指与公共利益无关的个人活动，如个人的生活起居、社会交往、夫妻性生活、婚外性行为等不愿公开的活动不被他人非法搜集和披露。隐私权是权利主体享有的私人空间与私人信息依法受到保护，不被他人非法侵犯、知悉、搜集、利用和公开的一种人格权。② 其具体内容包括隐私的隐瞒权、支配权和维护权三个方面：隐私隐瞒权指权利主体对自己的隐私有隐瞒而不向其他任何人告知的权利；隐私支配权指权利主体对自己的隐私有按照自己的意愿进行控制和处置的权利；隐私维护权指权利主体的隐私不受非法侵犯，在受到非法侵犯时其可以寻求司法救济的权利。

隐私权利益的理论基础在于，每个人都需要一片围绕着自己的、保护自己的身体和思想的天地，即一块免遭侵犯的绿洲，如果没有这种保护，个体就会被侵犯③，个人的人格尊严就会受到不可逆转的损害。因此，"隐私是一种至关重要的关键性价值、利益或权利"④，它对于保护个人尊严不可或缺。隐私不仅可以保护人类的动物本性并使个人不幸遭遇免于为公众所知，而且允许人们像隐居人士喜欢的那样思考、交谈、行动同时仍获得

---

①　〔英〕史蒂文·卢克斯：《个人主义》，阎克文译，江苏人民出版社，2001，第61页。

②　参见张新宝主编《互联网上的侵权问题研究》，中国人民大学出版社，2003，第172页。

③　参见〔澳〕维拉曼特《法律导引》，张智仁、周伟译，上海人民出版社，2003，第274页。

④　陈景辉：《隐私的价值独特性：个人信息为何应受保护？》，《环球法律评论》2022年第1期。

社会所有成员给予的基本尊重。① 隐私权扮演着人类最基本尊严的保护者的角色，得到国际社会的高度关注和重视。国际人权法和区域性国际人权文件都直接或间接地对隐私权作出保护性规定。隐私权也以基本人权的面目进入各国宪法保护的视野，概括起来，主要有两种保护模式：一种是隐私权全面保护模式，即在宪法中不仅概括性地规定尊重和保护个人的私生活，还对居住自由和通信自由作出特别规定；另一种是隐私权特别保护模式，即在宪法中只对居住自由和通信自由等特殊隐私内容作出保护性规定。

我国现行《宪法》虽然没有明确提到公民的隐私权，但体现了隐私权保护的精神实质。在具体做法上似乎糅合了以上两种保护模式的特点，《宪法》第 38 条原则性地规定"公民的人格尊严不受侵犯"，以统摄隐私权等所有人格权的保护，第 39 条、第 40 条分别规定"公民的住宅不受侵"公民的通信自由和通信秘密受法律的保护"，重点强调对公民居住自由和通信自由等特殊隐私内容的保护。此外，根据《宪法》精神，许多法律均规定了公民隐私权保护的相关内容。《民法典》除了明确规定公民享有隐私权等人格权利外，还根据互联网时代的特征，加强了对与隐私权有关的个人信息隐私的保护；同时，侵权责任编具体规定行为人因过错侵害他人隐私权等民事权益应当依法承担侵权责任，还专门对患者隐私权及其侵权责任作出规定。② 《刑法》通过强制性规范对各类严重侵害隐私权的犯罪行为进行惩治。③ 我国《刑事诉讼法》《民事诉讼法》《行政诉讼法》三大诉讼法均在程序上对个人隐私作出保护性规定。如《刑事诉讼法》规定，人民法院、人民检察院和公安机关有权向有关单位和个人收集、调取证据，但对涉及个人隐私等的证据，应当保密；对涉及个人隐私的刑事案件及未成年人刑事案件，实行不公开审理。④ 此外，我国还通过《未成年人保护法》《妇女权益保障法》等法律对未成年人、妇女等特殊群体的隐私权作出保护性规定。需要强调的是，《网络安全法》对个人信息隐私保护作出全面系统的规

---

① 参见〔美〕特雷莎·M. 佩顿、西奥多·克莱普尔《大数据时代的隐私》，郑淑红译，上海科学技术出版社，2017，第 11 页。
② 参见《民法典》第 111 条、第 1165 条、第 1226 条。
③ 参见《刑法》第 245 条、第 252~253 条。
④ 参见《刑事诉讼法》第 54 条、第 152 条、第 188 条、第 285 条。

定。总而言之，我国已经构建起以宪法为统领、以普通法律为基础、以专门法律为补充的隐私权保护法律体系。因此，任何人在行使网络言论自由权利的同时都负有维护他人隐私权的法定义务，即使是对公权力进行批评与监督乃至对贪腐现象进行揭露与抨击的政治性言论，只要涉及个人隐私内容，也应以必要和适度为限，更不得以侵害被批评与监督、揭露与抨击的对象的人格尊严为目的。

不过，基于公务人员和公众人物的特殊身份，凡其与公共利益、社会利益有关而可以公开的个人事项，或出于公共利益、社会利益需要而必须公开的个人事项，均不适用隐私权法律保护的限制，人们可以通过行使网络言论自由权利进行合法的搜集、公开与传播，以满足知情权、参与权、表达权和监督权行使的现实需要。

第五章　网络言论自由法律规制的
基本原则

　　法律原则作为法律体系的"神经中枢","指导和协调着全部社会关系或某一领域的社会关系的法律调整机制"[①]。在言论自由法律规制问题上,域外立法及相关判例确立了公共福祉原则、禁止事前限制原则、最小限制原则、明显而即刻危险原则、平衡原则等。这些原则对于网络言论自由法律规制建设无疑具有重要的启示和借鉴意义,但这并不意味着可以全盘照搬照抄,而应该根据网络言论自由的发展现状和趋势有针对性地吸收和利用,并创造性地概括和凝练具有中国国情和时代特点的基本原则。基于此,在明晰并坚持网络言论自由法律规制的宪法边界的基础上,提出保障与限制相结合,预防与惩罚相结合以及法律规制与社会自治、技术规范相结合等基本原则,以期为网络言论自由法律规制建设进一步提供基本准则和指导原则。

第一节　保障与限制相结合原则

一　保障与限制相结合原则的基本含义及确立依据

　　长期以来,围绕着言论自由保障与限制的争论从未停止过。随着互联网的普及应用与快速发展,网络空间的话语表达日趋活跃和丰富,这一争论很快延伸到网络言论自由保障与限制的层面,并逐步演变成社会关注的热点话题。其实,无论是对待传统媒体环境下的言论自由还是对待网络媒

[①]　沈宗灵主编《法理学》,高等教育出版社,2004,第47页。

体环境下的言论自由，都应该坚持保障与限制相结合原则。保障与限制相结合原则的基本含义是，在网络言论自由法律规制建设和实施过程中，应该体现保障与限制的密切配合、协调一致。一方面，法律规制的根本宗旨和价值取向是保障网络言论自由，要坚持把保障网络言论自由作为法律规制的出发点与归宿，致力于引导和保护人们正当、合法地行使和实现网络言论自由权利；另一方面，法律规制的实践需求和现实动因是限制网络失范言论的滋生蔓延，推动和促进网络言论自由健康有序发展。简单地说，保障模式和限制模式一体两面、相辅相成，是网络言论自由法律规制不可分割的组成部分。

确立网络言论自由保障与限制相结合原则的依据主要有以下几个方面。

（一）从法律的价值取向看

法律蕴含着自由、秩序、正义、平等、公平、效率、安全等十分丰富的价值理念。其中的自由是法律产生和发展的动力源泉，是法律规范的重要任务和价值追求；秩序则居于基础性地位，它是人类社会交往和社会公共生活的基本前提，是法律规范的基本任务和价值追求。秩序以自由为目的和归宿，自由以秩序为依托和支撑，自由与秩序相互规约、相互支撑，缺一不可。自由与秩序的这种相互依存关系，决定了法律在对公民自由和权利进行规制的问题上不能片面、单向度地依靠保障或限制，而必须将保障与限制紧密结合起来。

网络言论自由是宪法赋予公民的言论自由在网络空间的具体体现和新发展，法律对其进行规制同样应该坚持保障与限制相结合。基于自由与秩序这对价值范畴的导向和牵引，法律致力于通过对自由的确认与保障以及对秩序的建立与维护来促进个人与社会的和谐发展。为此，法律在社会中必须承担起两项基本任务：一是要扩大和保护自由，最大限度地激发社会生机活力，实现人的自由而全面的发展；二是要维护社会秩序的和谐稳定，使人们的社会生活呈现一致性、连续性和确定性，确保社会在稳定中健康发展。因而，法律最大限度地确认和保障自由，同时也在一定程度内限制自由，即规定与自由相关的责任和义务，以维护良好的社会秩序，这样才能使许多自由在良好的社会秩序中成为现实的、积极的和共享的东西。这就意味着法律所致力保障的自由是以限制为基础的，或者说法律限制自由是为了更好地保障自由，因为"一个人只有在他人无法妨害和干涉他的情况下才能自由地指引自己的生活……没有法律限制，可能会产生损害真正的自由的结果"①。自由如果离开了制约着它的社会秩序与特定的历史条件，离开了基本法律原则与必要的法律界限，也就不能成为真正的自由，而只是肆意妄为和粗暴蛮横。

因此，在对待自由问题上，保障固然十分重要，但限制也必不可少。诚如罗尔斯说过的一句非常经典的话："限制自由的理由来自自由原则本身。"②网络言论自由作为一种自由，无疑应受到自由与秩序的价值引领以及由此而决定的保障与限制相结合原则的一般性指导，这也就意味着人们在享有和行使网络言论自由时应自觉接受和服从网络空间秩序的约束。

（二）从言论自由的权利属性看

言论自由作为一项基本人权，是认识事物、表现自我、交流互动、民主监督、促进文明的基础和前提，是人类本性和社会进步的不可或缺的基本要素。尊重和保障言论自由是民主政治制度的重要内容和具体体现，是当代法治建设承载的历史使命和重要任务。各国宪法和法律大都将言论自由置于优先地位，并且对其作出全面规定和保护。

然而，言论自由同绝大多数自由一样不是绝对的，而是一种相对性权利。约翰·密尔在其久负盛名的《论自由》一书中谈到"人类自由的适当领域"时，首先把良心自由、思想和感想自由以及科学的、道德的等一切主题上的意见和情操的自由定位为"绝对自由"，强调任何法律、任何组织和个人都无权也不能加以干涉和禁止，可简称为"不得规限之原则"。接着他提出，"发表和刊发意见"的自由因与行为密切相关，似乎应该归在另一原则——适当规限之下。但是他又强调，"发表和刊发意见"的自由在实践上是和思想自由分不开的，所以它与思想自由本身几乎同样重要。乍看起来，我们从中似乎可以看出密尔既想把涉及他人的发表和刊发意见的自由

---

① 〔英〕霍布豪斯：《自由主义》，朱曾汶译，商务印书馆，2009，第71~72页。
② 〔美〕罗尔斯：《正义论》上册，何包钢、何怀宏、廖申白译，京华出版社，2000，第259页。

归入适当规限原则之下，又想把它与思想自由一样纳入不得规限原则加以对待的矛盾心态。其实不然，通观全书，密尔秉持言论自由的相对性的思想是非常鲜明的，他坚定认为："一切意见是应当许其自由发表的，但条件是方式上须有节制，不要越出公平讨论的界限。"他还进一步认为："当发表意见的情况足以使意见的发表成为指向某种祸害的积极煽动时，也要失去其特权的。"① 马克思一直坚持自由与责任并存、权利与义务相统一的辩证思维，他所说的"没有无义务的权利，也没有无权利的义务"② 名言，精辟概括了权利与义务之间的辩证关系，深刻揭示了权利和自由的相对性本质特征。各国宪法和法律大都将言论自由作为"可克减的权利"来对待，在强调尊重和保障言论自由的同时，也都明确规定了对言论自由予以限制的依据和范围。总之，言论自由的基本人权与相对性权利之属性表明，对其进行法律规制必须把保障与限制看成相辅相成、不可分割的整体，对网络言论自由法律规制的理解亦然。

（三）从网络言论自由的双重效应看

网络言论自由是言论自由在网络空间的拓展和延伸。作为一种新生事物，网络言论自由有一个产生、发展和逐步完善的过程。纵观网络言论自由的发展历程，不难发现，它在凸显人的主体地位、拓宽民意表达渠道以及增强公共决策的科学性和民主监督的有效性等方面发挥了重要作用，充分展现出其蓬勃的生机和强大的生命力。然而，网络言论自由也不可避免地存在诸多问题，呈现正面影响与负面影响并存的双重效应，其主要表现在以下几个方面。

一是在话语表达方面，充分自主与滥用并存。在传统媒体语境下，由于各种因素的影响和制约，普通民众的话语往往无法充分表达。互联网是一个自由开放、高效安全的信息互动平台，它为普通民众利用网络全面而又充分地表达自己的思想、观点、意见和建议创造了极佳的场所和机会，网络话语表达因此呈现空前繁荣的景象。但是，网络话语表达权的滥用，势必会极大地损害国家安全、公共秩序等公共利益以及公民的姓名、肖像、

---

① 〔英〕约翰·密尔：《论自由》，许宝骙译，商务印书馆，2015，第14、62、65页。
② 《马克思恩格斯文集》第三卷，人民出版社，2009，第227页。

名誉、荣誉、隐私等人格利益。

二是在政治参与方面，扩大参与与无序参与并存。互联网的快速发展为人们提供了便捷化、广泛化、多样化的公共参与平台。通过这一平台，人们可以迅速了解国家大事、新闻事件及相关评论，尤其是通过浏览政府网站，可以知晓政府计划做什么、正在做什么、为什么这样做，并在第一时间选择适当的方式表达自己的立场、观点和诉求，为政府及时倾听群众呼声、了解社情民意，从而实现公共决策的民主化和科学化创造有利条件。但是在海量庞杂的网络信息面前，政府及其工作人员无法逐一浏览网络内容并作出回应，应对和处理的难度非常大，从而给一些居心不良的人留下可乘之机：他们或无中生有，故意散布虚假信息，诱导人们对政府产生误解；或夸大其词，大肆渲染政府工作中的一些失误及不足，煽动人们对政府的不满情绪；或咄咄逼人，利用政府响应不当制造强大的舆论压力"绑架"政府；等等。所有这些无序参与行为，都严重干扰和妨碍政府公共决策和管理秩序的正常进行。

三是在民主监督方面，积极助推与消极阻碍并存。在网络媒体环境下，传统媒体信息单向传播的格局被打破，人们从单纯的信息接收者变成了集信息的接收、发布与传播于一身的角色，网络信息可以瞬时、多向、广泛传播到世界的每一个角落，这就使政府对信息进行封锁和控制变得非常困难。借助网络平台，人们可以通过多种方式非常迅速地介入立法、执法、司法、政党协商等权力运行过程，表达自己的政治意愿和利益诉求，监督国家和政府的公权力行为。这对消除官本位的特权思想和独断专行的霸道作风，有效防止权力异化、暗箱操作和各种贪腐现象，提高和增强政治透明度与合法性，推进民主监督进程具有重要的现实意义。然而，网络言论自由在其发展过程中所出现的群体极化、"人肉搜索"、网络暴力等，极大地影响和阻碍民主政治的健康发展，这也是不容忽视的。

总而言之，正确认识网络言论自由的双重效应，不仅有助于从整体上比较全面、客观地把握网络言论自由的全貌，而且更重要的是有助于寻求积极有效的对策，构建起保障与限制相结合的法律规制制度体系，以便更加充分地发挥和放大网络言论自由的积极作用和正面效应，更加有力地消除和抑制其消极作用和负面效应。

二　保障是网络言论自由法律规制的根本宗旨

（一）法律规制的目标取向：保障网络言论自由

在网络言论自由法律规制建设过程中，坚持保障与限制相结合原则，就是要强调保障与限制并举、不可偏废，从而避免片面地强调和重视一方而忽略和轻视另一方的现象，但这并非意味着对保障与限制二者可以同样看待。网络言论自由是宪法赋予公民的言论自由权在网络空间的具体体现，对其进行法律规制的根本宗旨和价值取向恰恰在于促进和保障公民言论自由的充分实现，而不是限制、更不是禁止公民的言论自由。这是由法律与自由之间关系的本质所决定的。

自由是人类的永恒追求和重要价值。法律源于人类的社会性需求，当人类普遍将自由奉为重要价值时，以人的社会性需求为使命的法律，就必须充分尊重和保障自由。[①] 在此意义上，自由是法律进化与发展的基本前提和基础要素，是法律必须秉持和追求的基本目标。亚里士多德早就认为，不应把法律视为对自由的奴役，"法律毋宁是拯救"[②]，这反映了他关于法律的目的在于维护自由而不是与自由相对立的思想认识。洛克更加明确地阐述了法的目的是保护和扩大自由的观点，他认为，法律的真正含义并非限制而是指导人们自由而有智慧地去追求其正当利益，"哪里没有法律，哪里就没有自由"[③]。罗伯斯比尔也宣称，法律的制定不是为了束缚人们的才能，而是旨在保证每个人都可以自由发挥其才能；法律的力量不是为了禁止人们行使自己的权利，而是旨在禁止每个人损害他人的权利。[④]　"法典就是人民自由的圣经"，马克思进一步深入揭示了法的本质在于保障自由，他用重力定律不是阻止运动的措施做比喻，形象地揭示法律并非旨在压制自由的道理，进而强调法律以肯定性、明确性、普遍性规范的形式使自由获得一

---

① 参见付子堂《关于自由的法哲学探讨》，《中国法学》2000 年第 2 期。
② 〔古希腊〕亚里士多德《政治学》，吴寿彭译，商务印书馆，2009，第 281~282 页。
③ 〔英〕洛克《政府论》下篇，叶启芳、瞿菊农译，商务印书馆，2011，第 35 页。
④ 参见〔法〕罗伯斯比尔《革命法制和审判》，赵涵舆译，商务印书馆，2009，第 54~55 页。

种与个人无关的、不具有任意性的存在。^① 因此，法律必须牢固地植根于尊重和保障人的自由与权利。只有充分尊重和保障人的自由与权利，重视和贯彻人的目的性，突出人在法律上的主体地位，而不把人视为无关紧要的客体，法律的存在才是目的性的、有价值的、正当合法的。^②

在新的时代条件下，突出强调网络言论自由的法律保障，不仅能够凸显网络言论自由在实现自我、探求真理、弘扬民主、促进文明等方面的一般价值功能，而且具有十分重要的现实意义。一方面，有利于打破政府对政治话语权的垄断性控制，为普通民众平等参与政治生活、监督公权力运行提供极大便利，能够根本上促进公民言论自由权的真正实现；另一方面，有利于实现对传统媒体议题话语权的突破性变革，为普通民众自主发表言论和传播信息创造极佳条件，能够实质性地扩大公民言论自由权的行使空间。

（二）网络言论自由法律保障的无害原则

法律规制应该以保障网络言论自由为根本宗旨和价值取向，那么，这是否意味着法律必须保障网络言论自由的所有行为表现呢？显然不是！法律保护的是正当的、合法的网络言论自由，而对那些超越宪法和法律边界而实施的不正当的、不合法的网络言论自由，非但不能加以保护，相反需要加以限制，甚至还要视情节轻重依法依规追究责任。因为作为正义守护神的法律所保障和维护的自由和权利只能以正当、合法为界限，超出这个界限就意味着有可能会侵害社会公共利益或者他人的人格利益，从而必然会受到法律的约束和惩罚。因而，网络言论自由权利作为言论自由权在网络时代的一个具体体现，人们在行使该权利的时候同样要遵从无害原则，即不得损害社会公共利益和他人的人格利益。

无害原则既是人类道德的基本底线，也是一项重要的法律原则，该原则历来受到世界各国思想家的高度关注和重视。荷兰哲学家斯宾诺莎较早提出了自由的实质在于无害于他人的思想，每个人可以享受的自由是"无

---

① 参见《马克思恩格斯全集》第一卷，人民出版社，1995，第 176 页。
② 参见张文显《法哲学范畴研究》，中国政法大学出版社，2001，第 163 页。

害于公众的安宁，并且不会由此发生不易遏制的烦扰"① 的自由。德国哲学家费希特提出了"在与他人的自由的关系上"应当遵守无害性规则的观点，并强调无害性规则不是单向的，而是建立在相互对等的基础上的。他认为，法权规律把赋予人们之间的相互安全作为最终目的，而这一最终目的中始终包含一个具体目的，即"我的法权在什么程度上始终不受他人的损害，他人的法权也恰好在同样的程度上始终不受我的损害"②。英国哲学家和社会学家斯宾塞明确表达了言论与出版自由应坚持无害原则的鲜明态度，并宣布要把诽谤言论和教唆伤害言论作为必须禁止的有害言论类型来对待："言论、讲话、写作或印刷的自由并不包括使用诽谤言论或传播诽谤言论的自由；也不包括使用言论教唆伤害他人的自由。"③ 伟大导师马克思强调，"自由是可以做和可以从事任何不损害他人的事情的权利"，这言简意赅地揭示了自由的无害原则；在他看来，犹如两块田地的边界是由界桩确定一样，"每个人能够不损害他人而进行活动的界限是由法律规定的"④。在互联网时代，无害原则应当同样适用于人们在网络空间行使言论自由权利的过程之中。

（三）网络言论自由法律保障的制度要求

网络言论自由的充分保障离不开民主政治制度以及相应的法律制度，因而从根本上讲，首先要建立健全现代民主政治制度以及不断完善言论自由法律保障制度。

1. 建立健全现代民主政治制度

当前，强调要把建立健全现代民主政治制度放在网络言论自由保障的首要位置，主要是因为言论自由与民主政治制度密不可分。

一方面，言论自由是民主政治制度的基石，没有言论自由就无法产生民主政治制度，更谈不上民主政治制度的正常运转。正如有学者所说的那样："一切形式的言论自由，对民主的进程都是极其重要的。如果言论受到

---

① 〔荷〕斯宾诺莎：《斯宾诺莎书文集（第3卷）：神学政治论》，温锡增译，商务印书馆，2014，第282页。

② 〔德〕费希特：《自然法权基础》，谢地坤、程志民译，商务印书馆，2009，第148页。

③ 〔英〕赫伯特·斯宾塞：《论正义》，周国兴译，商务印书馆，2017，第150页。

④ 《马克思恩格斯文集》第一卷，人民出版社，2009，第40页。

当时政府命令的压制，那么自由就不再存在。"① 所以，在现代民主社会中，只有借助并依靠人们的话语表达才能够更好地维护和捍卫最广泛、最真实的自由，并保证这一自由成为促使民主社会和谐发展的自由。

另一方面，民主政治制度的建立和完善有利于公民言论自由权的行使与保障。没有民主政治制度就无法有效保障言论自由权利，更谈不上公民言论自由权的充分行使。诚如马克思所认为的那样，国家制度在民主政治制度中只是人民的自我规定的一种表现形式，但无论就其本质还是现实存在而言，它在不断地被引回到现实的基础、现实的人、现实的人民，并被设定为人民自己的作品，因而国家制度就是人民自由的产物。② 具体地讲，现代国家制度实质上是一种自由民主的政治制度，人民作为政治主体可以自由平等地参与到政治制度之中，它与集权专制统治的政治制度有着本质上的区别。在现代民主政治制度中，人民可以自由表达其正当合理的诉求、意见与建议而不受任何机关、团体和个人的非法限制和干涉；人民享有平等参与国家政治生活的资格和机会，有权对他人的政见和建议提出异议和否决，国家按照少数服从多数和保护少数的民主原则行事。总而言之，确保人民自由平等地参与政治生活，能够为各种建议、批评和意见得到充分的尊重和表达提供条件与机会，这使国家制度尤其是法律制度既能真实反映最广大人民的根本利益和共同意志，又能有效避免出现决策失误而可能导致的社会混乱、脱序甚至倒退。③

2. 完善网络言论自由法律保障制度

在现代民主社会，言论自由也与法律制度密不可分。一方面，言论自由是建立与完善法律制度的基础和前提，一个社会对言论自由的包容程度尤其是对批评声音的容忍限度，不仅是衡量这个社会民主程度的重要标志，也是检验这个社会法律制度进步程度的重要标志。另一方面，言论自由与所有的自由一样，是在实践中产生和发展起来的，它始终需要得到法律制度的呵护和保障。因为"法律上的自由，则是把人类合乎自然与社会客观

---

① 〔澳〕维拉曼特：《法律导引》，张智仁、周伟文译，上海人民出版社，2003，第265页。

② 参见《马克思恩格斯全集》第三卷，人民出版社，2002，第39~40页。

③ 参见张文显《法哲学范畴研究》，中国政法大学出版社，2001，第174~175页。

规律的行为与社会关系，用法律形式予以确认、保护，使之成为一项不受他人侵犯的权利"①。言论自由作为一项权利，"如果国家权威机关漫不经心地对待权利人的权利，或者拒绝对受到侵犯的权利人的请求提供帮助，甚至自己就随意侵犯权利，那么，法律规定的这种权利只不过是镜中月、水中花"②。因此，网络言论自由作为人类在互联网时代言论自由的一种表现形式，对其进行确认和规范，并构建起完善的保障制度是网络言论自由法律规制的根本宗旨所在。

三　限制是网络言论自由法律规制的实践需求

（一）法律规制的直接动因：限制网络失范言论

长期以来，只要一提到对言论自由的限制，很多人就会本能地加以否定和排斥，这是一种极为有害的偏见。言论自由虽然具有崇高的价值地位，但是它与人的"意识的内向境地"所要求的良心、思想和信仰的绝对自由不同，是一种相对的、有限度的自由，并非毫无拘束的、随心所欲的自由。由于言论自由关涉社会的公共利益和他人的自由与权利，法律在致力于保障人们充分行使和实现言论自由权利的同时，还要对其进行必要的限制。

事实上，言论自由作为一种自由，对其进行限制如同保障一样也是必不可少的。因为自由和限制之间是相互依存、相互制约、相辅相成的关系，限制只有"作为对自由的限制才是可能的，而自由本身也是限制的结果"③。从表面上看，限制与自由之间似乎存在明显的对立和紧张关系，但究其实质而言，限制与自由并非势不两立的天敌，相反很有可能成为和谐共处的盟友。国家限制行为的主要功能就在于压倒任何个人或组织的强迫行为，并凭借该方法来维护包括言论自由在内的基本人权，当然也要防止个别成员的反抗阻挠，以维护国家自身的权力。因而，自由和限制之间并没有不可避免和不可克服的矛盾，而是相互需要的。限制使联合行动和一致遵守成为可能，这为发展和幸福创造了最有利的外部条件。每一种自由都依靠

---

① 郭道晖：《法的时代精神》，湖南出版社，1997，第 257 页。
② 张恒山：《论权利之功能》，《法学研究》2020 年第 5 期。
③ 〔德〕尼克拉斯·卢曼：《法社会学》，宾凯、赵春燕译，上海人民出版社，2013，第 432 页。

一种相应的限制，自由只能以限制为基础。① 这就意味着在权利体系中，人们不难发现"作为自由制度基础的约束制度"②。因此，为了保障人们享有和实现同等的言论自由，言论自由必须以限制为基础。进而言之，言论自由必须受到作为社会共同遵守的行为准则——法律制度的限制。我们对网络言论自由进行法律规制所应持有的立场和态度同样应该如此。

问题的关键是：法律限制网络言论自由的范围究竟有多大？是限制网络言论自由的所有行为表现吗？肯定不是！与法律所保障的不是网络言论自由的所有行为表现一样，法律所限制的也不是网络言论自由的所有行为表现。如果说法律保障的是人们合法、正当行使的网络言论自由，奉行的是没有侵犯社会公共利益和他人人格利益的无害原则；那么法律限制的则是超出法律许可界限的非法、不正当行使的网络言论自由，奉行的则是侵犯社会公共利益和他人人格利益的有害原则。因而在对网络言论自由进行法律规制的过程中，为了积极应对和规制人们对言论自由的滥用，国家应主动出击，构建完善的限制网络失范言论的法律制度体系，以便有效制止和消除各种网络失范言论的滋生蔓延及可能给社会和他人造成的危害。显而易见，限制各种网络失范言论的产生和泛滥是网络言论自由法律规制的实践需求，或者说法律限制措施的建立和实施的直接动因是各种网络失范言论的存在及危害。所以，从严格意义上讲，法律真正限制的是网络失范言论的"自由"，这种限制并不会改变一个社会整体的、制度化的权利配置，受到限制的人没有失去言论自由权，限制的只是法律所禁止的内容以及特定时间和场合。因而，这种限制没有对人们的总体的或未来的言论自由构成实质性限制。③

（二）网络失范言论法律限制的基本要求

网络言论自由不是绝对的，对其进行限制非常必要。但正如我们反复强调的，法律限制所指向的对象是超出法律界限的网络失范言论，并非所有网络言论。不过，从操作角度看，依法限制和禁止某种言论是合理的，

---

① 参见〔英〕霍布豪斯《自由主义》，朱曾汶译，商务印书馆，2009，第74~76页。
② 〔英〕伦纳德·霍布豪斯：《社会正义要素》，孔兆政译，吉林人民出版社，2011，第43页。
③ 参见苏力《法治及其本土资源》，北京大学出版社，1996，第192页。

不合理的是限制和禁止者不给出明确的认定标准。① 那么，如何做到对网络言论既依法适当限制又避免乱贴"标签"随意限制的现象发生呢？ 同对现实社会失范言论的法律限制一样，对网络失范言论进行法律限制也应当遵循以下基本规则和要求。

1. 法定性

在现代法治国家，法律应居于至高无上的地位，国家的全部活动都必须在法律保留的原则下进行。具体而言，法治国家的独特保护机制或限制机制立基于完善的法律制度之上，尤其是对自由的限制必须严格依据具体的法律规定进行。法律是限制自由的根据和前提条件。真正意义上的自由恰恰在于人们的行动只受一般性规则的限制。由于任何行动都不可避免地会影响他人的活动领域，无论是言论自由、出版自由，还是宗教信仰自由，都不可能是完全的、绝对的，这就意味着诸如此类的活动领域要受到一般性规则的限制，且平等适用于所有人而不容许非法破坏。② 法律则是承担并胜任制定那种"适用于人人的抽象规则"的最佳角色。法律所提供的一般性规则只是人们可以或应当在其间行动的基本框架，并不具体指涉特定的人、地点和事物，因而法律限制天然具有普遍性质。只有坚持法律的普遍性限制才能确保法律适用于非特定的任何人，真正维护和实现社会的公平正义。在我国，根据《宪法》和《立法法》的相关规定，言论自由作为一项基本权利，属于法律绝对保留的事项，对其进行限制必须由全国人大及其常委会通过立法实现。具体到网络言论自由的法律规制，应当在不断完善言论自由法律规制体系的同时，专门构建网络言论自由法律规制制度体系，为更精准、更有效地限制网络失范言论提供可靠的法律依据。

2. 明确性

一般认为，明确性的基本含义是指法律必须用精确的词句表述且以书面文本的形式公之于众，其目的在于使人们可以依据法律规定准确地分析

---

① 参见何帆《批评的限度就是民主的尺度》，载〔美〕安东尼·刘易斯《批评官员的尺度——〈纽约时报〉诉警察局长沙利文案》，何帆译，北京大学出版社，2011，第 8 页。

② 参见〔英〕弗里德利希·冯·哈耶克《自由秩序原理》上册，邓正来译，三联书店，1997，第 193 页。

和预测未来的情势，从而选择恰当的决策或行动方式。但法律总是处于经常性变动之中，现有的法律必然会被未来的法律所改变或替代，因而必须正确把握法律明确性的实质要义，即"法律永远不会在谁也无法预料的情况下，突然发生改变。而且在一般情况下，法律也永远不会受制于某一次立法会议或某一个人的随心所欲或其拥有的专断性权力"①，意即法律的变动必须在人们可以预见和把握的前提下进行，此乃长远意义上或者动态意义上的法律的明确性。法律的明确性对于公民自由和权利的限制尤为必要，具有不可估量的重要意义。如果法律限制是缜密的、精确的，则其不仅不构成对公民自由和权利的侵犯或剥夺，而且会更好地保护和扩大公民的自由和权利。如果法律规定是模模糊糊的、语焉不详的，就很可能会侵犯或剥夺公民的自由和权利。因此，限制网络失范言论的法律规定必须是明确而又具体的，否则容易对言论自由造成潜在的威胁，"民众有可能因畏惧面临潜在的惩罚而'噤声'，产生'寒蝉效应'"②。

3. 必要性

所谓必要性，是指法律限制的范围、措施及程度的设定与适用应该与其所追求的价值目标相称，必须符合"迫切的社会需要"，即出于维护国家安全、公共安全、公共秩序、公共道德等公共利益以及公民个人的隐私、名誉等人格利益之需要。德国著名法学家萨维尼就立法的必要性规则作出了精辟的阐释："倘无迫切必需，则不当立法；即便立法，亦当虑及现实的法律权威。"③ 英国著名政治学家拉斯基针对法律限制的必要性发表了独特的看法。他认为，在民主社会里，"暴政很容易从微小限制的积累上滋长起来。所以重要的是，在每一种限制被纳入法典之前，必须先证明它的不可否认的社会的必要性"④。在网络新媒体迅速发展的当今，法律对网络失范言论进行限制同样应当遵循必要性规则，只要网络言论没有危害社会公共利益和他人的人格利益就不能随意限制和禁止，以免抑制和阻碍网络言论

---

① 〔意〕布鲁诺·莱奥尼：《自由与法律》，冯辉译，湖南教育出版社，2008，第87页。
② 陈纯柱、韩兵：《我国网络言论自由的规制研究》，《山东社会科学》2013年第5期。
③ 〔德〕弗里德尼希·卡尔·冯·萨维尼：《论立法与法学的当代使命》，许章润译，中国法制出版社，2001，第17页。
④ 〔英〕拉斯基：《现代国家中的自由权》，何子恒译，商务印书馆，1959，第117页。

自由的正常发展。尤其是对网络失范言论进行归罪处罚时，应基于刑法谦抑的精神，将其限制在必要限度以内；在惩罚犯罪以保护相关法益的基础上，充分尊重言论自由，以保障公民的权利。[①]

4. 可行性

可行性突出和强调"法不强人所难"，它意味着法律限制不应以过高的标准和要求强迫人们去做无法做到的事情，否则会适得其反。洛克认为，倘若用法律来规定人们的能力所无法企及的事情，那将是非常荒唐的。[②] 富勒也认为，如果法律规定了不可能之事，政府官员将会面临尴尬的两难选择，即要么行严重不义之事，要么对违法行为视而不见，无论采取哪种选择，都会导致人们不再尊重法律。[③] 马克思极力反对任性立法，把立法者凭借臆想来代替事物本质的行为，斥责为一种"极端任性"的表现。[④] 所以，网络言论自由法律规制要具有强制性和抑制性，更应具有保障性和激励性。只有这样，才能有效提升网络言论自由法律规制的包容品质，为广大民众充分行使网络言论自由权利提供有力支持和保障。相反，如果网络言论自由法律规定得过于苛刻，会直接影响广大民众话语表达的热情、积极性和言论自由权利的实现。[⑤]

第二节　预防与惩罚相结合原则

一　预防与惩罚相结合原则的基本含义及重要意义

预防与惩罚相结合原则，是指在网络言论自由法律规制过程中，预防与惩罚二者并举、不可偏废，注重惩防结合、标本兼治，构建网络言论失范行为的综合防控与治理体系，营造健康有序的网络言论自由环境和氛围。一方面，突出精准打击，强化惩治威慑。要有效运用各种法律手段对网络

① 参见刘艳红《网络时代言论自由的刑法边界》，《中国社会科学》2016 年第 10 期。
② 参见〔英〕洛克《论宗教宽容——致友人的一封信》，吴云贵译，商务印书馆，2009，第 34 页。
③ 参见〔美〕富勒《法律的道德性》，郑戈译，商务印书馆，2009，第 84 页。
④ 参见《马克思恩格斯全集》第一卷，人民出版社，1995，第 347 页。
⑤ 参见丁大晴《包容性发展理念对网络监督立法的启示》，《理论与改革》2012 年第 5 期。

失范言论的炮制者和传播者进行制裁和惩罚，有力打击其嚣张气焰，坚决遏制网络失范言论的扩散蔓延。不过需要注意的是，惩治网络言论失范行为不能"一刀切"，应采取张弛有度、区别对待的原则：对那些恶意违法且造成严重危害后果的网络言论犯罪行为，要敢于亮剑，绝不手软，一经发现就予以严厉打击；对那些虽然违法但尚未造成严重危害后果的网络言论失范行为，则不得判罪入刑，应采取其他法律措施予以处理；而对那些没有违法但违背党纪政纪、自律公约和伦理道德等而产生一定不良影响的网络言论失范行为，则宜采取其他相应措施予以处理。另一方面，注重源头治理，立足事前防范。在不断加大对网络言论失范行为特别是犯罪行为的打击力度的同时，要深入分析其产生、蔓延的情况与规律，探寻其内在依据和原因，从而预先采取积极有效的防范措施，以便从根本上控制网络言论失范现象。显然，预防对于网络言论失范现象的治理具有基础性和根本性意义，它是惩罚的前置程序和内在依据；惩罚对于网络言论失范现象的治理具有直接性和补救性作用，它是预防的候补程序和外在表现。预防与惩罚相辅相成、缺一不可，片面强调和追求一方而忽视另一方的做法是错误的。只惩罚不预防，容易造成网络言论失范行为的复发，无法巩固和发展已经取得的成果，不能从根本上解决问题；只预防不惩罚，压根就不是真正的预防，只是一种乌托邦式的空谈，不仅无法迅速有效地遏制网络言论失范现象，而且不可能真正找到网络言论失范行为发生的内在根源，因而也就无法提出切实有效的防治对策。

确立网络言论自由法律规制的预防与惩罚相结合原则之重要意义主要体现在以下三个方面。

（一）深刻体现现代法治的本质与目的的内在要求

法治是一种治国方略或社会调控方式，在不同的时代具有不同的社会蕴涵和意义。现代法治的本质和目的在于良法善治，而良法善治离不开完善的法律制度体系和全面依法治国实践的支撑与维持。从最终的决定意义上说，再优良的法律都要依赖国家强制力来保证其实施，这充分表明国家强制力是法律实施的最后依托和支撑，然而，这并非意味着每一项法律规则的实施及实施的每一个步骤、每一个环节都需要国家的强制力，更不意味着国家强制力是保证法律实施的唯一手段。事实上，"在法律实施过程中，国家暴力常常是备而不用的"[①]。所以，如果一项体现公平正义的、深受广大人民拥护的法律能够使人们在思想上和行动上自觉遵守，那么这种法律也就无须运用国家强制力了。法的这一特征在现代法治社会体现得尤其明显。那么如何才能实现国家强制力在法律施行过程中既作为坚强后盾又备而不用呢？这就需要在注重法的强制功能和作用的同时，更要突出法的预测、引导、教育等预防性功能和作用的发挥，从源头铲除违法现象产生的土壤和条件，切实做到防患于未然，进而使国家暴力在法律实施过程中既作为坚强后盾又备而不用。

就网络言论自由法律规制体系建设而言，良法就是基于对网络言论自由的本质和规律以及网络时代人的存在和发展的新现象新趋势的深刻把握，坚持以法的时代精神和社会主义核心价值观以及标本兼治、惩防结合的方针为指导，建立完备且良善的网络言论自由法律规制体系，为有效防治网络言论失范行为，保障公民享有充分的言论自由权利奠定可靠的法律基础。善治就是既需要政府在对网络言论失范现象进行治理时深入贯彻依法办事原则，坚持依法用权、执法为民、审慎执法和包容执法，也需要国家、社会、行业和公民主体相互配合，共同参与网络内容的治理，形成良性互动的多元共治局面，致力于促进公民言论自由权利得到最大化的实现。

（二）统筹推进网络空间言论秩序治理的客观需要

毋庸置疑，言论自由同其他自由一样，具有巨大的价值功能和社会意义，固然需要倍加珍惜和呵护。然而，言论自由并非无拘无束的，不是人们在任何时候任何地点、对任何人都可以任意言说的权利。言论自由一旦被肆意滥用而处于失序状态，就必然朝相反的方向发展，很快会从人们乐于拥有、争相品尝的"善果"变异为伤及他人或危害社会的"毒刺"。互联网技术的迅猛发展和广泛应用，为公民言论自由的充分行使提供了极大机遇和广阔空间。但与此同时，许多网络言论失范行为频频出现，如恶搞损人、造谣中伤、谩骂诽谤等时有发生，特别是一些人打着反腐败和揭露社会丑恶现象的幌子，大搞"人肉搜索"，使网络异化为"舆论暴力"的场

[①]　沈宗灵主编《法理学》，高等教育出版社，2004，第42页。

所。一些不法分子趁机利用网络安全的漏洞故意传播虚假信息，宣扬封建迷信，传授犯罪方法，煽动民族仇恨和民族歧视。更有甚者，恐怖组织、邪教组织、叛国组织等非法组织冒天下之大不韪，公然挑衅法律的底线，利用网络公开"讲经传道"、蛊惑人心，大肆宣扬恐怖主义、极端主义，煽动实施暴恐活动，企图颠覆国家政权。所有这些，不仅严重污染网络生态环境，扰乱网络空间秩序，也严重威胁和危害广大民众的身心健康和合法权益，极大地干扰和破坏国家安全和社会稳定。

面对网络言论失范行为的频发、多发、高发态势以及危害后果的严重性，我们迫切需要坚持系统思维，综合施策，标本兼治，既要惩治于既然，又要防患于未然，统筹推进网络空间言论秩序治理策略的变革与发展。为此，不仅要对那些造成严重危害后果的网络言论失范行为坚决予以惩处，更要注重预先采取防范措施，立足于从源头消除滋生网络失范言论的条件和可能，从而最大限度地维护社会的整体利益和公民的合法权益免遭不法伤害。无论是事前预防还是事后阻止都是保护自己的利益、使人们的自由免于损毁所必需的。在面对网络空间言论自由滥用的现象时，何尝不能采用事前预防措施来加以防范呢？

（三）有效化解网络言论失范风险的必然趋势

现代社会是个快速发展与进步的信息社会，也是个充满挑战和不确定性的风险社会。这就需要营造一种让人们知无不言、言无不尽的宽松和包容的舆论氛围，以此孕育甘作风险预警的"吹哨人"，其敢于向世人发出风险警示，从而有助于及时有效地防范和化解各种风险。因而，现代社会应该倡导言论自由，弘扬宽容精神。只要人们发表或传播的言论和信息基本属实，或者即便有些出入但不是出于主观恶意，就不能动辄以造谣更不能以诽谤为名予以打压和处罚。

然而不容忽视的是，言论自由本身如果超出法律的边界而被滥用，也会给社会和他人带来新的危险源。尤其是互联网所固有的全球性、虚拟性、开放性和交互性等特质，使网络失范言论常常呈现传播过程的难控性、扩散范围的广泛性和影响后果的严重性等特征，这更是加剧和放大了网络失范言论可能对社会和他人造成的危险。因此，坚持综合治理、惩防并举，积极应对和化解网络失范言论泛滥所带来的风险，显得尤为必要和迫切，而且具有十分重要的现实意义。任何一种网络言论失范行为的产生都是各种主客观因素共同影响和支配的结果。在客观层面上，包括现实社会的政治、法律、经济、文化、道德、技术等外在因素；在主观层面上，包括个人的国家意识、法治意识、公民意识和责任意识等内在因素。既然网络言论失范现象是一个综合性社会问题，就必须采取惩防并举的综合性措施加以防范和解决。另外，推进国家治理体系和治理能力现代化这一重大战略举措，其实质就在于完善和发展中国特色社会主义国家制度，彰显集中力量办大事的制度优势，这也为有效整合各方资源和力量，以及综合治理网络言论失范现象等社会问题提供了强大的制度支持。

二　预防是网络言论自由法律规制的根本之道

（一）预防的实质：依法防范和控制网络言论失范行为

长期以来，预防作为刑法和侵权法领域的特有功能，早已为学界普遍认同和接受。但在其他领域尤其是言论自由领域，人们总是对预防本能地加以否定和排斥。例如，有人认为，对表达自由而言，事前预防特别是检查制度是专断的、蛮横的，是对表达自由最严重和最不可容忍的侵犯，它所施予的限制总是超过实际的需要。[①] 也有人直接把预防等同于事先审查，认为"事先审查是指在政治表达发生之前或政治表达尚没结束之前，通过法律或行政手段对出版活动、写作、演讲以及各种节目的制作、播放等各种政治表达施加影响或制裁，从而限制或剥夺当事人的政治表达自由"[②]。还有人把预防同事前限制相提并论，并主张应废除业已实行的对于言论自由的预防制的事前限制方式，其理由是"由行政机构来对言论进行事前审查几乎不可避免会受到其自身利益与喜好的影响"[③]。综合以上各种观点不难看出，学者们都是基于将预防局限于政治表达领域且与审查制度相提并论之前提，得出预防必然会导致政府限制或剥夺公民言论自由权的结论。

---

①　参见蒋永福《信息自由及其限度研究》，社会科学文献出版社，2007，第 210 页。

②　曾白凌：《网络政治表达的法律规制》，博士学位论文，中共中央党校，2009，第 62 页。

③　燕善敏：《依法行政与公民权利》，《行政与法》2005 年第 5 期。

随着网络公共领域的兴起及由此催生的网络言论表达与传播的发展，还有人把这种观点直接地套用到对网络言论自由法律规制的认识上。笔者对此并不认同，主要理由在于：在现代社会，政治性言论自由固然十分重要，但非政治性言论自由也是必不可少的，甚至对相当多的人来说，非政治性言论自由似乎更为重要；而且，对于言论自由的预防并非完全等同于事先审查，因为预防的措施多种多样，事先审查仅仅是预防的主要措施之一；另外，对于言论自由的预防不能简单地贴上事前限制的标签。故上述观点失之偏颇，在认识上带有明显的片面性与狭隘性。

站在新时代的历史方位，正确认识和把握法律预防的基本内涵及当代价值，需要拓宽视野，突破固有的思维模式和习惯，将其置于言论自由法律规制的整体框架之中进行审视。就网络言论自由而言，所谓法律预防，就是指在网络言论失范行为尚未发生或虽已发生但为防止危害后果的扩大而依法进行的预先防范和控制措施。具体地讲，法律预防包含两层含义：一是依法通过预测、预警和教育等途径来防止网络言论失范行为的发生；二是依法采取相关防控与引导措施，防止因网络失范言论泛滥而对国家安全和社会公共利益造成危害的事件发生，或者让已经发生的网络失范言论导致的危害事件造成的损失降至最低程度。预防不仅要遵循宪法规定的人民主权原则、人权保障原则和法治原则等基本原则，而且必须严格依照法律规定的条件和程序采取相应的防范措施。诚如周汉华所说的那样："互联网信息规制必须符合宪法表达自由原则和预防风险的立法目的，并且，事先规制手段与强度必须与需要预防的风险成正比。"① 预防的实质在于从源头依法防控网络失范言论的滋生蔓延，为促使人们合法正当地行使网络言论自由权利营造一个良好的环境和氛围。

为此需特别强调两点。其一，预防是一种依法防控，而不是任意审查。预防所涉及的内容只能限定在法律明确禁止的网络失范言论的范围之内，且严格依照法定条件和程序才能采取必要的防范措施。如果预防超出法律规定的内容范围，或者违反法定条件和程序采取防范措施，就是为法律所不容许的，因而也是无效的。显然，严格意义上的预防应立基于法律制度

---

① 周汉华：《论互联网法》，《中国法学》2015 年第 3 期。

体系之上，其必然呈现确定性、稳定性和可预测性等鲜明特征，这对有效维护网络表达秩序的健康发展是非常有利的。它与建立在行政命令基础上的事先审查制度截然不同，这种制度通常具有任意性、随机性和不可预测性等特征，很容易对公民的言论自由权利产生实质性伤害。其二，预防致力于防控网络言论失范行为，而不是限制合法正当的网络表达行为。预防的指向性非常明确，即为了防止网络言论失范行为产生而对国家利益或者公共利益造成损害。事先预防并不是限制正当的、合法的网络言论表达与传播，更不是限制公民的言论自由。洛克在谈到对自由的限制时早就说过："为了使我们不致堕下泥坑和悬崖而作的防范，就不应称为限制。"① 因此，与其说预防是一种事前限制，不如说它是一种积极防范、主动避害。对于网络言论失范行为来说，及时采取预防措施和手段加以制止就等于釜底抽薪，能够从源头铲除其产生与泛滥的土壤和根基，因而据此产生的作用效果无疑具有根本性和长效性。

（二）依法预防网络言论失范行为的必要性

就预防网络言论失范行为的必要性而言，其主要理由在于以下三个方面。

首先，重视发挥法的引导功能和作用的必然要求。传统的法律预防囿于刑法和侵权法领域，尤以刑法中的犯罪预防最为典型，主要体现为威慑论（一般预防论）与矫正论（个别预防论）两种理论样态。无论是威慑性预防还是矫正性预防都是基于惩罚所凸显的法的强制性功能衍生而来的，它们都是通过对违法行为进行谴责和制裁，继而对人们起到警戒和教育的作用来实现法律对非法行为的预防功能的。可见，传统的法律预防带有明显的消极性和被动性。然而，现代意义上的法律预防不仅要扩展其适用领域，即延伸到刑法和侵权法以外的其他领域，还要重视和发挥法的引导功能所固有的积极防范作用，即通过法律原则、准则或规则的引导给人们提供具有普遍性的行为模式或目标指向来转变人们的思想观念和行为习惯，以达到防范和遏制违法行为的发生及危害的法律效果。显然，这里强调的预防立足于从源头防止和杜绝违法行为及不利后果的产生，无疑是一种积极主动的预防。而且更为重要的是，这种积极主动的预防与正义价值取向

---

① 〔英〕洛克：《政府论》下篇，叶启芳、瞿菊农译，商务印书馆，2011，第35页。

相契合。"所有的人都希望接近法律正义就是让所有遵守法律的人得到满足",意大利学者 A. 丹库特别强调积极预防在确保接近正义中的优先地位,"确保接近正义的最佳良方与其是在不正义行为发生后清除之,不如在事前就避免其发生"①。网络空间是一片崭新的天地,可以给人们的言论自由提供极大便利,但它也可能成为宣扬和传播网络谣言、诈骗、色情甚至恐怖主义的场所。因而,仅仅依靠强制基础上的、消极被动式的法律预防是远远不够的,它确实需要一种引导基础上的、积极主动式的、更接近于正义的法律预防机制,尽管有人对此竭力反对,但支持者无疑占据优势。

其次,维护社会公共利益免遭侵害或损失的必然要求。言论自由作为重要的基本人权,是人际交往和社会生活的必要条件,它表明个人可以自由地表达自己的观点和意见而不受非法干涉。否定和剥夺人的言论自由,无异于否定和剥夺了人权。所以一般而论,不得对言论自由进行限制,尤其是不得对其进行事前限制,这似乎已经成了一种普遍共识,不过,此乃基于言论自由是一种消极的防御性权利而言的。然而不可否认的是,言论自由也是一种进攻性权利,这就意味着言论自由不是绝对的,并非任何时候、任何情况下都不能对其进行限制。当言论自由威胁到社会公共利益和公共秩序的时候,是完全可以对其采取包括预防在内的限制举措的。对此,彼得·斯坦和约翰·香德曾作过精辟分析,他们认为:"人们可以利用言论自由来说服社会中的大多数人,使他们相信他们所支持的政策是错误的,因此应当接受不同的政策。但是它不得被用来说服和组织少数人用武力强迫其他社会成员。在这种情况下,对公共秩序的基本要求压倒了言论自由的权利。而且,社会也没有必要等到他们真正使用了武力之后才进行限制。"② 在网络信息时代,"数字化世界是一片崭新的疆土,可以释放出难以形容的生产能量,但它也可能成为恐怖主义者和江湖巨骗的工具,或是弥

---

① 〔意〕莫诺·卡佩莱蒂编《福利国家与接近正义》,刘俊祥等译,法律出版社,2000,第302~303页。

② 〔英〕彼得·斯坦、约翰·香德:《西方社会的法律价值》,王献平译,中国法制出版社,2004,第214页。

天大谎和恶意中伤的大本营"①。若不及早采取行动加以制止，放任他们"安营扎寨"、胡作非为，那么后果将不堪设想。这就迫切需要在它们密谋策划或者立足未稳之时，以"零容忍"的态度坚决清除网络空间的害群之马，从而才能有效维护社会公共利益和公共秩序免遭侵害或损失。

最后，弥补惩罚缺陷和不足的必然要求。惩罚是以国家强制力为后盾而确立起来的处罚性、补救性措施，它主要针对的是已经对社会和个人造成实际损害后果的违法行为，但其所造成的侵害和损失往往是难以弥补和修复的。因而，尽管惩罚是依法打击和惩治违法行为的必不可少的手段，但它并非绝对的明智之举，更非治本之策。正因为如此，博登海默强调，不应当把强制的运用看作法律的实质，而应当注重法的非强制性措施的运用；他还认为，如同药物效用的最佳状态是人体不再需要它一样，法律的最大成功恰恰在于其能够最大限度地降低其对公民的自由和财产进行干涉的程度。② 而采取必要的预防措施和手段则正是既能将法的强制的运用降到最低程度，又能有效弥补其惩罚缺陷和不足的最佳策略。互联网上含有蛊惑人心的谣言、诱人上当的虚假信息、儿童不宜观看的暴力血腥信息、伤风败俗的淫秽色情信息以及恐怖分子的恐怖信息等。在这样一个纷繁复杂的网络环境中，采取适当的防范措施不但是十分明智的，也是非常必要的。

（三）依法预防网络言论失范行为的可行性

在我国，依法预防网络言论失范行为具有切实可行性，其主要理由有以下几点。

其一，网络内容治理法律制度体系已经初步形成。正如我们反复强调的，对网络言论失范行为进行预防和控制，既非不确定的、无法预估的随机行动，更非武断的、任性的霸道之举，而是基于严格的法律规范基础上所采取的必要的、适当的措施和手段。尽管我国网络内容治理法治建设尚存在诸多问题与挑战，但是经过多年的努力和发展，已初步形成了以宪法

---

① 〔美〕埃瑟·戴森：《2.0 版数字化时代的生活设计》，胡泳、范海燕译，海南出版社，1998，第 17 页。

② 参见〔美〕E. 博登海默《法理学：法律哲学与法律方法》，邓正来译，中国政法大学出版社，2017，第 367~368 页。

为核心、网络安全法为基础、其他相关法律法规为辅助的网络内容治理的法律制度体系，这为依法预防网络言论失范行为奠定了良好的法律基础。

其二，网络内容监控技术日臻成熟。互联网的迅速发展和广泛应用以及网络内容分析与监控技术的不断进步，不仅为政府部门依法管理和规制网络言论自由、防范网络失范言论泛滥创造了有利条件，也为网络服务提供者通过信息链接适时提醒人们遵纪守法、引导广大民众积极参与网络失范言论的治理提供了极大方便。随着大数据、云计算、区块链、第五代移动通信技术（5G）、人工智能（AI）等技术的进一步发展与突破，网络言论失范行为的可控性以及预防措施的有效性将会极大增强。在美国，政府运用人们用来交流通信的数字基础设施进行控制和监控以实现言论规制的做法已成常态，而且也得到了新派言论规制者的赞同，他们强调网络言论规制应立足于预防而不是威慑，注重隐蔽性而不应引起"寒蝉效应"。①

其三，网络言论失范行为具有可认知性和可控性。在现实生活中，若要严格区分言论和行为往往是一件非常棘手的事情，但具有表达和传达这两种基本功用的语言，其最原始的形式和某些其他种类的行为没有根本区别。② 因而，言论实际上就是一种行为③；至少在某些情境下，思想和言说可能等同于行为④。这就意味着"言论自由则常常表现为行为（不是自言自语，而是传播于公众），因为可能引起不良社会效应，所以要受法律的控制"⑤。显而易见，言论自由在本质上是一种行为自由。在互联网场域中，言论的行为属性更为突出，"不仅人的思想，就连人的行为都主要是通过其语言展示出来，此时'以言行事'的信息行为就成为人的实际行为，'说'就是'做'。在这样的关联中，网络的言语失范就是网络行为失范"⑥。因

---

① 参见〔美〕杰克·M. 巴尔金《老派/新派言论规制》，敖海静译，载王东主编《中财法律评论》第十二卷，中国法制出版社，2020，第 93 页。
② 参见〔英〕罗素《人类的知识——其范围与限度》，张金言译，商务印书馆，2009，第 71 页。
③ 参见〔美〕乔姆斯基著，〔美〕彼得·R. 米切尔、约翰·谢菲尔编《理解权力：乔姆斯基问答录》，姬扬译，清华大学出版社，2016，第 269 页。
④ 参见〔美〕本杰明·N. 卡多佐《法律的成长 法律科学的悖论》，董炯、彭冰译，中国法制出版社，2002，第 168 页。
⑤ 郭道晖：《社会权力与公民社会》，译林出版社，2009，第 289 页。
⑥ 肖峰、窦畅宇：《网络失范的哲学分析》，《理论视野》2016 年第 1 期。

而，针对网络言论失范行为进行的法律预防所指向的并不是抽象的、一般意义上的网络言论本身，而是具体的、活生生的网络言论表达与传播行为。通过分析研究，可以发现和探明这些行为的特点、背景、类型、发生原因、发展趋势等要素，逐步形成规律性认识，继而寻求和制定相应的法律预防策略，以达到防范和控制网络言论失范行为的产生和泛滥的目的。

三 惩罚是网络言论自由法律规制的应急之策

（一）惩罚的实质：依法惩治与处罚网络言论失范行为

预防虽然具有治本功能，但它并非万能的，还需要惩罚这一应急之策的辅助配合，才能发挥其在网络言论自由法律规制中的整体功能。惩罚是指依法对损害国家利益、社会公共利益和公民合法权益的违法行为所实施的惩治和处罚，它体现了法律的国家强制性特征。作为一种特殊的社会秩序形态，法律秩序是"通过一种特定的技术……规定一种强制行为，对不履行义务的共同体成员加以制裁"[1] 来实现的。惩罚针对的是实施违法行为的"恶人"所采取的强制措施。古希腊伟大的哲学家柏拉图说过："惩罚应当永远是针对恶人的，是为了使其改过自新，而不是针对不幸的人，否则那样做不会带来任何益处。"[2] 古罗马著名政治家、哲学家西塞罗也认为，法律意味着一种约束所有人的法令或指令，它只对邪恶者施以惩罚，而保卫和保护善者。[3] 因而，只要社会中还存在违法者，那么法律就不可能不用强制执行措施作为其运作的最后手段。[4] 在任何社会，无论是谁，只要破坏了法律设定的、社会赖以存在的共同规则，就都要受到惩治与处罚。

在网络言论自由法律规制过程中，法律惩罚以网络言论失范行为所造成的危害结果为判断依据，并以此依法追究网络失范言论表达者的法律责任。法律惩罚是在肯定公民享有充分的言论自由权的前提下，通过运用各

---

① 〔奥〕凯尔森：《法与国家的一般理论》，沈宗灵译，商务印书馆，2013，第62页。

② 〔古希腊〕柏拉图：《法律篇》，张智仁、何勤华译，上海人民出版社，2001，第394页。

③ 参见〔古罗马〕西塞罗《国家篇 法律篇》，沈叔平、苏力译，商务印书馆，2011，第191、249页。

④ 参见〔美〕E.博登海默《法理学：法律哲学与法律方法》，邓正来译，中国政法大学出版社，2017，第370页。

种法律手段和措施惩治与处罚网络言论失范行为,其目的在于警示和教育人们要不断提高法治观念和规则意识,理性选择适当的表达方式,力求在法律框架和道德准则允许的范围内自由表达自己的观点和意见,自觉抵制无政府主义、绝对自由主义和极端民主化等思想观念的侵蚀,主动参与到网络空间表达秩序的治理与维护中去。需要特别强调的是,法律惩罚指向的是行为,准确地讲是网络言论失范行为。如果说法律预防的指向对象究竟是言论本身还是表达行为尚存争议的话,那么法律惩罚的指向对象无疑是言论失范且对社会造成严重损害的行为。通过法律对言论失范行为尤其是构成犯罪的言论失范行为进行惩罚和制裁,此乃各国通行的做法。

(二) 依法惩罚网络言论失范行为的必要性和局限性

1. 依法惩罚网络言论失范行为的必要性

毫无疑问,无论是法律预防还是法律惩罚,二者在基本目标上是一致的,都是为了遏制网络言论失范现象的滋生蔓延,而且在客观上也确实能起到这样的作用。不过,相较于法律预防,法律惩罚不具有治本的效果,但这并非意味着法律惩罚不重要甚至可有可无。相反,适当的法律惩罚是必不可少的,主要理由如下。一是有助于精准打击网络言论失范行为。法律作为一种社会调控手段,通过司法审判和制裁对违法行为施加某种惩罚来维护社会秩序是其最直接和最终的办法。在网络言论自由法律规制问题上,尽管法律直接控制的范围和影响都比较有限,但其所采取的打击、制裁手段,都精准指向从事网络言论违法行为乃至犯罪行为的当事人或者有关人员,而根本不会影响与之无关的其他人员。二是有助于迅速遏制网络言论失范行为。由于法律惩罚的手段和措施具有国家强制力,并由国家有关部门和机构负责具体实施,一旦有网络言论失范行为或犯罪被发现和侦破,违法人员或犯罪分子就会及时受到相应的法律制裁,因而法律惩罚可以起到迅速遏制违法行为发生的效果。三是有助于警示震慑网络失范言论表达者特别是犯罪分子。对于被发现和查处的网络失范言论违法人员或犯罪分子,可视情节轻重依法科以限制或剥夺人身自由、剥夺财产等处罚,这不仅有力打击违法者的嚣张气焰,确保消除和减弱其在一定时期甚至终身再次从事违法行为的条件与可能,而且对社会中潜在的违法犯罪人员也会起到一定的警示震慑作用。

2. 依法惩罚网络言论失范行为的局限性

必须承认，对网络言论失范行为进行法律惩罚不可避免地存在缺陷和不足，主要有以下三个方面。

其一，惩罚对象的个别性。惩罚的核心环节和内容是对网络失范言论表达者进行定性处罚——刑事处罚、行政处罚抑或民事处罚等。就刑事处罚而言，极为关键的问题是对网络言论违法犯罪行为进行定罪量刑，而定罪量刑要求必须在查明每个案件的犯罪时间、地点、动机、目的、手段、过程、结果以及对社会的影响与危害的基础上依法作出裁决。由于不同违法案件的社会危害性的程度不一，国家有关部门和机构依法实施惩罚的类型、方式和严厉程度也不相同，这就决定惩罚的直接效果具有明显的个别性特征，难以形成普遍性警示作用与教育意义。

其二，惩罚时间的滞后性。众所周知，人类要在群体社会中实现自由、安全、公平、效益等价值追求，就迫切需要一系列相对稳定的预期机制。法律作为一种备受人类关注和重视的预期机制，其重要性盖源于它的规范性和稳定性。不过，社会发展与变迁是个永不停息的过程，这就使法律所固有的稳定性特征势必表现出滞后性的一面，继而必然导致一些新型的社会现象和社会关系游离于法治体系之外而不能得到法律的规制和调整，结果是很有可能会出现因法律滞后而一些违法者逍遥法外的情形。尤其是在依法追究违法者应当承担的法律责任所实施的惩罚性强制措施方面，其所表现出来的滞后性特征更为明显。所以，法律惩罚固然能够起到直接打击违法人员和犯罪分子嚣张气焰的效果，但它毕竟是在违法行为和犯罪行为发生以后所采取的办法、措施和行动，是对已经发生的违法行为和犯罪行为的一种被动的、消极的反应。法律惩罚在治理网络言论失范行为方面始终具有很强的滞后效应。

其三，惩罚作用的表面性。在现代法治社会，法作为一种特殊的社会规范，其作用和影响范围非常广泛，远远超过其他任何社会规范，并且它还经常随着社会的发展变化而不断地扩展自己的作用范围，而法对网络空间言论自由的规制则是其作用范围适时扩展的结果。但是必须承认，法不是万能的，无论法的调整范围的覆盖面有多宽广，其作用效力都要受到特定的限制，即只能用于评价和衡量人的行为，不得也不能指涉人的思想，而且对违法犯罪行为所产生的背景、原因和条件并不会给予过多的关注和考虑。从根本上讲，法律惩罚主要不是针对人的心理的，而是通过剥夺人的生命、自由或财产等外在制裁来实现的。显然，法律惩罚在治理违法犯罪行为方面所起的作用主要是阻遏和抑制，并不能从根本上和源头上消除和控制其产生的条件和因素。因此，法律惩罚在治理网络言论失范行为方面的作用只能停留于外在的治标层面，无法达到治本的效果。

（三）依法惩罚网络言论失范行为的基本遵循

由于言论自由在民主社会居于不可或缺的重要地位，现代各国都对言论自由采取包容审慎的态度和做法，尤其是在对言论失范行为实施惩罚性制裁的时候更是慎之又慎。通过长期实践与经验积累，各国立法及判例已逐步确立了公共利益原则、明显而即刻危险原则、比例原则等一系列原则。其中，公共利益原则是宪法确定的任何自由和权利都不能超越的边界，自然也适用于对言论自由的限制；明显而即刻危险原则本质上是公共利益原则实际应用的一种特殊情况。鉴于第四章已经论及作为宪法边界的公共利益原则，此处不再赘述。结合我国的国情和网络言论自由的实践，不妨聚焦依法惩罚网络言论失范行为所应遵循的比例原则展开探讨。

比例原则也称为最小侵害原则、较少限制手段原则、禁止过度原则、平衡原则等。当前，准确地厘定比例原则的确切含义和特征，对于深刻把握网络言论自由法律规制的基本要求，从而在实践中做到既对网络言论失范行为进行最小限度的惩罚又保证网络言论自由得到最大限度的实现，具有重要的现实意义。

第一，妥当性原则。妥当性原则又称为适当性原则，是指在对公民言论自由进行限制的过程中，无论是手段还是目的都必须具有正当性，或者说所使用的限制手段必须有助于实现追求的目的。该原则以目的的正当性为基础，在此前提下，实现限制手段的正当性是妥当性原则的关键所在。如果法律背离了妥当性原则，那么后果是不堪设想的。妥当性原则要求国家相关部门和机构采取的限制手段能够切实地实现立法者的预期目的：既包括限制手段所要达到的直接目的，也包括维护社会公共利益和公民基本权利所要达到的整体目标。在网络言论失范行为法律惩罚方面，惩罚的目的、手段以及由此可能对网络言论自由权利造成的损害应体现适当性要求，即为实现惩罚目的所采取的惩罚手段应尽可能地简单、有效，且同惩罚所造成的损失相适应，以达到较为合理的、恰当的结果。相反，片面倚重惩罚手段而忽略目的的指引和规约，其效果往往会适得其反，把人们引上设法逃脱法律的约束和制裁的邪路，甚至使人们成为法律的奴隶而不是能动的社会主体。

第二，必要性原则。必要性原则又称为不可替代原则。该原则以适度为基本要求，它是指在对公民言论自由进行限制的多种手段中，不仅要选择符合合法性和适当性要求的手段，而且要选择对公民言论自由干预程度最低、损害最小的手段加以适用。那些缺乏必要性的法律规定及手段是与良法善治相悖的，因为其背离了维护和保障公民基本权利的法律目的。真正的良法善治是"不会让芸芸众生遵循圣人与先知的道德"①。因此，聪明的立法者只在绝对必要的时候才会尝试按照其自己的想法去塑造生活样态和人们的行为模式，而"在那些生活本身可以运转良好的地方，还是让立法者避免不必要的干涉为好"②。必要性原则致力于以最小的代价获取社会公共利益和公民人格利益的最大化，此乃最小限制原则的关键及实质所在。必要性原则要求法律在对公民网络言论自由施加限制时要特别审慎，只有在万不得已的情况下才可以施加，力求把对公民网络言论自由所施加的负担控制在最小的范围之内。

第三，均衡性原则。均衡性原则又称为法益相称性原则、狭义比例原则等，是指法律限制公民言论自由所牺牲的利益应与其所要保护的利益相协调、成比例。法律均衡的思想理念源远流长，柏拉图早就认识到，一流的立法工作者应该具有比例意识，并维护立法不受有关因素的影响和侵

---

① 〔美〕本杰明·N. 卡多佐：《法律的成长 法律科学的悖论》，董炯、彭冰译，中国法制出版社，2002，第 111~112 页。

② 〔奥〕尤根·埃利希：《法律社会学基本原理》，叶名怡、袁震译，江西教育出版社，2014，第 147 页。

害。[①] 亚里士多德也认为，法律就是一种使事物符合公平正义且毫无偏私的中道权衡。[②] 但是，法律确立均衡性原则是晚近的事情。当前，均衡性原则要求，国家相关部门和机构在对公民网络言论自由进行限制时，应该确保对公民网络言论自由造成的实际损害与其所保护的利益基本匹配，存在平衡的关系。倘若两者之间的差距过大，那么即便限制措施和目的是必要的，也不能以牺牲正当的网络言论自由为代价而实施国家的强制性措施。

第三节　法律规制与社会自治、技术规范相结合原则

一　法律规制与社会自治、技术规范相结合原则的基本含义及重要意义

法律规制与社会自治、技术规范相结合原则，是指在对网络言论自由进行规制的过程中，根据网络言论自由发展的特点和规律，综合运用法律规制、社会自治和技术规范等多种社会调控方式，既突出发挥法律规制的主导作用，也注重发挥社会自治的协同作用和技术规范的保障作用，致力于构建法律主导、社会协同、公众参与、技术保障相结合的网络言论自由规制体系，确保网络言论自由的健康有序发展。确立和坚持法律规制与社会自治、技术规范相结合原则，具有十分重要的意义。

（一）拓展法治内涵，推进国家治理体系和治理能力现代化的需要

在现代法治社会，法律固然是社会控制的一种最主要和最基本的手段，但它并不是唯一的社会控制方式。世界各国民主与法治的理论研究和实践经验表明，一个健全的法治社会离不开完善的法律制度体系以及全面的法治实践，但完全依赖法律规制并不是现代法治社会发展的唯一正确方向。事实上，在庞大的社会控制体系中，除了法律之外，还有道德、宗教和习惯等多种传统领域。对于整个社会而言，有效的社会控制必须得到法律、道德、宗教、习惯诸领域的配合，以协同一致。换言之，有效的法律控制，

---

① 参见〔古希腊〕柏拉图《法律篇》，张智仁、何勤华译，上海人民出版社，2001，第91页。
② 参见〔古希腊〕亚里士多德《政治学》，吴寿彭译，商务印书馆，2009，第179页。

必定有道德、宗教和习惯的积极响应和支持。① 在网络信息时代，有效的法律控制，还离不开社会自治和技术规范的协同配合与有效支撑。无论是法律规制手段还是非法律规制手段，在整个社会控制体系中都有其各自的独特优势和内在价值，但也都存在某些缺陷和不足。它们之间实际上是一种相辅相成、优势互补的关系，适用于社会生活的不同领域和不同情形。因而，一种运作良好的法治模式必定是法律规制手段与非法律规制手段的和谐共存、相得益彰、融合发展。在我国全面推进国家治理体系和治理能力现代化的伟大历史进程中更应如此。

就网络言论自由规制而言，必须不断深化和探索依法治网的实质内涵和创新实践。一方面，应当确立开放包容、透明合法、高效协同的多元主体共治理念，着力构建法律规制与社会自治、技术规范相结合的网络言论自由规制体系。要积极发挥社会舆论的独特作用，因为社会正常运行固然需要完善的法律制度对人的行动加以规范和约束，但法律并非万能，它不能适用于人类的一切行为。另一方面，必须将网络言论自由规制体系嵌入国家治理体系的总体框架之中，进行统筹规划，致力于推动网络言论自由法律规制体系融入国家治理体系以协调发展。

（二）实行综合治理，构建网络空间多元主体协同共治模式的需要

网络空间综合治理是一个十分复杂的系统工程，涉及治理的体制、制度、机制、主体、对象、手段和方法等一系列内容。其中最为关键的当数治理的主体问题。就网络内容治理而言，需要政府、社会、行业、企业等各方面共同努力，构建多元主体协同共治的模式。这样做有两点理由。

一方面，这是坚持我国社会综合治理策略的客观要求。综合治理是长期以来党和国家解决现实社会治安问题的重大战略方针，也是预防和治理各种现实社会问题的正确而有效的途径。尽管网络空间具有鲜明的虚拟性特征，让人们有一种捉摸不定的感觉，但是，网络空间的根基、主体和内容都源于现实社会。因此，对网络空间的治理"必须立足于改变和调整现

---

① 参见梁治平《法辨——中国法的过去、现在与未来》，中国政法大学出版社，2002，第218页。

实社会关系及人的行为"①，而且必须坚持走综合治理的路子，致力于"形成党委领导、政府管理、企业履责、社会监督、网民自律等多主体参与，经济、法律、技术等多种手段相结合的综合治网格局"②。

另一方面，这也是策应网络空间治理发展趋势的必然要求。在互联网发展的早期阶段，各国对网络空间采取放任自流、不闻不问的态度，网络空间似乎成为一个无组织、无规则、无约束的绝对自由的场所。然而，随着互联网的快速发展和网络空间生态环境的剧烈变化，各国很快放弃了消极回避、无所作为的做法，纷纷探索具有本国特色的网络空间治理模式，概括起来主要有三种。一是社会自治主导模式。该模式强调网络空间治理应当在政府指导和监督下，充分发挥网络行业自律、社区自律、公民自律等社会组织的主导作用。二是政府主导模式，即在网络空间治理中政府处于主导地位，忽视社会组织的作用或认为社会组织发挥的作用非常有限。三是政府和社会组织的共治模式。该模式积极推动政府、网络服务商和使用者之间的协商对话，并专门成立由政府机构人员和个人组成的常设机构，共同调控互联网信息管理，致力于实现信息社会管理的科学化和民主化。其实，上述分类并非像"楚河汉界"一样界限分明。随着时间的推移，越来越多的国家已经清楚地认识到单纯依靠政府或社会组织来规制互联网，都存在一些问题，因而近些年来逐步显现出政府规制和社会自治的相互融合，并转向多元主体共同治理的发展趋势。

（三）采取多措并举，有效应对网络内容治理面临的问题与挑战的需要

毫无疑问，互联网作为20世纪人类最伟大的发明之一，是当代最具发展活力、最有广阔前景的领域，它给人类社会生产生活带来了最具革命性的深刻变化。但是，并非网络上的所有产物都是有用的、有价值的，更不都是正面的、积极的。互联网也会朝着相反的方向发展，不可避免地产生一些负面的、消极的现象，也很有可能成为言论自由滥用的场所，甚至异化为网络言论犯罪的滋生地。

---

① 丁大晴：《习近平网络空间观的三个维度》，《重庆邮电大学学报》（社会科学版）2018年第5期。

② 《习近平谈治国理政》第三卷，外文出版社，2020，第306页。

面对如此复杂的问题，指望法律规制、社会自治或技术保障中的任何一种就能解决问题的想法是天真幼稚的，也是不切实际的。最为合适的策略和方法需要法律规制、社会自治和技术保障的相互配合和共同作用。这就需要彻底摒弃非此即彼的极端化思维方式和思想观念，如网络内容治理要么法律强制、要么社会自治的二分法。其实，无论是法律规制还是社会自治之类的非法律规制，问题的关键并非有无强制性，而是在强制性的程度上存在差异。哈耶克对此作出了较为深刻的分析，他在最终意义上把强制看成一个程度问题，进而认为，国家出于捍卫自由的需要所要制止的强制及威胁采用的强制，属于一种程度较重的强制，这种强制会阻止人们去追求和实现其重要目的；而那些道德和惯例的强制力虽然比法律的强制力逊色得多，但是它们实际上扮演着不可或缺的重要角色，而且在规范和约束人的行为、推动和维护社会活动方面，一点也不亚于严格的法律规则。[①]因此，法律规制和社会自治都带有不同程度的强制性，也都有各自的作用特点和适用范围，完全可以并存、相得益彰。至于技术规范则属于一种中立的规制力量，它既可以作为自下而上的社会自治手段来使用，也可以作为自上而下的政府规制手段来使用。显然，坚持法律规制与社会自治、技术规范相结合原则，是有效应对网络内容治理所面临的问题与挑战的一种明智抉择。

二　法律规制对网络内容治理的主导作用

法律规制就是依据法律规范对人的行为活动进行规制，其实质在于依据法律规范来指导或调整人的行为活动，以实现和完成既定的法治建设目标与任务。法律规制强调的是通过法律手段对包括政府在内的所有主体的行为活动进行规范和控制。法律规制的主导作用是相对于社会自治、技术规范等其他社会控制手段而言的，即在整个社会控制体系中，法律规制居于统摄和支配地位，起着关键性作用。

---

① 参见〔英〕弗里德利希·冯·哈耶克《自由秩序原理》上册，邓正来译，三联书店，1997，第 181 页。

（一）法律规制主导网络内容治理的主要理由

在网络内容治理的多种调控方式中，法律规制同样具有优先地位和主导作用，主要理由表现在以下几个方面。

首先，法律规制是网络内容治理的基础路径。作为国家根本大法的宪法为网络内容治理确立了最高指引和根本遵循。网络内容治理固然要受到宪法规定的人民主权原则、人权保障原则和法治原则等基本原则的内在约束，但宪法所划定的公共利益和人格利益的界限，既为公民正确行使网络言论自由权利提供了行为边界，也为网络言论自由法律规制体系的构建和运作提供了根本依据和标准。同时，尽管我国网络内容治理体系建设仍然存在诸多问题和不足，但已经初步构建起以《网络安全法》《个人信息保护法》为基础、以相关法律法规及规章为支撑的网络内容治理立法体系，这为网络言论自由法律规制奠定了可靠基础。

总体来看，我国网络内容治理法律体系的涵盖范围广泛，内容非常丰富。就网络言论自由法律规制而言，可概括为保护和限制两大方面。在网络言论自由保护方面，相关立法规定较为原则，尚显粗浅。不过值得肯定的是，无论是《网络安全法》《个人信息保护法》《全国人民代表大会常务委员会关于维护互联网安全的决定》《全国人民代表大会常务委员会关于加强网络信息保护的决定》等法律，还是《电信条例》《互联网信息服务管理办法》等行政法规和部门规章，都把保护公民的网络言论自由权利和促进网络空间健康发展作为立法的指导思想和原则。正是在这些法律法规的保障之下，公民的网络言论自由权利得到较为充分的尊重和实现。在网络言论自由限制方面，几乎所有网络内容治理方面的法律法规都对其作出了较为具体的规定，可谓详尽而完备。这些限制性规定既为网络内容生产者和网络内容服务平台等制作与发布网络信息和言论明确了行为底线，也为广大民众发表与传播网络信息和言论划定了行为界限。

其次，法律规制是网络内容治理的关键手段。法律是以国家强制力为后盾来保证实施的，法律也因此具有最高的权威性和普遍的适用性。所以，在社会控制的各种手段中，法律无疑是最重要、最关键也是最有力、最有效的一种社会控制方式，这使其获得了尊崇的地位，主导和决定其他社会控制手段的存在与运作。事实上，自 16 世纪始，法律就已成为社会控制的最高手段了。人们依靠法律秩序，不仅是为了维持一般的安全，也是为了实现几乎所有社会控制的任务。① 这是其他社会控制手段难以胜任的。

在网络内容治理过程中，法律规制手段同样不可或缺，其所发挥的作用也是关键性的。例如，根据国务院《互联网信息服务管理办法》第 4 条，国家对互联网信息服务分经营性和非经营性两类进行管理，分别实行许可制度和备案制度，凡是违反规定而擅自从事互联网信息服务的行为均属于非法行为，都要承担相应的法律责任。互联网信息服务许可制度和备案制度的建立与实施，对立足于源头治理、有效规范互联网信息服务行为、营造清朗有序的网络环境，起到了基础性和支撑性作用。再如，近些年来，政府相关管理部门依据法定职权和程序，在全国范围内陆续开展"整治互联网和手机媒体淫秽色情及低俗信息""整治网络弹窗""净网扫黄打非""清理整治网络视频有害信息""整治网络敲诈""整治有偿删帖、跟帖评论""整治网络直播""'清朗'系列行动"等一系列专项行动。这些声势大、范围广、力度强的专项整治行动，对于短期内迅速整顿和抑制网络流弊、打击和震慑网络违法犯罪行为、净化网络空间言论自由环境，起到了极大的推动作用。

最后，法律规制是网络内容治理的根本保障。法律是保障权利自由和安宁生活的守护神。"自由不但不会被公正的法律和良好的道德行为规则所剥夺，而且，如果国家的法律是公正的话，它还能用其强制的力量与约束来保障我们的自由，使其不受他人用非法力量进行的侵害与干扰。没有公正的法律，或者说，法律不能有效地执行，人们就会受到各种形式的破坏与侵犯，削弱自己的自由。"② 在众多社会控制手段中，法律的地位最高、效力最广、强制力最大，具有无可替代的、"硬性"的规范功能和社会功能。法律治理的实质就在于通过法律的规制与引导来维护和实现能够体现社会公平正义和广大人民根本利益的社会秩序。

---

① 参见〔美〕罗·庞德《通过法律的社会控制 法律的任务》，沈宗灵、董世忠译，商务印书馆，1984，第 131 页。

② 〔美〕穆蒂莫·艾德勒：《六大观念：我们据以进行批判的真、善、美 我们据以指导行动的自由、平等、正义》，郗庆华、薛笙译，三联书店，1998，第 179 页。

当前，高度重视和切实加强法律规制，是预防和控制网络空间言论失范现象、营造清朗的网络舆论环境、促进网络言论自由健康有序发展的根本保障。一方面，通过法律明确规定社会主体在网络空间进行言论表达的权利义务以及违法时所应承担的法律责任，这样既能充分保障公民依法行使更加广泛的网络言论自由权利，同时也能依法有力打击和惩治网络言论失范行为；另一方面，通过法律合理界定政府监管部门的职责和权限，明确网络失范言论的种类与范围，认定的依据、标准与程序以及行政执法违规惩戒和责任追究机制，这不仅为有效防治网络言论失范现象奠定坚实的法律基础，也为有效防止行政执法机关及其人员滥用权力、侵犯公民的网络言论自由权利提供基本法律遵循。

（二）法律规制在网络内容治理中的作用优势

法律规制在网络内容治理中具有举足轻重的主导地位和作用，凸显其无可替代的优势，这主要表现在如下几个方面。

首先，促进人的自我价值的实现。思维和语言是人类特有的高级活动和能力。人类自从能思维、会说话、好交往以来，开发了不计其数的信息技术，但它们都无法撼动语言在人类生存发展中凸显出来的显赫地位，因为语言是人类一切交往活动和信息技术的核心元素，是人类内在本质的客观反映。世界上根本不存在没有语言的人际交往和信息技术。所以说，"没有任何信息技术堪比语言的功能，更谈不上超越语言的功能"[①]。即使在网络信息技术突飞猛进的今天，语言的作用依然无比巨大。运用语言自由地表达自己的想法和观点，是人类本质属性的内在要求和具体体现，因而言论自由始终是实现人的自我发展和自我完善的有效途径。充分享有言论自由是人们自主自立、展示自我、张扬个性、参与社会交往的基本条件。网络言论自由法律规制的实质和目的不是废除和剥夺言论自由，恰恰相反，是保护和扩大言论自由，旨在通过对言论自由权利的权威性价值弘扬来评价和引导网络言论表达与传播活动，并通过一系列制度保障公民言论自由权利的实现，进而为人们在网络环境下心情舒畅地自由抒发自己的真情实

---

① 〔美〕莱文森：《软利器：信息革命的自然历史与未来》，何道宽译，复旦大学出版社，2011，第2页。

感、阐明自己的思想观点、释放自己的内在潜能、张扬自己的个性禀赋来创造更加广阔的空间和舞台。

其次，推进网络言论秩序的理性建构。人的本质是一切社会关系的总和。人与人的关系只有通过相互之间的意思表达与交流沟通才能建立。人类的思想与智慧也只有通过意思表达与交流沟通才能汇聚和升华，从而成为全社会的共同财富和推动社会发展进步的重要力量。因此，言论自由不仅在健全人格、实现自我方面可以发挥巨大的功能和作用，而且可以通过臧否人物、针砭时弊、揭贪揪腐、激浊扬清来形成强大的社会舆论力量，推动人类社会不断向前发展，还可以通过充分发表意见、传播信息、交流思想、展开论辩来形成有利于社会进步的真知灼见，促进人们对科学和真理的追求。但言论自由同任何自由一样，不是绝对的，而是相对的。网络空间的言论自由也绝非无拘无束、恣意妄为的，它需要健康、有序、理性的网络环境才能正常发展。而网络言论自由法律规制在创设、确认和维护网络空间言论表达秩序中具有不可替代的功能和作用，它能够促使人们在网络言论表达与传播中理性客观地思考问题或者对待事物，独立负责地采取合乎法律规范的行为策略和方式，进而共同营造出既自由宽松又健康有序的网络舆论环境。

最后，协调网络言论自由与相关利益的冲突。每个社会都会发生利益矛盾与冲突。法律的一个基本职能就是提供公开透明、普遍适用的规则和机制，适时缓解和调整各种相互冲突的矛盾与利益——无论是个人的利益还是社会的利益，以便让人们消除矛盾、化解纷争、重塑信任、和谐共处，尽管这个职能并非由法律所垄断和独具的。网络空间的言论自由同样存在与相关利益矛盾与冲突的问题，因此，构建完善的网络言论自由法律规制制度体系，就是要厘清网络言论自由与名誉权、隐私权等公民个人人格利益的法律界限以及网络言论自由与国家安全、司法审判、公共秩序、善良风俗等公共利益的法律界限，明确规定网络言论自由的宗旨、原则、形式和内容、行为模式以及网络言论侵权或犯罪的法律责任等，使网络言论的发布、评论、互动、传播等各种行为都能够有法可依、有章可循，以便有效协调和处理网络言论自由与相关利益的矛盾与冲突，把网络空间建设成一个各得其所、风清气正、和谐文明的人类精神家园。

(三) 法律规制在网络内容治理中的局限性

当然，法律不是万能的，法律规制在网络内容治理方面也存在一定的局限性，需要正确认识和对待。

其一，法律规范内容的滞后性。社会发展是个永不停息的动态过程。由于法律规范的内容具有高度概括性和明确性以及较强的连续性和稳定性，加之立法者认识的局限性和立法过程的冗长性，法律在面对丰富多彩、不断变迁的社会生活时必然呈现一定的滞后性和被动性，这也正是人们经常诟病法律趋向保守的根本原因所在。尤其是在互联网快速发展和新媒体频繁迭代的时代背景下，法律的滞后性更加凸显，法律很难及时有效地应对和调整层出不穷的媒介新形式、新内容和纷繁复杂的网络言论表达与传播现象。

其二，法律调整领域的外部性。在现代民主法治社会中，法律是最重要的社会控制方式，其调整范围极为广泛，并且随着社会发展而不断地扩展自己的作用范围，但这并非意味着法律包罗万象，囊括所有的社会关系。法律的调整范围只限于人们的行为。涉及人们的思想认识、政治观点、宗教信仰或一般私生活方面的问题，就不能由法律来调整。如果在这些方面通过法律手段强行调整，往往会适得其反，导致极其严重的危害后果，而"法律对涉及人类思想领域的谦抑，往往能激发一个社会的创造力"[1]。在网络空间，法律同样不能调整所有的网络社会关系。尤其是在网络言论表达与传播过程中所呈现的思想认识领域以及公域与私域界限相对模糊的情形下，法律适用面临的困难与挑战更为严峻。

其三，法律实施效果的有限性。法律的生命在于实施，而法律实施不是任意进行的，它要受到特定现实社会的物质条件、精神条件和人员条件等必备要素的制约。如果缺失这些必备要素，法律实施就很难顺利进行下去，法律也就会变成一纸空文。而且，法律总是试图兼顾人类普遍追求的诸多价值，但是法律的不同价值（如自由与秩序、公正与效率等）之间不可避免地存在矛盾与冲突，法律必须因时应势地进行价值选择和取舍，而不可能完全实现其调和价值冲突的所有目标。甚至在维持社会秩序方面，

---

[1]　徐显明主编《法理学》，中国政法大学出版社，2007，第60页。

法律的许多具体表现形式只能发挥边缘性作用，有时压根就没有什么作用。法律在网络内容治理方面所起的作用更是备受质疑。如互联网信息传播所具有的全球性特征，使主权国家制定的法律对信息的跨国界传播变得无能为力；再如法律最终是由国家强制力保证实施的，而且法律采取强制性惩罚措施有可能导致"寒蝉效应"。

三　社会自治对网络内容治理的协同作用

在人类社会的发展历程中，始终存在一个与法律调整相对的社会管理模式——社会自治。所谓社会自治，是指人们在让渡权力组成国家后，由自己行使保留的权利，平等协商成立各种组织，自行决定自己事务的管理模式。[①] 社会自治具有民间性质，属于一种自我治理的模式，其实质在于"人民群众的自我管理"[②]。

（一）社会自治协同网络内容治理的主要依据

虽然法律规制是网络内容治理的基本前提、关键手段和根本保障，其在网络内容治理中的主导作用不可替代，但是单纯依靠法律规制是无法很好地解决网络内容治理中出现的各种问题的，需要社会自治的大力支持与配合，充分发挥社会自治的协同作用，其主要依据有以下几个方面。

1. 理论基础：人民主权论和协同治理论

人民主权论的实质在于国家的最高权力属于人民，具体地说，包括立法权、行政权和司法权在内的所有国家权力均是人民所赋予的，国家机关及其工作人员是代理人民行使权力的受托者。社会自治就是人民在把必要的权力让渡给国家后，自己行使保留的权利，自行决定和管理自己事务的社会治理模式。显然，人民主权论为社会自治奠定了坚不可摧的权源基础。正因为如此，有学者将国家简化为人民的自我管理，并认为自我管理是社会治理的唯一起点。[③] 协同治理论是协同学与治理理论的有机结合，旨在强调从全面的、整体的视野去观察社会发展中的治理问题，并把社会治理作

[①] 参见徐显明主编《法理学》，中国政法大学出版社，2007，第59页。

[②] 俞可平：《社会自治与社会治理现代化》，《社会政策研究》2016年第1期。

[③] 参见〔俄〕伊·亚·伊林《法律意识的实质》，徐晓晴译，清华大学出版社，2005，第115、170页。

为一个系统来对待，尤其要注重社会治理系统中各子系统（或行为体）之间的协调配合、优化整合，从而不断实现社会治理的最佳效果。协同治理论的实质在于尊重差异、包容多样，在努力寻求各个子系统目标趋向一致的基础上，致力于推动实现各种治理手段的协同合作，并"在相互博弈过程中构建起系统中不同行为体均能接受的共同规则，从而实现各不同行为体的共赢"①。协同治理论为社会自治奠定了可靠的方法论基础。

在网络内容治理的过程中，迫切需要坚持人民的主体地位，切实尊重和保障人民当家作主的民主权利；同时要注重法律规制、社会自治的相互配合、协调一致。只有这样，才能充分调动广大民众参与治理的主动性和积极性，有效发挥法律规制、社会自治协同配合的整体优势，从而不断推动网络空间中言论的自由表达与秩序运作的和谐发展。

2. 社会基础：多元主体结构

现代社会生活的广阔性、多样性和复杂性是人类历史上前所未有的。互联网的迅猛发展和广泛普及，更是将人类社会快速推进到瞬息万变的信息时代。在网络信息时代，社会关系纷繁复杂，不仅有立基于物理空间的各种现实社会关系，还有渗透于网络空间中的各种虚拟社会关系，而且它们之间不断地相互交叉、渗透、整合甚至融合，构成了一个利益主体多元化、利益来源多样化和利益内容差异化的错综复杂、联系紧密的整体。与之相应的是，现代社会治理的任务异常繁重而艰巨。

虽然法律在社会关系调节中扮演着其他社会控制手段所无可比拟的主导性角色，法律秩序也确实是国家的政治、经济、社会乃至日常生活等各种秩序的最佳表达，但是法律并不是也不可能是唯一的社会控制手段。"如果生活由法律独自规范，那么生活将会变成地狱"②，所以，指望法律包揽一切，独自处理和解决人类社会的所有问题，是相当不切实际的。为此，非常有必要实现社会治理由法律规制的一元独治向法律规制和社会自治协同的多元共治的转变。在网络内容治理问题上，法律要竭力避免成为唯一

---

① 熊光清：《中国网络社会多中心协同治理模式探索》，《哈尔滨工业大学学报》（社会科学版）2017年第6期。

② 〔奥〕尤根·埃利希：《法律社会学基本原理》，叶名怡、袁震译，江西教育出版社，2014，第44页。

的控制手段，政府则要竭力避免成为唯一的"风纪警察"，应转而采取让社会组织和广大民众广泛参与的行动策略，致力于推进治理主体的多元化和治理方式的民主化，从而形成一个由法律规制为主导和社会自治相配合的网络内容治理的良性机制。

3. 法治基础：自治权的扩大

在现代法治国家中，每个公民和每个组织都拥有自治的权利。因而法治国家离不开市民社会的充分自治以及在此基础上形成的国家与市民社会的良性互动关系。如果社会主体不享有充分的自由、自主，那么国家就不可能有真正的民主政治，也不可能成为真正的法治国家，而反过来市民社会也不能脱离国家而独立存在。换言之，一个完善而健全的社会自治机制无疑会为建设法治国家奠定坚实的基础。

实际上，一个国家的社会自治发展状况在很大程度上反映了其政治文明和社会治理水平的高低。一般而言，社会自治愈发达，民主政治就愈成熟，国家治理体系就愈完善，社会治理能力就愈强，社会和谐的基础也就愈稳固。在我国，社会自治是充分尊重人民群众的主体地位、最大限度激发社会生机活力的重要形式之一。在马克思主义经典作家看来，社会自治是人民群众实现自我解放、自由而全面发展的基本形式，也是国家权力更好地管理社会、服务人民的必由之路。在推进国家治理体系和治理能力现代化的伟大进程中，更要充分尊重和完善社会主体的自治权，给包括网络内容治理在内的社会治理预留充分发展的空间。

（二）社会自治在网络内容治理中的作用优势

社会自治在网络内容治理中具有独特的协同作用和优势，主要表现如下。

首先，尊重网络传媒的规律性。作为信息媒介的互联网与传统媒体相比，具有跨越国界的全球性、表达主体的广泛性、言论内容的庞杂性以及治理边界的模糊性等特征，而且，"不断变化的信息和媒介生态"下，"'三重革命'——社交网络、互联网和移动革命——已经创造了一个与过去明显不同的、全新的信息和媒介生态环境"[①]。在这种全新的网络信息和媒介

---

① 〔美〕李·雷尼、巴里·威尔曼：《超越孤独》，杨伯溆、高崇等译，中国传媒大学出版社，2015，第 187 页。

生态环境下，人们的思维方式、生活方式、行为方式乃至思想观念都发生了深刻变化，继续沿袭传统的治理模式——极具强制性、稳定性偏好的法律模式来进行统一规制，显然是不合时宜的。与法律"一刀切"式的强力介入相比，网络社会自治是依靠自身的专业技术特长、资源共享优势以及庞大的社群基础进行自我控制和自我管理，更加机动灵活、便捷高效，不仅能有效适应网信事业不断发展和新媒体技术快速迭代升级，为日后法律规制的不断完善预留空间和积累经验，而且能凸显网络内容治理的包容性和民主性，与统筹兼顾、多元治理、整体协同等理念精髓极其契合。为此，应当充分尊重和保障网络行业自律组织、网络社区自律组织、网民自律组织等网络社会组织的主体地位，深入发掘和积极发挥其在网络内容治理中的协同作用。

其次，弥补法律规制的局限性。追求稳定性以及由此带来的滞后性似乎是法律固有的特征，而在互联网时代，迅猛发展的信息技术不断推动新媒体新业态迭代衍生，并由此促进了网络用户言论表达方式的快速变化，这无形中放大了法律固有的"时滞效应"：网络空间的虚拟性和全球性特征，使法律在面对跨国界的网络言论犯罪时鞭长莫及；法律的刚性特征使其在遇有思想认识性质的网络失范言论时往往力不从心。所有这些，都极有可能会导致法律对网络内容治理的有效性和影响力显著减弱或降低。如果在网络内容治理中片面地追求和采用法律规制方式，可能造成人们的网络言论自由、信息传播自由等权利遭受政府公权力的非法压制，从而引发人们对法律的排斥和厌恶心理以及对政府的信任危机。而网络社会自治则可以充分发挥其作为非正式规制手段所特有的动态性、适应性、灵活性和效率性等优势，更加有利于调整网络言论表达与传播行为。因为如同法律一样，社会自治规范有助于调整社会行为，甚至有时候基于社会自治规范而形成的非正式的社会谴责可能比基于法律规范而实施的正式谴责更加有力和有效，而且能够提供更加方便和更为可行的方式来实现普遍渴望的社会价值目标。① 所以，在网络内容治理过程中，应当"坚持把社会自治挺在

---

① 参见〔美〕史蒂芬·霍尔姆斯、凯斯·R.桑斯坦《权利的成本——为什么自由依赖于税》，毕竞悦译，北京大学出版社，2004，第125页。

政府规制前面，尽可能让社会问题由社会解决，政府只介入社会解决不了、解决不好的事项"①。

最后，增强社会主体的自律性。"信息的本质是自由的。"② 自由离不开自治，网络言论自由同样离不开自治。由于自治的实质在于自律，因而自律也时常被称为"自治"。自律意味着确定和控制自己的精神意志以及拥有能引导生命走向有益目的的力量去实施自己的行动，并预先准备承担所作所为的全部责任。③ 开放包容的互联网天然具有社群自治、自律的属性。尽管互联网的产生发展得益于各国政府的强力推动以及经济、政治乃至军事等外部力量的深刻影响，但是网络社会组织竭力奉行的自治理念以及自主制定的自律规则的作用和威力不容忽视，甚至在某种意义上更为有效，其不仅在推动互联网的快速发展和普及应用方面，而且在促进网络自由发展、网络秩序构建以及网络内容治理等方面，有时比法律规制和外力推动更加有力。因此，网络内容治理充分发挥网络社会组织的自律作用有利于缓解法律的刚性规则和要求所带来的对立和抵触，消除政府干预过多可能造成的各种弊端。

（三）社会自治在网络内容治理中的局限性

然而，社会自治在网络内容治理中也会受到诸多因素的制约，呈现一定的局限性。

一方面，受到现实民主法治建设状况的外部制约。高水平的民主法治建设是网络社会自治的必要前提和根本保障，相反，如果民主法治建设的水平不高或存在疏漏，那么网络社会自治就会变异为一种可有可无的花瓶和摆设，甚至面临随时被禁止的风险，根本谈不上有效发挥作用。因而在民主法治建设还不十分完善的环境下，社会自治很难在网络内容治理中得到充分保障，其主体地位也很容易遭到蔑视和践踏，其甚至有可能异化为公权力任意支配与役使的对象，从而使网络社会自治的宗旨、内容、形式、方法和手段等发生扭曲变形。所以说，网络社会自治受制于现实民主法治

---

① 黄文艺：《政法范畴的本体论诠释》，《中国社会科学》2022 年第 2 期。
② 胡泳、范海燕：《网络为王》，海南出版社，1997，第 343 页。
③ 参见〔俄〕伊·亚·伊林《法律意识的实质》，徐晓晴译，清华大学出版社，2005，第 167 页。

建设水平的影响，很难在网络内容治理中全面展开并真正落到实处。

另一方面，受到社会自治自身内部因素的制约。一是组织松散性的制约。一般而论，社会组织是参与主体协商设立、出入自由、运作灵活的非正式组织，管理相对松散。尤其是网络社会组织体系中的一个重要组成部分——网络社区组织，没有确定的共同区域，网民来自全国乃至世界各地，其主体身份和上网意图不甚明确，言论表达的内容也是五花八门，因而网络社区组织很难进行实质的有效管理，其管理松散的弱点更容易凸显出来。二是自治群体非理性的制约。古斯塔夫·勒庞认为，现代生活逐渐以群体的聚合为典型的社会结构形态，并深刻揭示了群体的诸多非理性行为特征：群体容易冲动、多变、急躁、受到暗示和轻信，群体偏爱夸张、狂暴甚至残忍，群体趋向极端、专横和偏执。[①] 群体的这些非理性行为特征在虚拟身份、自由发声、频繁互动的网络空间很容易被进一步放大，仅凭社会组织自身的力量是很难将其有效控制住的。三是自治能力孱弱性的制约。社会组织的强制力相对有限，缺乏政府机构所具有的公共权力，即使偶尔获得政府机构授权而行使相关管理职能也容易呈现孱弱的一面，因而社会组织在面对管理难度大、任务重、牵涉面广的事项时常常无能为力。总之，社会自治是难以独自胜任网络内容治理重任的，即使是素有社会自治传统的美国，其网络社会组织的自治效果也并不十分理想，"虽然美国的自我规制系统牢牢扎根，在恶意活动的数量上，美国的排名反而排在最靠前的位置"[②]。

四 技术规范对网络内容治理的保障作用

作为现代技术发展的产物，互联网离不开技术规范的调节和指引，因而任何组织和个人开发与使用网络都要遵从特定的技术规范。所谓技术规范，是指人们在认识和改造自然的过程中形成的关于如何对待自然现象、运用自然规律的行为规则。从表面上看，任何技术都具有中立的性质，技

---

① 参见〔法〕古斯塔夫·勒庞《乌合之众：大众心理研究》，冯克利译，广西师范大学出版社，2015，第12~29页。
② 〔英〕詹姆斯·柯兰、娜塔莉·芬顿、德斯·弗里德曼：《互联网的误读》，何道宽译，中国人民大学出版社，2014，第126页。

术规范作为一种中立的治理力量，既可以被社会组织用于自我管理，也可以被政府部门用于社会规制。当然对广大的技术用户来说，使用技术也要自觉遵守相应的技术规范及标准。但从本质上看，任何技术也都具有价值性。如在奉行"编码就是法律"的互联网规制的方法论中，人们坚信，技术尽管功能十分强大但并不意味着不能控制，技术在研发之初无一例外地嵌入了人类干预的特定理念。即使技术设计完成之后，嵌入其中的价值理念也并不会随之失效，而是仍继续发挥其应有的作用。这种作用主要是通过国家赋予网络技术规范及标准以特定的法律意义来体现的。

在网络内容治理的过程中，技术规范已经逐渐成为一个非常重要的手段，因而在强调法律规制的主导作用和社会自治的协同作用的同时，还要重视技术规范的保障作用。技术规范的保障作用主要表现为政府、企业、行业、社会等多元主体运用网络信息安全与防控技术手段对网络内容进行预防和控制，以便更加有效地促进网络言论自由、维护网络表达秩序、营造良好网络生态。运用技术手段对网络内容进行治理，不仅是必要的，也是可行的。

首先，互联网架构为运用技术手段治理网络内容创造了有利条件。尽管互联网的技术架构的确影响和削弱了政府自上而下规制网络的能力，但互联网的技术架构本身可以成为规制网络的一种有效形式。劳伦斯·莱斯格等学者早已注意到"技术代码"在设计和控制网络方面所起的准法律规范的作用，即与现实空间架构相似的代码通过对各种硬件设施及信息与之配套的软件系统进行规制，继而实现对网络行为的一整套约束。"代码将价值法典化"[1]，作为复杂性、不确定性和风险加剧的结果，社会和媒体网络拥有越来越多的程控和通行代码。信息通信技术的网络尤其需要各种各样的程序和通行代码以防止有害信息的发布与传播。[2] 这就意味着网络社会里的所有关系事实上都会越来越程序化和代码化。因此，互联网技术架构既可以促进也可以限制网络言论表达与传播行为。互联网所体现出来的多点接入、匿名表达、分散性传播、超时空交流、提供加密工具等诸多功能，

---

① 〔美〕劳伦斯·莱斯格：《代码》，李旭、姜丽楼、王文英译，中信出版社，2004，第74页。

② 参见〔荷〕简·梵·迪克《网络社会——新媒体的社会层面》，蔡静译，清华大学出版社，2014，第40页。

无疑为言论自由的充分实现提供了极大的便利。但是,如果在互联网系统中设定特定的技术规范和行为准则,那么它也可以自动识别并排除法律所禁止的某些表达内容。例如,通过设计和使用身份识别和过滤技术等软件,能够更加有效地拦截和屏蔽网络暴力、淫秽、色情、恐怖主义、极端主义等违法有害信息和言论的传播。

其次,世界各国的普遍做法为运用技术手段治理网络内容提供了有益启示。目前最为常见的网络内容监督和控制技术手段是分级和过滤。分级和过滤系统是包含在网络操作系统、搜索引擎和其他软件里的,甚至也有可能在硬件里进行程序设计。20世纪90年代末,分级和过滤系统脱颖而出,逐渐发展成各国普遍采用的以某种编码来遏制和防范程序中的有害信息传播的技术手段。实际上,分级和过滤系统是自我管制和技术措施相结合的产物。分级系统将网络内容分成不同级别,再由网络浏览器按照分类设定的类目进行管理和控制,它既是网络服务商对其所提供内容的一种自我评级,又是专门机构对特定领域内容的专业评级服务的一种评估,旨在防止未成年人接触网络色情等有害信息,营造有利于未成年人身心健康成长的网络环境。最著名的分级系统是万维网联盟提供的互联网内容选择平台,另外各国根据不同的国情和实际需要相继开发与使用具有自身特色的分级系统。较为出名的过滤系统的名称颇为吸引眼球,如"网络保姆""网络牧羊人""网际巡警""虚拟临时看护""冲浪救生员"等。过滤系统最常见的方式是通过设置关键词、内容标签、IP网络黑名单等来阻止有关内容进入互联网。在美国,"数字时代的信息生产和传输民主化和分散化的力量也同时催生了使用相同的基础设施的言论规制和监控的新技术和新工具"[1],其针对网络有害信息较早设计并采用"网络保姆"等过滤系统就是例证。德国、英国于2004年开始实施互联网标签技术,即要求互联网服务商通过后台技术给网页内容贴上来源和出处,以加强对有害信息的防范与控制。[2]

---

[1] 〔美〕杰克·M.巴尔金:《老派/新派言论规制》,敖海静译,载王东主编《中财法律评论》第十二卷,中国法制出版社,2020,第93页。

[2] 参见唐守廉主编《互联网及其治理》,北京邮电大学出版社,2008,第30页。

最后，我国互联网广泛应用与信息安全问题的并存凸显运用技术手段治理网络内容的可行性和紧迫性。自从 1994 年正式接入国际互联网以来，经过多年快速发展，我国已经成为全球互联网大国，目前总体呈现三大鲜明特点。一是互联网基础设施建设持续完善。截至 2022 年 6 月，我国 IPv6 地址资源总量持续位居世界第一，IPv6 活跃用户数达 6.83 亿户；域名总数为 3381 万个，其中 ".CN" 域名数量为 1786 万个；网站数量为 398 万个，移动互联网接入流量达 1241 亿 GB，国内市场上监测到的应用程序（App）数量为 232 万款。截至 2021 年底，我国算力基础设施快速发展，近 5 年算力年均增速超过 30%，算力规模全球排名第二；北斗导航卫星全球覆盖并规模化应用；我国不仅建成全球规模最大的光纤和移动通信网络，而且在最前沿的 5G 上同样处于领先地位。二是网民规模非常庞大。我国早于 2008 年就一举超越美国成为世界上网民人数最多的国家。截至 2022 年 6 月，我国网民和手机网民规模分别为 10.51 亿和 10.47 亿，互联网普及率和网民使用手机上网的比例分别达 74.4% 和 99.6%。我国网民的人均周上网时长为 29.5 小时。三是互联网应用迅猛发展。截至 2022 年 6 月，我国即时通信、搜索引擎和网络新闻的用户规模分别达 10.27 亿、8.21 亿和 7.88 亿，其使用率分别达 97.7%、78.2% 和 75.0%；微信、微博、短视频、网络直播等互联网应用的门槛大幅降低，这极大拓宽和丰富了人们的信息交流渠道和文化娱乐生活。但与此同时，网络信息安全面临的风险挑战不容忽视。截至 2022 年 6 月，我国网民遭遇个人信息泄露、网络诈骗、设备中病毒或木马、账号或者密码被盗的比例分别为 21.8%、17.8%、8.7% 和 6.9%，虽然比例不算很高，但由于我国网民总体规模十分庞大，我国网络信息安全存在问题的绝对数量是一个非常惊人的数字，这说明我国网络信息安全形势仍然十分严峻。① 因此，打造风清气正的网络空间乃人心所向，通过强化技术手段治理网络乱象、净化网络生态是大势所趋。

---

① 参见中国互联网络信息中心《第 50 次中国互联网络发展状况统计报告》，中国互联网络信息中心网站，http://www.cnnic.net.cn/NMediaFile/2022/0926/MAIN1664183425619U2MS433 V3V.pdf，最后访问日期：2023 年 7 月 1 日；国家互联网信息办公室《数字中国发展报告（2021 年）》，中国网信网，http://www.cac.gov.cn/2022-08/02/c_1661066515613920.htm，最后访问日期：2023 年 7 月 1 日。

显而易见，互联网的普及应用无疑为我国网络信息事业发展打下坚实基础，而且也为运用技术手段治理网络信息和言论提供有利条件。同时，我国互联网在快速发展过程中的信息安全风险客观存在，越来越凸显出运用技术手段加以防范和应对的重要性和紧迫性。

第六章　网络言论自由法律规制的
完善路径

法律不仅是一套理论体系和原则体系，而且是人们进行立法、执法、司法的实践活动。法律"是分配权利与义务并据以解决纷争、创造合作关系的活生生的程序"①。这就意味着对网络言论自由进行法律规制还需要立法、执法、司法各部门履职尽责和协同配合以及广大民众积极参与，因而通过完善立法、改进执法、健全司法等举措构建完善的网络言论自由法律规制路径，是十分重要和迫切的。

第一节　更新立法观念

思想是行动的先导，观念是实践的指南。任何立法活动都是在一定的思想和价值观念以及与之相应的立法原则的指导下进行的。立法原则集中体现国家法律创制的指导思想和基本方针，是立法机构据以开展立法活动所必须遵循的基本准则。一般认为，我国的立法理念及原则主要表现为法治、民主和科学。网络言论自由立法规制固然要遵从这些一般理念及原则，但基于言论自由特殊性的考量，还应不断更新与完善思想观念，并构建与之相适应的法律规则体系。

一　依宪立法

"宪法是立法工作的总依据和正当性根源，'依宪立法'是立法工作的

---

① 〔美〕哈罗德·J. 伯尔曼：《法律与宗教》，梁治平译，商务印书馆，2012，第14~15页。

基本内涵和最低法治要求。"① 宪法集中规定了国家的性质、政体、指导思想、理想目标、各项基本制度、国家机构、公民的基本权利和义务等带有根本性的问题。宪法构成法律权威的核心,具有至高无上的地位。宪法是不同利益之间进行协调与妥协的结果,是社会各方达成共识、合作共赢的基础。在我国,作为国家"根本法"和"最高法"的《宪法》,旨在确认和维护人民的主体地位,尊重和保障人权,从根本上实现党的领导、人民当家作主和依法治国的有机统一,确认和维护经由历史形成和人民选择的中国共产党的领导地位和执政地位,保证国家和社会和谐稳定、长治久安、繁荣发展。② 正因如此,习近平强调:"坚持依法治国首先要坚持依宪治国,坚持依法执政首先要坚持依宪执政。"③ 公民的言论自由是受宪法规范与保护的基本权利,网络言论自由作为传统言论自由在网络空间的延伸和扩展,同样应受宪法的规制与保护。网络言论自由立法坚持合宪性原则,不仅有利于防止和消除越权立法、重复立法、立法懈怠等立法无序现象,有效保障和维护我国社会主义法治的统一和尊严,而且更重要的是有利于改变和纠正网络言论自由立法与宪法的原则和精神相抵触的状况,坚定不移地维护宪法权威,充分发挥宪法在依法治国、依法治理、依法治网中的统领作用。

因此,网络言论自由立法必须强化宪法至上的理念,遵循依宪立法的原则。要始终不渝地坚持以宪法确立的国家的指导思想、根本宗旨、核心价值观以及公民的基本行为准则等为立法行动指南,尤其要注重把尊重和保障公民言论自由权利放在突出位置。同时,对网络言论自由进行立法限制时要坚守宪法边界——公共利益和人格利益,不得以任何理由或者借口逾越宪法界限,确保每一项立法都能符合宪法精神,满足最广大人民群众对网络言论自由的期待和渴望。需要强调的是,网络言论自由立法尤其是立法限制,无论是在形式上还是内容上都要坚持以宪法确立的基本原则和

---

① 莫纪宏:《依宪立法原则与合宪性审查》,《中国社会科学》2020 年第 11 期。
② 参见张文显等《全面依法治国:迈向国家治理新境界》,党建读物出版社,2017,第 63 页。
③ 习近平:《在庆祝全国人民代表大会成立 60 周年大会上的讲话》,人民出版社,2014,第 8 页。

制度为根本依据，坚持任何限制性规范的创制和界定都必须以全国人大及其常委会制定的法律为根本尺度。要系统梳理所有涉及网络言论自由的法律法规、部门规章以及司法解释等规范性文件，使之与宪法的规定、原则和精神保持一致，以彻底改变由政府及其有关部门自主立法、自定规矩而减损公民的言论自由权利或者增加其义务的状况。当前要特别注意禁止行政法规和部门规章中存在超越宪法和法律范围的有关规定。

　　例如，对于散布恐怖信息的内容，《电信条例》《互联网信息服务管理办法》《互联网电子公告服务管理规定》《互联网用户账号名称管理规定》《互联网域名管理办法》《网络信息内容生态治理规定》等行政法规和部门规章都明确禁止。然而，《宪法》《治安管理处罚法》《未成年人保护法》《网络安全法》等法律中都没有规定类似的禁止性条款，我们也不能从中推导出其含有禁止此种信息的立法意图。而勉强能有些联系的是《未成年人保护法》《网络安全法》等法律中有关"禁止宣扬恐怖主义、极端主义"等信息的规定。① 但一个不容忽视的关键问题在于，恐怖信息与恐怖主义信息不能完全画等号。恐怖的通常意思是惊恐、恐惧、惊骇，亦指可怕的人或恐怖的事；在西方文化背景下，恐怖还有"讨气鬼""小捣蛋"之义。② 从更宽泛的意义上讲，可以将恐怖主义视为恐怖的一种特殊形态，它是基于某种意识形态或政治目的而使用暴力或以暴力相威胁的思想主张和行为方式。按《反恐怖主义法》第3条的解释，恐怖主义"是指通过暴力、破坏、恐吓等手段，制造社会恐慌、危害公共安全、侵犯人身财产，或者胁迫国家机关、国际组织，以实现其政治、意识形态等目的的主张和行为"。很显然，恐怖信息的涵盖范围远远大于恐怖主义信息，恐怖主义信息充其量只能是恐怖信息中的特例而已。人们在日常交流中提及"恐怖"一词往往是基于一般意义而言的，很可能仅仅是对某种令人恐惧的场景的叙事，或者对某个可怕的人和恐怖的事的描述，并不是针对特定的组织或个人所发出的恐吓与威胁，更不是出于政治目的而宣扬和支持恐怖主义。

---

① 参见《未成年人保护法》第50条、《网络安全法》第12条。

② 参见〔英〕A. S. 霍恩比《牛津高阶英汉双解词典》第六版，石孝殊、王玉章、赵翠莲等译，商务印书馆，2004，第1824页。

事实上，无论是古代的战争、神魔、武侠等类型的小说作品，还是现代的战争、奇幻、侦探、悬疑等题材的影视作品，若缺少对某些恐怖场景和细节的描述，这类作品的吸引力和感可能会降低，进而可能会影响到文学表现和文化生活的多样性和丰富性。同样，一些人在网络上发布或传播含有恐怖因素的言论、动画和视频，其初衷大都是引起人们对恐惧的感官刺激，并不包含明显的政治目的和反社会动机，可能根本不是宣扬和支持恐怖主义。如果全面禁止这类信息，那么也必将会对网络内容的多样性和丰富性产生负面影响。因此，一方面，要删除"禁止散布恐怖信息"这一过于笼统、模糊的规定；另一方面，要增加"禁止宣扬、传播恐怖主义"的具体规定和措施。这样做，既能使之保持与宪法和法律的规定及精神相协调，也能充分发挥法律体系在精准打击恐怖主义中的整体功能和作用。

二　适度立法

与现实社会言论自由需要法律规制一样，网络空间言论自由同样需要法律规制。对于网络言论自由，关键并不在于国家是否应当进行立法规制，而在于这种规制究竟要达到什么程度。2015 年《立法法》第 6 条第 1 款规定："立法应当从实际出发，……科学合理地规定公民、法人和其他组织的权利与义务、国家机关的权力与责任。"据此，我国立法上的"科学立法"可以作为比例原则的文本依据[1]，这表明立法规制要坚持适度理念和原则，做到宽严相济、张弛有度，既不能过于严厉，也不能过于宽松。这是因为，法律空洞、过于宽松或者法律膨胀、过于严苛均不可取："法律太松，无人遵守；法律太严，无法施行。"[2] 尤其是过于严苛的法律既不可行也极其有害，世界上任何一个国家的法律都不可能规范和约束人们的一切言论与行为，立法者如果不懂得限定法律规制的范围，那就极有可能会对自由造成莫大的伤害，甚至成为暴政的源头。[3] 当前网络言论自由立法必须坚持适度

---

[1]　参见马得华《我国宪法言论自由条款类似于美国宪法第一修正案吗?》，《比较法研究》2016年第 4 期。

[2]　〔美〕本杰明·富兰克林：《穷理查智慧书》，王正林、王权译，中国青年出版社，2013，第 224 页。

[3]　参见〔法〕孟德斯鸠《论法的精神》上卷，许明龙译，商务印书馆，2012，第 226 页。

的理念及原则。

（一）修改完善政府对网络言论自由进行规制的有关法律规定

基于政府对网络言论自由进行规制的权力范围过广和涉及内容过多的现状，应当秉持包容审慎监管的理念和原则，积极推进网络言论自由相关法律法规的修改完善。

一方面，要对政府直接规制网络言论自由的权力范围进行限定。一是限缩政府认定网络违法信息的内容范围。为了建立健全网络综合治理体系，《网络信息内容生态治理规定》对网络违法信息内容所作出的列举性规定是我国现有法律体系中最为全面和详细的。不过，其中如前所述的"禁止散布恐怖信息"等规定，不仅违背了宪法和法律的原则与精神，而且也过度扩大了政府的审查权限，应当予以修正。二是划定政府对公民就公权力行使而发表的网络批评监督言论进行审查的权力边界。我国现有法律法规对网络违法信息范围的界定大都聚焦于政治性言论和信息，而在人类所有言论和信息类型中，政治性言论和信息的价值十分高，而对公权力行使进行批评监督的言论和信息具有重要意义，法律应当对其进行较高水平和较大力度的保护。所以，对那些不是危害国家安全和社会公共利益的政治性言论和信息，不宜采取一律禁止发表和传播的方式来对待。三是增加政府在行使网络言论和信息审查监管权方面的包容审慎义务，防止政府过度审查和监管对公民网络言论自由造成打击和伤害。

另一方面，要对政府间接规制网络言论自由的权力范围进行限定。现有法律法规不仅赋予网络运营者较为严格的审查与处置责任，而且科以其向有关主管部门报告处置情况以及配合有关主管部门依法实施监督检查的义务①，这就等于延伸与扩大了政府的审查职权。如果说政府及其有关部门通过其制定的超越宪法和法律范围的规定进行审查监管的自我授权是一种显性扩权的话，那么政府及其有关部门通过法律的正式规定而间接获得审查监管权力则是一种隐性扩权，这无疑使政府在对网络言论和信息进行规制时获得了更大的自由裁量空间。这种无处不在的行政规制，很容易让人们产生紧张感与压迫感，因此有必要从立法上对其加以限制，即政府在

---

① 参见《网络安全法》第47条、第49条。

"要求网络运营者停止传输，采取消除等处置措施"① 时，应有明确的认定标准、法律依据以及严格的程序规制，同时还要赋予网络运营者相应的权利，以便对政府规制网络言论和信息的权力进行必要的约束。

（二）拓宽社会组织对网络言论自由进行治理的自主空间

实践一再证明，社会自治在网络内容治理中具有凸显互联网传媒的时代性、弥补法律规制的局限性和增强社会主体的自律性等独特优势和作用。因而，一个完善的网络内容治理体系离不开各方主体的共同参与，它需要政府、企业、网民等携手合作、协调行动。除了政府职能部门要认真履行管理职责，依法审查和监管网络内容外，网络运营商也要主动承担起社会责任，依法依规提供网络内容服务；同时，广大网民要自觉增强自律意识和诚信意识，依法理性地发表与传播网络言论和信息，共同营造安全、和谐、文明、健康的网络环境。在我国网络言论自由规制体系中，政府部门占据着绝对的主导地位，而网络运营商、网络用户的自律角色和地位未能充分彰显。为此，要不断提升网络运营商的自律地位，适当降低和缩小政府部门依据自己主导制定的行政规章而对网络内容进行监管的力度和范围，积极鼓励和支持网络运营商签署网络内容服务所涉及的领域和环节的自律公约，从而不断推进和提升网络的所有者、管理者和网络服务提供者依照法律法规和行业自律公约提供网络信息服务的水平，促使其在自我管理、自我监督、自我完善中树立自觉自律意识、主动服务意识和社会责任意识，增强自主、自律、自治的能力素质。与此同时，要站在尊重群众首创精神的高度，将网络用户自律工作落到实处。针对网络用户自律说起来重要、做起来次要甚至不要的尴尬境地，应积极倡导网络用户建立自己所有、可以独立支配的自律性组织，并引导他们在法律法规框架内签订能够真正体现其意志的自律公约，以充分发挥网络用户自律组织在网络内容治理中的积极功能。

总之，我们在对网络言论自由进行规制的时候，应着力突破过度依赖立法规制、倚重政府管理的思维定式，牢固树立共建共治共享的社会治理

---

① 《网络安全法》第50条。

理念，采取包括法律规制、行业自律、企业履责、网民参与等在内的多种途径和方式，努力形成综合治理的整体合力和效应。只有如此，才能做到既有效规制网络言论和信息内容，又有效保障公民的言论自由权利。

三　适时立法

稳定性是法律的固有特征，但这并非意味着法律始终保持不变，因为法律必须适应社会发展和进步的正当要求。一个法律制度如果墨守成规、抱残守缺，就无法跟上时代发展的步伐。一个健全的法律制度应当紧扣时代脉搏，注意选择恰当的时机按照法定程序对法律进行必要的修正，而且这类修正要尽可能把法律变革给人们带来的损害降到最低。因而"法律创制既不能唯古为是，也不能空尚未来"，必须牢牢扎根于现实社会，与时代发展保持同步。一部堪称具有现实意义和现代价值的法律必须具有强烈的时代精神、时代内涵和时代适用性，否则，法律就会丧失其应有的现实意义和价值。① 与任何其他法律创制一样，网络言论自由立法要紧跟时代发展的步伐，秉持适时的理念及原则。经过多年不懈努力，我国已经初步建成较为完备的网络内容治理法律制度体系，但是由于迅速崛起并不断发展演变的网络空间是一个与现实空间不同的虚拟空间，每时每刻都会出现新的社会现象，催生新的社会关系，加之网络信息与言论具有海量庞杂、传播快捷、影响广泛、监管难度大等特点，人们对其的认识是一个不断探索、不断完善的过程，现有法律制度不能完全满足网络言论自由规制的现实要求。

基于网络空间言论自由的发展现状和未来趋势，适时完善以宪法为核心的网络言论自由法律规制的制度体系势在必行。首先要从总体上单独或融合制定网络言论自由规制的基本法律规范，全面规范有关网络言论自由保障与限制的法律问题。其次要适时修改和健全现有相关法律法规，以便有效应对和处理网络言论自由行使中出现的新矛盾和新问题，从而为促进网络言论自由的健康有序发展构建一个具有时代气息和现实意义的法律体系。当前要聚焦网络言论自由立法存在的相对粗略和空白遗漏问题，进行

---

① 参见谢晖《法学范畴的矛盾辨思》，山东人民出版社，1999，第 74 页。

具体细化和查漏补缺。

（一）适时制定法律实施细则

针对立法过于原则、缺乏可操作性，难以得到准确适用的现状，应当有针对性地作出细化规定。网络安全是近些年来社会各界高度关注的焦点问题，网络安全立法则是我国着力推动的一类新兴领域立法。《网络安全法》的正式出台标志着我国第一部全面规范网络空间安全管理方面问题的基础性法律的诞生。然而值得注意的是，该法第76条第2项虽然对网络安全的内涵作出界定，却没有对危害网络安全的具体行为进行解释说明，同时它还存在遗漏网络运行安全的问题，明显违背立法本意。通览《网络安全法》，不难发现该法主要聚焦于两大领域，即第三章规定的"网络运行安全"和第四章规定的"网络信息安全"。显见，完整意义上的网络安全既包括网络运行安全也包括网络信息安全，前者主要包括网络设备安全和网络软件安全，后者主要包括个人信息安全和网络信息内容安全。鉴于《网络信息内容生态治理规定》根据《国家安全法》《网络安全法》《互联网信息服务管理办法》等法律法规已经对网络违法信息内容作出详细规定（当然也有修正与完善的问题），当务之急是要对危害网络运行安全的行为作出明确规定。另外，还要对《网络安全法》中规定的重大突发社会安全事件的内涵与范围以及政府在处置重大突发社会安全事件时滥用权力的法律责任作出清晰界定，以防止政府滥用权力对公民网络言论自由造成不当侵害。

（二）适时增加新的法律规定

针对立法存在空白，难以有效应对和解决新的法律问题的现象，要根据新时代互联网背景下新媒体、新技术、新业态发展的迫切需要，在深入调研、充分论证的基础上，适时增加新的法律规定，进一步完善和丰富网络言论自由法律规制体系。互联网凭借其信息量大、交互性强、开放度高、传播速度快、影响范围广等特点越来越成为人们进行思想交流、人际沟通和信息传递的主要手段，网络媒体的快速崛起与持续发展在很大程度上加大了依靠传统手段对其进行审查和控制的难度，但这并不等于它必然具有抵御资本等新兴力量对网络内容进行控制的固有属性。基于此，我国相关规范性文件未雨绸缪，对网络运营者的资质提出特殊要求，即从事基础电信业务的经营者的国有股权或者股份不得少于51%，任何组织不得设立含有外资或外资背景的互联网新闻信息服务单位，非公有资本不得介入互联网新闻信息采编业务。① 这就较好地从源头上防范了外资或非公资本对网络内容尤其是网络新闻信息内容进行操纵和控制的风险。然而值得注意的是，近年来一些资本为达到某种目的时常利用其参股或相对控股的网络服务提供者的优势地位而频频出手，或组织"网络水军"炮制虚假民意，或通过网络平台删帖、封号等禁言行为打压民意。这种资本操纵舆论的行为，严重干扰和阻碍了公民言论自由权的正当行使，影响和制约了互联网生态的健康发展。《互联网用户公众账号信息服务管理规定》的及时修订与施行，虽然能够在一定程度上对资本组织"网络水军"炮制虚假民意的行为起到遏制作用，但只能治标，不能治本。该规定还没有真正剑指操纵网络舆论的背后资本黑手，而且它也不是严格意义上的法律。另外，对于资本利用其管理或控制的平台，采取删帖、锁帖、沉帖、封号等禁言方式打压民意的行为的规制，相关法律法规尚存空白。因此，有必要上升到法律层面对资本操纵网络舆论的行为进行整体规制。

四　统筹立法

统筹兼顾作为立法规制的一个基本理念及原则，其实质在于立法内容的设计、立法规范的配置和立法模式的选择等方面都必须体现出完整性、一致性和协调性。柏拉图早就表达了统筹立法的观念，告诫人们"一个立法者必须是一个完全的立法者，而不是一个半拉子的立法者"②。博登海默认为，在法律的基本原则、具体制度和控制策略中，人们应当把稳定连续性的优长同发展变化的利益联系起来，从而获得一种在不利的情形下也可以长期存在和避免灾难的能力。③ 这些著名论点充分体现了统筹立法的思想

---

① 参见《电信条例》第10条、《互联网信息服务管理办法》第6条、《互联网新闻信息服务管理规定》第7~8条。

② 〔古希腊〕柏拉图：《法律篇》，张智仁、何勤华译，上海人民出版社，2001，第227页。

③ 参见〔美〕E.博登海默《法理学：法律哲学与法律方法》，邓正来译，中国政法大学出版社，2017，第424页。

理念。因此，任何立法都应以统筹理念和原则为指导，网络言论自由立法也不例外。为此必须做到以下几点。

（一）在立法内容的设计上，坚持权利与义务相统一

权利与义务是法学理论中的一对基本范畴。在权利与义务的关系问题上，马克思关于"没有无义务的权利，也没有无权利的义务"的经典名言，从哲学的高度正面阐述了权利与义务之间相互依存、不可分割的辩证关系。恩格斯则基于社会发展的角度从反面揭示了权利与义务相一致的思想内涵，同时也告诫人们，那种权利与义务彼此分离对立的现象是与人类文明发展相悖的。他认为，如果说在野蛮人中间不大能够区别权利和义务，那么文明时代却使二者之间的区别和对立连最愚蠢的人都能看得出来，即把一切权利赋予一个阶级，而把一切义务推给另一个阶级。① 所以，立法不仅要明确规定公民的权利与义务，关键还在于要科学合理地设计和分配权利与义务，始终保持权利与义务的有机统一。在网络言论自由立法中，要彻底抛弃重义务轻权利的狭隘认识，全面审视有关网络言论自由的法律规范，坚决纠正和改变义务的设定远远多于权利的设定尤其是在某些事项上压根就只设定义务而不设定权利，以及禁止性、惩罚性规范过多而引导性、防范性规范偏少的失衡现象，使权利与义务回归到匹配、协调的平衡状态。

（二）在立法规范的配置上，坚持实体法规范与程序法规范相结合

公民网络言论自由不可避免地涉及网民、网络运营者和政府三方主体，各方都有自己的权利（权力）范围和边界，这就需要科学合理地配置相关法律规范，即既要规定各方的实体性权利（权力）和义务与责任，还要规定各方行使权利（权力）和履行义务的具体方式以及权利受到侵害时的救济途径等程序性规定。针对我国网络言论自由立法的规范配置长期存在重实体轻程序的状况，要在全面系统地规定公民网络言论自由的权利与义务，网络运营者提供网络信息服务的权利、义务和责任，以及政府规制网络表达行为、整治网络言论秩序的职责与权限等实体性规范的同时，还要科学合理地规定公民网络言论自由权利的行使方式和救济途径，网络运营者在

---

① 参见《马克思恩格斯文集》第四卷，人民出版社，2009，第197页。

处置或配合政府部门处置网络违法信息时应当遵循的原则和具体操作方式，政府在认定和处置网络违法信息、基于处置重大突发社会安全事件的需要而在特定区域对网络通信采取限制措施时应当遵从的规则及程序，以及对各类违法主体的违法行为进行处罚的措施和程序。这样，不仅能确保政府、网络运营者、网民等互联网参与者的网络行为都有法可依、有章可循，同时也能促使公民在网络言论自由权利遭受非法侵害时可按照合法程序维护权利以及政府部门依法处置相关违法违规行为。

（三）在立法模式的选择上，坚持自由与秩序相融合

毋庸置疑，自由和秩序是一个相互依存、密不可分的整体。这就要求我们必须将二者有机结合起来，始终秉持"自由与秩序相融合"的法治立场，既不能掉到美国等西方国家那种"绝对自由"的价值模式陷阱中去，也不能固守那种"绝对秩序"的陈旧僵化的思维方式。进而言之，要坚持在充分保障网络言论自由的同时坚定维护网络言论秩序，而任何维护网络言论秩序的措施都是为了更好地保障网络言论自由的健康发展，并在此基础上致力构建"保障与限制相融合"的立法价值模式。同时需要秉持开放包容、兼收并蓄的理念，把网络言论自由中涉及信息安全的国内立法与国际合作结合起来。一方面，要从维护国家信息安全和社会公共秩序的角度出发，科学合理地界定公民网络言论自由的权利范围和保护程度以及承担的相应义务和责任；另一方面，还要认真审视现行网络信息安全立法与我国加入的国际条约之间的差距，在不影响国家网络信息安全的前提下消化吸收、改造利用，凝聚国际化的共识，尽量使我国的网络信息安全立法符合相关国际条约的规定，从而更好地促进网络言论自由立法规制的开放性和包容性。

此外，在立法体系的构建上，首先要立足于建立健全言论自由的一般法律制度，其次要构建起完备的网络言论自由的特殊法律制度。在部门法之间的关系定位上，要体现"刑民协同""刑行一体"的立体化治理理念，对网络违法有害信息和言论的治理，不仅要依赖刑法手段的运用，也更需要民法、行政法等法律手段的密切配合，以便真正形成轻重有别、层次分明的立体化法律体系，从而更好地调适社会公共利益保护与公民言论自由

之间的动态平衡。① 在立法技术的运用上，要保证逻辑严谨性与可操作性的有机统一，以有效凸显网络言论自由立法的整体性功能。②

第二节　完善法律体系

任何法律制定都不可能一蹴而就，也不可能推倒重来，而是一个不断改进和完善的过程。尤其是在面对新生事物的时候，法律应当因时而变，只有这样才能保证其更好地跟上时代发展的步伐，成为引导社会变革的重要力量。网络言论自由是言论自由在互联网环境下的一种表现形态，它既有言论自由的一般属性，又具有自身的一些特征，因而网络言论自由法律体系的建立与完善是一个十分复杂的系统工程。在这里，主要从一般法律制度与特殊法律制度两个层面，即言论自由法律制度和网络言论自由法律制度的完善展开探讨。

一　言论自由法律制度的完善

迄今为止，我国尚未对言论自由进行单独立法，其主要内容散见于不同效力层次的规范性文件中，但概括起来基本上形成了以宪法及其相关法为核心，以有关行政法、刑法、民法、社会法乃至经济法等部门法为基础，以行政法规和部门规章为重要补充的法律制度体系，这为公民言论自由的保护与规范提供了必要的法律支撑。然而，我国言论自由法律制度建设还存在一些问题，需要进一步完善。

（一）坚持言论自由保障与限制相统一的立法原则

正如我们反复强调的，言论自由作为一项基本人权，应当受到宪法和法律的保障。但言论自由也具有相对性，因而对其进行保障不可能是绝对的、无条件的，为防止言论自由的滥用及其对社会公共利益或者他人合法权益的损害，必须对其进行必要的限制。所以，言论自由的法律保障必然

---

① 参见王平、徐永伟《涉众型网络谣言刑事治理的规范逻辑与责任边界》，《宁夏社会科学》2022 年第 3 期。

② 参见丁大晴《网络政治参与有序发展及其法律保障》，《盐城师范学院学报》（人文社会科学版）2012 年第 2 期。

包含对其滥用的限制，而对言论自由滥用的限制则是为了更好地保障言论自由，舍此别无他求。一言以蔽之，言论自由的保障与限制是相辅相成的辩证统一关系，这是我们必须牢固坚持的立法理念与原则。但由于长期受到"超父爱主义"的治理观、僵化狭隘的维稳观的影响，我国立法存在重行为管制轻权益保护的现象，立法者更为关注和重视的是维护国家的安全和利益、加强社会稳定与社会管理、突出对公民行为的规制，这致使我国言论自由法律体系存在重限制轻保护的倾向。

为此，在制定和完善我国言论自由法律制度的过程中，要彻底摆脱传统的管制型思维定式的束缚，始终不渝地秉持言论自由保障与限制相统一的立法理念与原则，坚持把保障与限制紧密结合起来，两者不可偏废。当前，尤其要注重对刑法、行政法等公法中有关言论自由的规定进行全面考量，强化公民言论自由受到侵害时的保护措施和公力救济途径；在对言论自由秩序进行规制、维护国家安全和社会公共利益的同时，更要突出对公民言论自由权利的保护。当然，对于滥用言论自由而损害社会公共利益和他人合法权益的行为也要严格依法处罚，绝不手软。同时还要关注和重视民事立法对言论自由的保护，建议在《民法典》中增加公民言论自由受到侵害时的保护措施和私力救济方式，以弥补我国私法对言论自由保护的空缺和不足，力求使公民言论自由的保护与限制回归到相对平衡的状态。

（二）完善言论自由相关法律规定

目前我国关于言论自由的法律法规十分繁杂、琐碎，立法主体过多，立法位阶偏低，除宪法及其相关法进行原则性规定和有关部门法略有涉及外，多是行政法规和部门规章。另外，立法内容重叠交叉、体系紊乱，也给法律适用带来了很大的困难和挑战。对此，一些专家学者纷纷呼吁尽快制定"出版法"和"新闻法"，以便对新闻媒体、出版机构等进行引导与规范，发挥其在保护新闻自由、出版自由等公民言论自由权方面的重要作用。[1] 毫无疑问，该建议具有很强的针对性和建设性。但在目前我国制定

---

[1] 参见倪业群、陈祖权《表达自由在建设法治国家中的价值及其实现》，《社会科学家》2003 年第 6 期；章舜钦《和谐社会公民表达权的法治保障》，《法治论丛》2007 年第 4 期；李海新《公民表达权及其保障研究》，博士学位论文，武汉大学，2011。

"出版法"和"新闻法"的时机尚未完全成熟的情况下,不妨先从言论自由的表达主体着手,完善保障与规制公民言论自由的相关法律规定,如公民在行使言论自由权时应当遵循的行为准则、履行的法律义务和责任,言论自由失范的类型(包括违法言论、不良言论与违纪言论)和认定标准,言论平台或载体应当履行内容管理的主体责任和进行内容生态治理的机制,鼓励和引导社会自律组织(包括行业协会和公民社团)发挥其在公民言论自由权行使中的自我管理、教育与约束作用,负责言论监管的主管部门和其他相关部门的职权范围、监管措施以及对言论自由失范行为进行审查、确认、处置和异议程序中的职责,相关主体的法律责任(包括公民滥用言论自由权而侵害社会公共利益或他人合法权益的法律责任,言论平台或载体不履行言论内容管理的社会责任和从事违法违规行为而造成严重的社会影响的法律责任,以及负责言论监管的部门和其他相关部门滥用职权或特殊利益群体利用资本等强势力量侵害公民言论自由权所应承担的法律责任),等等,以便为促进公民正确行使言论自由权利,有效维护国家安全、社会秩序和公共利益提供权威、基本的法律依据。

(三) 重视法律解释在言论自由法律完善中的作用

人类社会纷繁复杂,而且总是处在不断发展变化之中,因而作为社会关系调节器的法律永远不可能一劳永逸地解决所有现存以及新出现的社会问题。为了维持法律的社会适应性,立法机关应当充分运用好废除、重立、修改、补充和解释等方法来构建完善的言论自由法律体系。全国人大常委会应当根据《立法法》的规定,及时撤销与《宪法》言论自由规定相抵触的行政法规、地方性法规,国务院应当及时撤销或变更与言论自由相抵触的部门规章和地方政府规章。[①] 不过,无论是法律的废除与重立还是法律的修改与补充,都会对法律的稳定性、连续性和权威性产生不同程度的影响。对此,合理恰当地运用好法律解释手段未尝不是一种较为稳妥的办法,它不仅不会破坏法律的稳定性、连续性和权威性,而且能够与时俱进,保持法律与社会的同步发展,彰显法律的生命力和适应性。正因如

---

① 参见马得华《我国宪法言论自由条款类似于美国宪法第一修正案吗?》,《比较法研究》2016年第4期。

此，柏拉图对法律解释极为重视，他认为，立法者的任务不仅在于制定法律，而且还在于将法律解释贯穿其中：向全体人民阐明什么是需要尊重的，什么是不需要尊重的，以使人们能够受这些法律准则的规范和约束。[①] 伯尔曼也认为："法律是一种前后一致的规则和原则的体系……法律通过重新诠释过去的规则和决定来满足当前和未来的需要而得到发展。"[②] 显见，法律解释在言论自由法律体系完善中的作用不容小觑，应当引起我们的足够重视。

为此，应适时对现有法律法规中的核心概念与术语以及易生歧义的条款进行必要解释，以弥补某些法律规定较为原则抽象、可操作性不足、难以有效实施的缺陷。要对《宪法》中言论自由的内涵、边界和行使方式作出明确规定，以便为部门法进一步保障与规制言论自由提供根本遵循。尽管法院在确定《宪法》言论自由条款的内涵——界定、价值、法律边界、判断方法等方面已经取得一定成就，但因法院的合宪性解释并不具有终局性，故需要"全国人大常委会尽早吸取法院所取得的成绩和教训，对言论自由条款作出终局解释"[③]。同时要对《刑法》《民法典》以及行政法等法律中易生歧义的言论自由条款作出明确解释，尤其要注重对违法和不良言论认定中涉及的一些不确定的法律概念与术语，如国家安全、国家秘密、国家荣誉和利益、社会秩序、民族尊严、民族仇恨、民族歧视、封建迷信、邪教、淫秽、色情、暴力等作出具体的解释说明，为法律的正确有效实施创造条件。另外，针对互联网背景下新媒体的异军突起，人们的言论表达形式日益丰富，但暂时又不具备网络言论自由单独立法的条件，可以通过立法解释的方式扩大解释《宪法》及相关法律法规的适用范围，使立基于传统媒体的有关言论自由的法律原则和精神也适用于网络空间。在将来条件成熟时，可考虑制定专门的"言论自由保障法"。

---

① 参见〔古希腊〕柏拉图《法律篇》，张智仁、何勤华译，上海人民出版社，2001，第249页。

② 〔美〕哈罗德·J.伯尔曼：《法律与宗教》，梁治平译，商务印书馆，2012，第144页。

③ 陈道英：《我国民事判决中宪法言论自由条款的解释——以2008—2016年103份民事判决为样本》，《华东政法大学学报》2017年第1期。

二 网络言论自由法律制度的完善

基于互联网时代新媒体的迅速崛起以及由此引发的网络言论表达与传播以及社会关系的复杂多样，适时建立和完善网络言论自由法律制度，以专门调整网络空间中的言论表达行为，是非常必要的。为此，必须从以下几个方面着手。

（一）健全网络言论自由的权利保障制度

言论自由的权利保障程度如何是考量一个国家民主法治水平高低的重要标尺，公民拥有言论自由的程度则是评价一个国家政治制度是否民主的重要因素。而积极加强网络言论自由的法律保障，不仅能促进网络言论自由权利的法律化与权威化，使这一新兴的公民权利不因任何组织和个人的非法阻挠而受到剥夺和限制，从而最大限度地彰显中国特色社会主义法治体系在保障公民新兴权利方面的制度优势；而且能确保公民网络言论自由权利行使的制度化与经常化，有利于规范公权力对政治话语权、传统媒体对议题话语权以及资本力量对平台话语权的控制，进而从实质上扩展公民言论自由权的行使空间和范围。因此，为了有效应对我国网络言论自由立法存在的问题，必须做到以下几点。

首先，进一步提高思想认识，把公民网络言论自由保护立法放在突出位置并予以高度重视。现代法律蕴含着十分丰富的包容思想和理念，其核心价值和终极任务就在于尊重和包容自由。互联网正是人们追求最大化的自由所取得的前所未有的重大成果，而网络言论自由以其开放包容、自主参与、频繁互动、多元碰撞之特点越来越赢得人们的广泛青睐，它对于赋予人们更大的话语权、加强民主监督、舒缓民众情绪和激发社会活力都是十分有利的。因此，法律应当与时俱进，把尊重和保障网络言论自由作为自己的重要使命之一，而这一法律使命明显具有综合性与艰巨性的特征。事实上，我国对公民网络言论自由权利保护不足，并不只是体现在立法者对网络内容治理立法的分类不当这一现象上，更为关键的是对资本等强势力量侵犯公民网络言论自由行为规制不力的实质问题。因此，对于网络内容治理立法，要从形式上将其作为涵摄力较高的行政法或社会法抑或涵摄力更高的宪法相关法来对待，而不宜将其作为涵盖范围相对单一且带有功利色彩的经济法①来对待，更重要的是必须高度重视和积极推进公民网络言论自由保护立法，最大限度地发挥法律在保障公民网络表达权方面的重要作用。

其次，强化系统思维，对公民网络言论自由保护立法进行整体规划、统筹推进。网络空间是现实世界的映射和延伸，现有的绝大部分法律都可以直接适用于网络空间，而无须区分网上网下。只有在出现界限不清的法律模糊地带或者真正意义上的法律空白的情况时，才需要考虑另立新法。因此，我们要站在中国特色社会主义法治体系建设的高度进行综合考量，始终坚持以宪法为统领、以言论自由一般法律制度为指导，并以此为基础构建完善的网络言论自由特殊法律制度。当务之急是要在《网络安全法》或《个人信息保护法》等涉及网络言论表达权行使的相关法律中，对网络言论自由的法律地位、表达类型②、保护原则和行使方式等作出明确规定，以便为网络言论自由保护提供更加权威的法律指引。同时要认真梳理研究现有行政法规和部门规章中涉及网络言论自由保护的条款，将那些相对完善和成熟的规定上升到人大立法层面，提升法律规范的效力层级，为公民网络言论自由权的保护提供更加坚实可靠的法律依据。

最后，聚焦难点问题和关键环节，加大公民网络言论自由保护立法的力度。近年来，资本控制网络舆论、干扰网络言论自由的现象引起了人们的极大关注。一些互联网公司经常利用其掌控的网络平台对用户采取封号禁言③或信息筛选等措施，以达到其操纵舆论走向、谋取自身特殊利益的目

①　在《现行有效法律目录（293 件）》中，目前唯一一部承载网络言论自由保护重任的《网络安全法》以及与网络言论自由相关的《个人信息保护法》被归为"经济法"栏目类。从现象上看，似乎是法律部门分类不当，但反映出的深层次问题是我国立法机构对《宪法》规定的公民言论自由权利保护的重视程度不够。参见《现行有效法律目录（293件）》（截至 2022 年 9 月 2 日十三届全国人大常委会第三十六次会议闭幕，按法律部门分类），中国人大网，http://www.npc.gov.cn/npc/c30834/202209/1ffa180b336247069bf8b42eb1f337a3.shtml，最后访问日期：2023 年 7 月 1 日。

②　在网络言论表达类型上，尤其要注重对批评与监督公权力运行和其他强势群体操纵行为的网络评论、网络举报、网络曝光、网络舆论等方式作出明确规定。

③　例如，某著名社交和信息共享平台对于用户的"封号"或"禁言"行为（强制注销用户账号或者仍然保留账号但禁止该用户发表言论）；某智能手机第三方的应用程序对于开发者或商家在微信平台上申请的应用账号以及公民私人账号的"封号"。参见邱诗萌、张红霄《网络言论自由边界的多维度思考》，《南京林业大学学报》（人文社会科学版）2019 年第 4 期。

的。这就意味着它们实际上拥有了决定网民言论能否发表的权力，进而势必会侵犯和限制公民的网络言论自由。对此我们要直面问题和挑战，及时弥补立法漏洞，从法律的角度对其进行有效规制，同时还要完善公民针对公权力行使而通过网络发表批评监督言论的保护措施，这种做法本身就是对我国网络空间治理领域长期存在的"重规制轻保护"思想和做法的一种积极纠偏，使之回归到包容审慎、适度监管的轨道，进而使公民网络言论自由权利得到最充分、最大化的保护。

法谚曰："无救济，则无权利。"一个完善、有效的权利救济制度是制止各种侵权违法行为、使被害人的权利及时获得充分救济的重要保障。因而无论是防范公权力还是资本等强势力量对公民网络言论自由可能造成的侵犯，都离不开完善的权利救济制度。为此，针对公权力和资本等强势力量侵犯公民网络言论自由的现象，必须通过立法的形式建立起多元化的侵权损害救济机制。基于我国长期存在言论自由受到侵犯时难以寻求民事救济的情形，应明确规定相应的救济渠道，进而使公民在言论自由受到侵害时能获得到更加全面有效的保护。

（二）改进网络言论自由的行为规制制度

在加强网络言论自由法律保护的同时，也要注重对其失范行为进行约束和限制。为此，必须进一步明确公民在进行网络言论表达与传播时应履行的法律义务和采取的行为模式，厘清网络言论自由与社会公共利益和个人人格利益的法律界限，规定网络言论失范行为尤其是网络侵权或网络犯罪的法律责任，为有效规范公民网络言论表达与传播行为、推进网络内容治理提供可靠的法律依据。不过，运用法律手段来约束和限制网络言论自由时要特别审慎，必须坚持适当性、必要性原则，即法律对网络言论自由的限制条件、形式、范围和程度，应当出于维护国家安全和社会公共利益的迫切需要并应保障公民的人格尊严不受侵犯，只有在万不得已的情况下才对其进行限制，而且这种限制必须是合理的、最小的和必要的，以便最大限度地彰显现代立法的人本理念与包容品格，防止和避免法律对网络言论自由的过度束缚与伤害，从而营造既不纵容网络失范言论的滋生蔓延，也不阻碍网络言论自由的发展壮大的环境氛围。当前，要聚焦并纠正法律对网络言论表达行为边界厘定不清产生的规制过度与规制不力并存的现象。

第一，要坚决禁止违背宪法精神的有关禁止发布或传播网络内容的立法规定，防止和避免对网络言论自由的过度规制。言论自由不是绝对的，必须受到一定的法律限制，但对言论自由的限制必须以宪法为根本遵循，不得与宪法的原则和规定相违背。因此，我们要认真分析梳理现有立法中超越《宪法》范围或与《宪法》相抵触的有关禁止发布传播的网络内容的规定，并及时修正或者废止。《计算机信息网络国际联网安全保护管理办法》第5条第8项关于禁止传播损害国家机关信誉的信息内容的规定即属此例。我国《宪法》第54条规定公民有维护国家荣誉的义务，但并未规定公民有维护国家机关信誉的义务，据此可以推定，现有立法中有关禁止传播损害国家荣誉的规定是符合宪法精神的，但禁止传播损害国家机关信誉的规定并无宪法根据。虽然荣誉和信誉都是一种评价，但荣誉是特定社会组织给予的一种正式且积极的评价，不是一般的社会评价。国家荣誉则是国家元首以国家名义授予的荣誉，在一国荣誉体系中具有最高权威性、核心价值导向性和不容非法剥夺性。信誉是信用和名誉的合称，属于中性词，任何社会主体的信誉都是依靠自身的良好形象来维持的。国家机关信誉的树立是通过其自身在执法过程中致力塑造权责法定、公开公正、廉洁高效、人民满意的良好政府形象来实现的，并非拒斥批评建议、强求人们沉默不语，更不是只允许讲溢美之词、鼓励人们歌功颂德去维持的。恰恰相反，广大人民群众对国家机关及其工作人员的行政行为进行批评和监督，及时提出富有建设性的意见和建议，促进其不断改进工作作风、优化管理流程、提升政务效率和服务水平，会极大地维护国家机关的形象和声誉。

此外，在禁止网络有害信息传播方面，要加快构建富有中国特色的互联网内容分级制度，即根据有害信息所涉及的不同对象至少是成年人和未成年人予以区别对待，分别作出规定，避免简单粗暴的"一刀切"做法，这不仅能为未成年人撑起法律保护伞，精准消除涉及未成年人的网络有害信息，也能防止因打击面过大而过度规制成年人网络言论自由的情况发生。

第二，要适时将新出现并具有社会危害性的网络言论失范行为纳入立法规制范围，防止和避免对滥用网络言论自由的现象规制不足。言论自由不等于胡言乱语，网络言论自由也并非信口雌黄。无论是现实世界还是网络空间，言论自由都是相对的、有边界的。互联网的广泛普及，虽然给公民的思想与观点提供了自由表达和多元呈现的机遇和广阔舞台，使人们告别了"街头发言者"和"群体抗议者"的角色身份，但同时也产生了"网络水军"、网络暴力、网络谣言、网络色情、网络仇恨等一系列网络言论失范现象，进而对网络言论自由的健康发展造成干扰和冲击，也给网络言论自由立法规制带来挑战和压力。

就网络暴力而言，它是一种具有群体性、欺凌性和煽动性的新的暴力行为方式，是发生在虚拟网络空间里，通过引导或自发组织的群体性言语欺凌损害特定对象的隐私权、名誉权，继而对行为对象进行精神折磨的暴力方式。① 一段时间以来，网络暴力问题成为污染网络生态的顽瘴痼疾：或是借助舆论热点挑动网络对立，或是躲在键盘后面施放"冷箭"、造谣中伤，或是"赤膊上阵"、公开侮辱诽谤他人，或是发动"人肉搜索"侵害隐私……网络暴力不仅给当事人带来身心伤害，更毒化网络风气、污染网络生态、降低网络格调，让网络参与者深受其害。② 从表象上看，网络暴力似乎是言论自由的滥用和异化乃至道德审判，其实是一种违法行为。因此遏制网络暴力，除了要加强网民的媒介素养和网络平台的把关责任，更要从法律层面加大规制与惩处的力度。首先，要在遵循网络言论自由法律规制的宪法界限的基础上，进一步揭示网络暴力违法行为的含义与类型。③ 其次，分别从民法、行政法、刑法的视角，对不同性质网络暴力违法行为的认定标准和程序以及所应承担的法律责任作出明确规定。当然，基于刑法的根基是保障公民自由权利，刑法的信仰是罪刑法定主义的现代刑事法治理念④以及"网

① 参见石经海、黄亚瑞《网络暴力刑法规制的困境分析与出路探究》，《安徽大学学报》（哲学社会科学版）2020 年第 4 期。
② 参见桂从路《标本兼治，涌流更多正能量——别让网络暴力污染精神家园》，《人民日报》2022 年 3 月 23 日，第 5 版。
③ 有学者将网络暴力分为网络语言暴力、"人肉搜索"行为、捏造传播网络谣言或网络寻衅滋事三种类型，具有一定的指导意义。参见徐才淇《论网络暴力行为的刑法规制》，《法律适用》2016 年第 3 期；石经海、黄亚瑞《网络暴力刑法规制的困境分析与出路探究》，《安徽大学学报》（哲学社会科学版）2020 年第 4 期。
④ 参见刘艳红《刑法的根基与信仰》，《法制与社会发展》2021 年第 2 期。

络言论不被轻易犯罪化"的宪法法理，不应轻易把因表达言论自由附带性侵害其他权利或利益的行为定义为犯罪，因此对于网络暴力的法律规制，"应更加重视非刑罚手段的保护功能，且刑罚处罚必须有效、适度和具有劝阻性，不要让刑法冲在法益保护的'第一位'"①。最后，基于网络暴力往往有多个主体参与，且各主体的不法行为性质认定及证据固定比较困难的现状，应建立网络暴力民事公益诉讼和行政公益诉讼制度作为民事自诉和行政自诉案件的重要补充，发挥其在网络暴力违法行为追责中的独特作用。

（三）优化网络言论自由的行政管理制度

一直以来，人们在政府与言论的关系问题上似乎形成了不言自明的论辩预设，即把政府置于言论的对立面，甚至将之视为水火不容的敌人。应该说这是一个极富洞见的观点，但带有很大的片面性。实际上，政府可以是言论的敌人但也可以成为言论的朋友，正如欧文·M.费斯所认为的那样，人们应该学会接受这样一个不争的事实："政府既可能是言论的敌人，也可能是其朋友；政府能够作出破坏民主政治的可怕举动，但也会寻求增进民主政治的美好图景。"②问题的关键在于对政府规制言论自由的行为要有全面客观的认识和应对，言论自由并非绝对的，应该受到政府的规制；而政府规制言论自由的行为同样不是绝对的，也应该受到法律的规制。所以，推进网络言论自由法律制度体系的完善，不仅要加强和改进网络言论自由的权利保障与行为规制，还要致力于通过网络言论自由的立法和制度建设进一步改善和优化政府规制网络言论自由的指导思想和原则，管理机构的设置和职责，行政执法的程序、监督途径以及相应的法律责任，从而为政府的网络内容治理行为的合法化和制度化提供有力保障。

当前，网络言论自由的行政管理制度体系建设与优化，需要特别注重以下几个方面。

第一，科学合理设置禁止传播网络违法信息内容的兜底条款。稳定性是法律的一个最基本和最重要的特征，然而，人类社会总是在不断的发展变化之中向前推进的，加之立法者的认知能力有限以及立法技术不够成熟，

---

① 姜涛：《网络谣言的刑法治理：从宪法的视角》，《中国法学》2021年第3期。
② 〔美〕欧文·M.费斯：《谁在守望言论》，常云云译，法律出版社，2015，第155页。

因而任何立法都不可避免地带有一定程度的局限性和滞后性。为了增进法律的严密性与前瞻性，摆脱列举式规定难以穷尽的困境，法律文本中设置兜底条款不失为明智之举。问题的关键是，在网络言论自由行政管理立法中设置兜底条款必须经过充分论证，尤其要注重对言论自由法律制度及其实施状况乃至法治现状进行全面客观的评估，只有这样才能作出正确抉择。基于此，在我国有关互联网信息内容管理的行政法规和部门规章中，关于禁止传播违法信息内容的兜底条款的设置是经不住考量的，应予以废除。其主要理由在于，言论自由作为一项重要的宪法权利，属于法律绝对保留的事项，对其进行限制必须经由全国人大及其常委会通过立法形式加以确定，而在行政法规和部门规章中设置兜底条款显然与此相悖，容易造成行政机关在行政管理活动中突破法律保留原则的约束，限制或剥夺公民的网络言论自由权。同时，即使是以法律形式对网络内容作出限制性规定，也要慎重对待兜底条款的设置。若在法律文本中设置兜底条款，必须遵循合宪性原则，不得违背宪法关于言论自由的规定或精神；而且兜底条款的解释权必须由立法机关按照职权范围和法定程序来行使，而不能由行政机关擅自行使。只有这样，才能从源头有效防止行政机关滥用自由裁量权而过度限制或剥夺网络言论自由。

第二，加强对网络内容行政管理的监督制约。在网络内容行政管理活动中，必然涉及政府、互联网运营者和网络用户三方主体，因而立法必须遵循统筹兼顾和利益平衡原则，科学合理地配置各方的权力（权利）与利益、义务与责任。以此来观照我国《网络安全法》中的权责一致原则，对其的正确理解应当是，在网络内容治理法律关系中，政府、互联网运营者和网络用户三方主体享有的权力（权利）和利益必须与承担的义务和责任相一致，有权利必有义务，有权力必有责任，不允许脱节、错位、不平衡现象存在。当前最重要的是关注和聚焦《网络安全法》中有关网络内容行政管理的权力与责任的失衡问题，并及时加以完善，使之回归到匹配、对等的均衡状况。一是完善网络安全投诉举报制度。《网络安全法》第14条赋予有关部门对危害网络安全行为的举报进行依法受理和查处的权力，以及对举报人的相关信息予以保密和对举报人的合法权益进行保护的义务，但是未规定相应的法律责任，这是欠妥当的。因而，有必要对收到举报的有关部门在调查处理过程中推诿塞责、隐瞒包庇、泄露举报人信息或者打击报复举报人的行为所应承担的法律责任作出明确规定。二是完善阻断违法信息传播制度。《网络安全法》第 50 条赋予有关部门阻断违法信息传播的权力，却没有规定有关部门对违法信息的认定标准、程序及法律责任，这也是不恰当的。因此，必须对有关部门在认定网络违法信息和阻断违法信息传播中的职权范围、运作程序以及失职渎职或滥用职权的法律责任作出具体规定。只有建立起相对完善的网络内容行政管理监督制约的制度机制，才能从根本上杜绝随意执法和任性执法，进而有效保障公民的网络言论自由不受行政机关的非法侵害。

第三，加强对资本操纵网络舆论、干扰言论自由的行政规制。如果说科学合理设置禁止传播网络违法信息内容的兜底条款以及加强对网络内容行政管理的监督制约，是对行政管理权力的适当控制，以防止行政机关滥用公权力侵犯公民言论自由权的现象发生，那么，加强对资本操纵网络舆论、干扰言论自由的行政规制则是对行政管理权力的适度扩大，旨在依靠行政力量打击资本强权侵犯公民言论自由的行为。在互联网技术越来越先进、资本渗透越来越深入的背景下，网络舆论场中的资本逻辑逐渐显现，资本为了维护自身的特殊利益而不惜侵犯网络言论自由的现象屡屡上演。总体上讲，资本侵犯网络言论自由主要表现在两个方面：一是资本通过组织"网络水军"、策动网络黑公关、买卖资源位、进行算法推荐等方式，有目的地对舆论信息进行干扰、组合、突出或削弱等，以淹没或排挤公民的言论表达，从而间接侵犯公民的言论自由权，达到其制造和操纵最符合自身利益需要的网络舆论之目的；二是资本通过其掌控的网络服务平台对舆论信息采取筛选、裁剪、阻断、屏蔽等手段，以限制乃至剥夺公民的言论表达，从而直接侵犯公民的言论自由权，实现其左右网络舆论走向的目的。无论资本采取哪种方式侵犯网络言论自由，都"带有明显的隐蔽性、组织化、规模化、技术化特征，尤其是技术的在场更加遮蔽了资本逻辑"[1]，呈现很强的煽动性、欺骗性乃至胁迫性的态势。

---

[1]　刘立荣：《网络舆论场中资本逻辑的表现与特征》，《新闻知识》2021 年第 4 期。

资本操纵网络舆论、干扰言论自由无疑是互联网技术和数字化发展带来的一个新的社会问题，它不仅侵犯了公民的言论自由权，而且破坏了网络内容安全进而威胁到国家安全和社会公共利益。正如有学者指出的那样，资本操纵网络舆论"损害的不仅是个人的言论自由权益，更是对社会公共秩序与公共安全的扰乱，对国家政权安全、信息安全、文化安全等国家安全利益的一种破坏"①。因此，防范和打击资本操纵网络舆论、干扰言论自由现象离不开行政力量的加持。虽然新修订的《互联网用户公众账号信息服务管理规定》能对资本操纵网络舆论、干扰言论自由的行为起到一定遏制作用，但该规定还存在立法位阶低、法律效力弱、覆盖范围窄的问题。因而，建议全国人大通过立法形式对资本操纵网络舆论、干扰言论自由的行为进行规制：首先要赋予国家网信部门和有关主管部门对资本操纵网络舆论、干扰言论自由的行为进行检查、监督和处罚的权力，并明确其执法范围、依据和程序；其次要扩大资本操纵网络舆论、干扰言论自由的行为类型范围，不仅要将互联网用户公众账号信息服务平台和公众账号生产运营者的违法违规行为纳入规制对象，还要扩展到资本利用其参股或相对控股的网络服务提供者的优势地位而实施的有关违法违规行为，只有这样，才能从根本上减少资本操纵网络舆论、干扰言论自由的现象；再次要完善"网络水军"、网络黑公关、网络谣言等违法违规信息的投诉举报、预警发现和处置机制，铲除资本操纵网络舆论、干扰言论自由行为的生存土壤；最后要明确资本操纵网络舆论、干扰言论自由行为应当承担包括行政法律责任在内的各类法律责任，为行政机关依法打击和惩治有关违法违规行为提供可靠的法律依据。

第三节 健全执法机制

为了确保法律得到全面执行和遵守，政府在必要时可以正当地行使其所实际掌握的强制性权力。但政府权力具有天然的膨胀性和腐蚀性，如果

---

① 梅夏英、杨晓娜：《自媒体平台网络权力的形成及规范路径——基于对网络言论自由影响的分析》，《河北法学》2017 年第 1 期。

不加以限制，就很容易失控，继而成为践踏法律尊严和破坏法治秩序的专横力量。那么，在网络言论自由行政规制过程中，如何才能保证政府既能正当且有效行使其所实际掌握的强制性权力又不致走向失控呢？关键在于改革和完善行政执法体制，建立健全执法机制，确保执法为民、常态规范、协同高效。现择其要者论述如下。

一　强化执法为民理念

人民主权是我国《宪法》的一个基本原则。在全面推进依法治国、全面建成社会主义现代化强国的伟大进程中，要真正贯彻人民主权原则，政府在网络内容治理执法中就必须坚定不移地坚持以人民为中心的价值追求。

首先，为了人民。人们越来越深刻地认识到，互联网与其他任何技术一样都是一柄"双刃剑"，它既可以造福社会和人民，也可以被一些别有用心的人用来侵害社会和人民的利益。因而，采取切实有效的措施来治理网络，营造健康有序的网络环境，是网络内容治理执法中一个最现实、最迫切的任务。但是必须牢记，"政府有权，要为群众做事，为群众谋幸福，不应该妨害群众、压迫群众"①。任何政府部门及其工作人员都必须牢固树立全心全意为人民服务的宗旨意识。网络内容治理执法的出发点和落脚点就是扬长避短、惩恶扬善，让互联网更好地造福社会和人民，一方面要为普通民众更好地行使言论自由权利扩展发展空间，另一方面又要防止因网络言论自由的滥用而损害社会公共利益和他人人格权益。

其次，相信人民。人民群众最富有聪明才智和首创精神。在互联网时代，人民群众是网络最大的参与者、实践者、推动者和创造者，因此要充分相信人民群众，依法尊重和保障他们的言论自由权利，广泛而真诚地听取他们的意见和建议，尤其要包容不同声音和逆耳之言，力求"在尊重差异中扩大共识，在包容多样中增进认同"②。即使是存在认知偏差甚至错误的意见也要让其发表出来，因为这不仅让发表意见者有了一个陈述和争辩的机会，更重要的还在于创造了一种使正确意见能够经受住论战考验的环

---

① 《董必武法学文集》，法律出版社，2001，第3页。
② 《胡锦涛文选》第二卷，人民出版社，2016，第560页。

境条件。只有采取讨论、批评和说理的方法，才能使正确的意见得到检验和发展、错误的意见得到克服和纠正，也才能真正有效地解决理论和现实中存在的问题。在网络内容治理执法中，只有广泛听取和征求各方面意见建议，深入了解和掌握各方面情况，才能作出理性判断和正确决策，从而为深入推进网络内容治理工作奠定坚实的民意基础、凝聚社会共识。

再次，依靠人民。"人民是历史的创造者，是真正的英雄"①，是推动历史进步和社会发展的根本动力。人民群众的智慧和力量是无穷无尽的，只有从中汲取丰富经验和有益启示，并用以指导和促进政府各项工作的开展，才能有效应对各种问题和挑战。毫无疑问，网民不是全体人民，但在互联网普及应用越来越广泛和深入的今天，网民越来越接近于全体人民。不过，"网民"与"人民"这一抽象的集合概念不同，网民更多的是一个个具体的、活生生的人，"当'人民'变成网民，每个人都是直接表达自己意见的权利主体"②，同时也在一定程度上成了群体的意志和利益的代言人。因此，网络内容治理执法不能"关门执法"，远离群众。只有紧紧依靠群众的智慧和力量，引导和动员广大群众积极参与其中，才能胜券在握，赢得网络内容治理的主动权和实质性成功。正如习近平就网络安全问题强调的那样，"网络安全为人民，网络安全靠人民"③，维护网络安全迫切需要包括广大网民在内的全社会力量的共同参与，才能构筑起网络安全的坚固防线。

最后，保护人民。法律不只体现人民的意志和利益，还必须致力于实现人民意志和维护人民利益。民主政治的实质要义就是"主权在民"，即每个人都能在法律制度所允许的范围内自由地言说、自主地交往和自在地生活。网络言论自由是传统言论自由在互联网时代的延伸与发展，因而行政执法的根本宗旨就在于积极促进和保障网络言论自由权利的充分实现，而不是限制更不是剥夺公民的网络言论自由权利。需要特别注意的是，在网络信息技术快速迭代、资本操控舆论风险隐现的背景下，网络平台在言论

① 习近平：《在庆祝中国共产党成立100周年大会上的讲话》，人民出版社，2021，第9页。
② 熊培云：《重新发现社会》，新星出版社，2010，第288页。
③ 《习近平关于网络强国论述摘编》，中央文献出版社，2021，第92页。

自由领域中作为言论的保护者和侵害言论自由的帮手的双面角色越发凸显。[①] 针对这一现象，行政执法应及时将网络平台纳入规制范围，以防范公民网络言论自由被网络平台不当干预或被资本力量变相剥夺的潜在风险。

二　完善执法常态运行机制

近年来，我国网络内容治理实践中存在运动式执法的情况。尽管运动式执法在短期内能在一定程度上打击违法犯罪，但它不可避免地存在成本较高、难以持续、容易激化社会矛盾等诸多弊端，"还被认为具有严重的合法性问题而构成了我国法治转型的巨大障碍"[②]。显然，运动式执法会直接冲击正常的法治秩序。[③] 因此，必须对我国运动式执法进行深刻反思，积极探索网络内容治理的制度化和常态化路径，并力求将运动式执法控制在有限的范围之内。而欲使网络内容治理的短时期、应急式、集中性的运动式执法逐渐转变成完善的全天候、长期性、制度化的常态执法机制，需要采取一系列的策略和措施。

（一）加强队伍建设，提升执法能力水平

国家行政机关是行政执法的主体，具体负责执行、适用法律处理国家各种事务，并对社会各种事项及个人组织进行行政管理，但具体行政执法行为则是由行政机关工作人员来实施的。因而，行政机关工作人员的履职能力和业务水平的高低，直接关系到国家治理体系和治理能力现代化以及行政执法常态化、制度化能否顺利实现。所以说，网络内容治理的质量和效果如何，在很大程度上取决于管理队伍能力水平的高低。为了在愈演愈烈的国际竞争中占据先机、赢得优势，世界许多国家都制定了雄心勃勃的网络空间安全与发展战略。我国因势而动，在2016年12月发布了《国家网络空间安全战略》，对加快推进新时代网络强国建设、加强网络信息安全管理提出更高的要求。在当前互联网迅猛发展以及互联网与大数据、云计算、

---

① 参见齐延平、何晓斌《算法社会言论自由保护中的国家角色》，《华东政法大学学报》2019年第6期。

② 向淼、郁建兴：《运动式治理的法治化——基于领导小组执法行为变迁的个案分析》，《东南学术》2020年第2期。

③ 参见程琥《运动式执法的司法规制与政府有效治理》，《行政法学研究》2015年第1期。

人工智能等新一代信息技术深度融合的背景下，我国网络内容监管机构队伍建设虽已取得了一定成效，但仍然相对滞后，缺乏既懂信息技术又懂业务管理的复合型人才，不能快速有效应对日新月异的网信事业发展和复杂多变的网络舆情所带来的新问题新挑战，从而也就不能很好地开展网络信息与言论传播秩序的管理工作，不利于打造清朗健康的网络空间。显然，网络信息管理机构工作人员不仅要具备相关法律知识和职业道德，而且必须要把握网络信息技术发展的实质内容、基本特征和未来趋势，并具备与之相适应的执法办案能力。这就迫切需要加大网络内容管理队伍专业化、常态化建设的力度。为此，要构建较为完备的网络内容管理人员的管理体系，并形成一套健全规范的人才聘用、评价、培训和考核机制。尤其要高度重视和全面开展网络内容管理人员的培训工作，不断推进培训工作的科学化、制度化和长效化，以确保管理人员满足网络信息与言论监管工作的要求，不断促进网络内容管理行政执法工作上台阶、上层次。

（二）深化政务公开，推进执法公开透明

政务公开是确保行政执法常态化、长效化的一项重要内容，也是推进行政程序规范化、正当化的一项基础性工作。政务公开在本质上就是一种信息公开，其主要目的是尊重和满足公民的知情权和监督权，有助于公民对行政权力运行过程的参与和监督，从根本上防止和杜绝暗箱操作与腐败行为。在网络内容治理执法过程中，坚持和实行信息公开，对于深化政务公开常态化，促进和保障公民的知情权和监督权的充分实现，建设公正透明、廉洁高效的法治政府，从而有效推进行政执法工作常态化，是极其重要的。为此，要进一步完善网络内容治理执法的信息公开制度，增强信息发布的合法性、自觉性、时效性和真实性。一要依法发布信息，即除涉及国家秘密、商业秘密或者个人隐私等信息法定不予公开外，行政主体依法治理网络内容的法律依据、职权范围、工作流程、处理结果、监督方式等事项应一律公开。二要主动发布信息，扩大政府信息主动公开的范围和深度，"除了在突发事件中明确官方的信息公开职责，在一些特殊领域也需要考虑将信息公开的范围进一步扩容"①，尤其要注意把网络内容治理执法中

---

① 张新宇：《网络谣言的行政规制及其完善》，《法商研究》2016 年第 3 期。

涉及人们社会生活和政治生活的信息纳入主动公开的事项范围。三要及时发布信息,"对于一些热点、焦点问题,容易引发讨论的公共议题,政府应当充分利用网络媒体的优势及时发声、及时公布事实真相,保障公民的知情权"①,让广大民众在第一时间了解事实真相、处置结果等相关信息。四要准确发布信息,不断规范政府信息公开平台,完善政务微博、群组信息发布制度,加强与网民的互动交流,提高网络内容治理执法的透明度和公信力。

需要强调的是,我国《民法典》规定的"通知—删除"规则具有平衡利益冲突的功能,在具体适用过程中,为防止"通知—删除"规则被公权力滥用,不仅要对其进行合宪性调控,而且要明确,凡是与公共利益有关且涉及政府工作人员违法的网络内容,如果公权力机关以侵权的名义通知网络平台对其采取删除等处置措施,应一律公开该通知的具体理由和内容(涉及国家秘密的除外),让其暴露在社会公众的视野中,接受社会公众的质疑,以防止政府工作人员以迂回的方式掩盖其侵犯公民言论自由的现象发生。

(三)引导公众参与,扩大执法监督范围

毫无疑问,程序公正对于行政合法性与正当性具有非常重要的意义。但要让人们真正觉得程序是公正的,关键要使涉及该程序的当事人相信他们有充分的机会参与行政权力运行的过程,包括他们提出自己的意见以及行政主体认真听取并充分采纳他们提出的合理意见。显然,程序公正离不开行政参与制度的维护和推动。因为行政参与过程就是行政主体行使行政权与行政相对人行使参与权以及两者相互作用的过程。在这种相互作用的过程中,行政主体与行政相对人之间可以通过交流沟通逐步理解和掌握对方的内心意思,继而在相互信任与协商的基础上形成处理结果,这样不仅能有效避免摩擦和冲突,保证处理结果的公正性和可接受性,同时也是促进执法行为常态化和人性化的关键所在。

网络内容治理执法直接关系到公民的网络言论表达与传播是否合法以及如何对待和处理的问题,而公民网络言论表达与传播本身就是政治参与在互联网时代的具体体现,它往往会直接指向包括网络内容治理行政执法

---

① 李大勇:《大数据时代网络谣言的合作规制》,《行政法学研究》2021年第1期。

在内的所有公权力运行的合法性和正当性的问题，因而两者难免会产生摩擦和冲突。公众参与是最好的试金石。在社会公众参与下，政府工作人员在网络内容治理办案过程中的行为表现如何，是否客观公正、出以公心，是否符合法律明确规定和程序正当原则，都将受到社会公众的监督和评判；那些过于任性和随意、既缺乏明确的法律依据又不符合正当程序的行为，也都将变得无所遁形。坚持和完善行政参与制度，构建公平公正、顺畅高效的行政参与机制，实现社会公众参与常态化、制度化，不仅是从源头化解官民矛盾纠纷的重要渠道，也是有效抑制行政权力任性与专横，保障公民言论自由权利充分实现的关键所在。

（四）严格责任追究，促进执法效能提升

一个完备的执法制度体系离不开行政执法责任追究制度的有力支撑，而行政执法责任追究制度的严格执行则是着力推进执法常态化和制度化的重要保证。严格执行网络内容治理行政执法责任追究制度，对于及时查处和纠正行政执法中的违法、不当和不作为行为，激发和增强执法人员的责任意识与担当精神，全面提升执法效能，具有极其重要的现实意义。

当前，网络内容治理执法中的责任追究需要重点关注和加强两个方面。一是政府及其工作人员在网络内容治理执法中不履职或履职不力的法律责任。作为网络内容治理执法主体的政府及其工作人员应当忠于职守，坚持原则，尽职尽责，加强对网络违法有害信息的监控、预警和规制。对于那些可能威胁和危害社会公共利益和个人人格利益的情形，应当依法及时采取有效措施，以预防与控制网络违法有害信息的滋生蔓延。相关执法部门及其工作人员如果因不履职或履职不力而造成恶劣后果，应当承担相应的法律责任。如果事态严重恶化、影响社会和谐稳定，还应当适时启动行政问责机制，对负有领导责任的人员和相关责任人进行行政问责。二是政府及其工作人员在行政执法中不当履职或违法履职导致公民网络言论自由权利受到侵犯的法律责任。言论自由是宪法赋予公民的一项基本权利，这意味着政府及其工作人员不仅负有保障公民言论自由权利实现的责任，同时也要履行不得非法侵害公民言论自由权利的义务。但在行政执法的实践中，一些地方部门出于某种原因，可能会以对网络内容进行监管的名义肆意阻挠和打压公民的网络言论自由，这势必会引起民众的反感和抵触，极易诱发群体性事件，从而损害政府的形象和权威，影响社会的和谐与稳定。对于此种现象，应及时查明事实真相，并依法追究相关人员的责任，决不姑息。

三 构建执法协作配合机制

互联网是一个巨大的全球信息系统，而且具有很强的开放性、渗透性和扩张性，因而包括网络言论自由在内的互联网治理是一项系统性、整体性乃至全球性议题，仅仅依靠某个国家或者国家的某个部门单独应对和解决是不切实际的，迫切需要各国之间或国家内部不同部门之间的通力协作、共同应对。为了有效推进网络言论自由行政规制工作的顺利开展，应当注重构建国内执法协调机制和国际执法合作机制。

（一）构建国内执法协调机制

针对我国网络内容治理问题，习近平强调政府行政管理部门要加强监管，并与企业密切协作、相互配合，努力形成齐抓共管、良性互动的新局面。① 网络言论自由行政规制应着重做好以下几点。

第一，优化监管机构职能。一般来说，政府监管机构及其活动在维护网络空间信息安全与言论传播秩序，以及保障公民网络言论自由权利方面起着至关重要的作用。这种作用主要体现在两个方面：一是政府全面负责、统筹规划网络内容治理的方针政策和法规制度的制订；二是互联网监管机构具体处理网络内容治理中产生的矛盾纠纷。显见，政府在网络信息安全与言论传播方面扮演着治理主体的重要角色，并发挥着不可替代的主导作用。然而长期以来，我国网络信息监管机关众多，几乎所有政府职能部门都参与其中。这种做法固然便于发挥各自专业化管理的优势，增强网络信息监管的针对性和实效性，但也明显存在管理体制不顺所造成的多头管理、职能交叉、权限分散、缺乏协同的弊端，使政府的主导地位和作用大打折扣。虽然 2011 年国家互联网信息办公室的设立与运作，在一定程度上缓解了网络信息管理中的政出多门、职责不明、推诿扯皮的乱象，但是我国网络信息监管执法机构的协同性问题仍未得到彻底解决。值得欣慰的是，2014

---

① 参见习近平《在网络安全和信息化工作座谈会上的讲话》，人民出版社，2016。

年，中央网络安全和信息化领导小组成立，后于 2018 年改为中央网络安全和信息化委员会，习近平总书记亲自担任组长（主任），这对于从根本上破解长期困扰我国的"九龙治网"、多头治理的困局，有效推进网络内容治理的健康发展，起到了战略引领和统筹协调的关键性支撑作用。

当然，在网络信息监管机构的职能配置及运行机制方面还有待进一步优化。一方面，政府各监管机构应根据自身职责范围，认真研究网络信息和言论的传播特点、发展趋势及应对策略，不断汲取和借鉴国外的先进经验，努力提高自身的管理协调能力。另一方面，政府各监管机构应主动接纳网络行业协会、网络运营者和网络用户等社会力量参与相关治理工作，及时听取和吸收他们在网络内容治理中的合理化意见和建议，以更好地凸显网络信息与言论监管活动的开放性和包容性。

第二，建立信息共享机制。互联网每时每刻都在制造、汇聚和存储海量、庞杂的信息，由于政府各监管机构的职能权限和管辖范围不同，因而它们所收集和掌握的信息类型与内容自然会有所差异，这就迫切要求各监管机构之间以及其与社会自律组织之间在网络内容治理中，实现信息资源共享和协同治理。

近年来我国一些法律法规针对不同领域网络内容的专项治理，作出了建立信息共享机制的规定①，这对于利用互联网及大数据、云计算、人工智能等新一代信息技术，构建起一个各方参与、相互协调、运行通畅的网络内容治理信息共享平台，打破信息孤岛，实现信息互通，提高监管效率，显然具有积极的导向意义。然而，就网络违法有害信息的综合治理而言，信息共享机制仍然存在覆盖面过小、实施范围过窄的问题。因此，要以更加宽广的视野和格局来审视和构建网络内容监管的信息共享机制。一方面，要建立统筹政府各监管机构间的网络内容治理的信息共享平台，及时通报与分享相关信息，优化资源配置，形成监管合力；另一方面，要建立监管机构与社会自律组织间的网络内容治理的信息共享网络。网络内容监管不只是政府部门的事情，还牵涉到各个组织和全体民众的利益，这就需要建

---

① 参见《数据安全法》第 22 条、《反电信网络诈骗法》第 32 条、《互联网新闻信息服务管理规定》第 21 条、《网络信息内容生态治理规定》第 30 条。

立政府监管机构与行业协会、社会团体和网民等社会自律组织之间的信息共享平台，政府监管机构可实时发布网络违法有害信息的监测预警与应急处置情况，社会自律组织也可实时发布网络违法有害信息的传播动态与防治措施。这样做，可以为政府统筹研判与精准施策以及社会自律组织及时预防与治理提供可靠的信息保障。

第三，建立联合执法机制。当前，由于网络违法有害信息和言论传播日趋常态化，各种谣言、暴力、欺诈、色情等社会丑恶现象借助网络迅速蔓延，有时甚至呈加速扩散态势，因而对网络内容进行治理仅仅依靠任何一个监管机构"单打独斗"是行不通的，必须在构建完善的信息共享机制的基础上进一步建立健全常态化的联合执法机制，致力于形成中央与地方协同治理以及多部门联合执法的新格局。

值得注意的是，近年来，虽然我国网络内容治理工作取得了显著成绩，但是这些成绩的取得似乎与"集中整治""专项治理""××行动""××战役"等运动式执法紧密联系在一起。运动式执法具有明显的应急性、临时性和非常态性等特征，其效果难以持久，往往"随'运动'而效果兴起，但随着'运动'过后效果减弱，呈现波浪式效应"①。因此，建立和推行联合执法机制，更需要在确保治理的常态化、长效化上下功夫，切忌急功近利、追求短期效应。这就必然要求我们不断更新执法观念，重构行政职能体系，实现运动式执法向常态化执法的转变，即"从依赖突击和集中整治的粗放型监管模式向依靠多方参与、建立长效机制和加强技术手段的监管模式转变"②，切实形成联合执法工作的制度化、规范化和长效化，有效预防、及时控制网络违法有害信息和言论的传播与泛滥，持续不断地净化网络空间，共建网络精神家园。

（二）构建国际执法合作机制

互联网遍布全球，联通各国，这一特性决定了网络内容治理是世界各国共同面对的全球性挑战。在这一挑战面前，没有哪个国家能够做到独善

---

① 童楠楠、窦悦、王建冬：《当前中国互联网治理应坚持的八条原则》，《电子政务》2016年第4期。

② 郑宁：《网络人权的理论和制度：国际经验及对我国的启示》，《人权》2016年第5期。

其身、单枪匹马。正因如此，习近平强调把维护网络安全看作国际社会的共同责任；并向全世界呼吁，互联网治理必须朝着平等尊重、开放共享、安全有序的方向发展。① 这充分表明网络内容治理不仅需要国家层面的积极应对，更需要全球层面的共同行动。因此，在推进网络内容治理执法的过程中，还要面向世界，与各国一道共同构建以平等尊重、合作共治和安全有序为核心的国际执法合作机制。

第一，平等尊重。针对互联网的非区别性、去集中化和全球连通性等特征，有学者断言，互联网将使传统的以国家主权为依托的法律规制结构逐步瓦解。② 实则不然，因为尽管互联网几乎遍布世界的每个角落，堪称无处不在，而且有着超乎寻常的运行规律和内生动力，但它毕竟紧紧依附并深深植根于现实社会之中，那些用于传递信息的互联网基础设施、提供互联网信息服务的网站和运营机构以及无须验明正身就可以自由出入的网民，大都位于或居于主权国家的内部，都要接受主权国家的法律规制与政府监管。这就意味着人类的地理界限将会以独立的方式继续存在下去，独立的主权国家依然存在并将会继续发挥无可替代的重要作用，即使人类的许多利益已经超越了国家界限。因而，仅凭互联网的全球连通性等特征就得出传统的国家法律规制结构必定会土崩瓦解的结论，是十分武断和极其错误的。

问题的关键是，应当在尊重主权国家已有法律规制框架的基础上不断加强国际协调与合作，共同维护网络空间信息安全。对此，习近平明确指出，互联网并非"法外之地"，同样要依法维护国家主权；而且要在相互理解和信任的前提下，"尊重网络主权，维护网络安全，共同构建和平、安全、开放、合作的网络空间"③。因此，就像现实社会信息安全治理一样，在推进网络空间信息安全治理的国际沟通和合作方面，同样要坚持国家不分大小、强弱一律平等的原则，无论是互联网大国还是互联网小国，也无论是互联网强国还是互联网弱国，都应当尊重和维护各国主权，保持合作

---

① 参见《习近平谈治国理政》第二卷，外文出版社，2017，第 535 页；《习近平关于网络强国论述摘编》，中央文献出版社，2021，第 161 页。

② 参见〔英〕詹姆斯·柯兰、娜塔莉·芬顿、德斯·弗里德曼《互联网的误读》，何道宽译，中国人民大学出版社，2014，第 112 页。

③ 《习近平关于网络强国论述摘编》，中央文献出版社，2021，第 150 页。

过程中地位平等，努力形成平等协商、共治共享、互助互利的治理格局。唯此，才能够坚决反对和抵制网络霸权，为建立网络信息安全治理的国际执法合作机制奠定根本的政治前提和基本的国际法基础。

第二，合作共治。合作共治是建立网络内容治理国际执法合作机制的基本路径和策略。首先，要在尊重和维护各国主权的基础上广泛开展双边和多边协商，凝聚合作治理共识。基于"网络空间是人类共同的活动空间，网络空间前途命运应由世界各国共同掌握"之考量，习近平大力倡导："各国应该加强沟通、扩大共识、深化合作，共同构建网络空间命运"①。在中国政府的积极倡导下，从 2016 年 G20 杭州峰会通过的《二十国集团数字经济发展与合作倡议》到 2017 年中国发布的《网络空间国际合作战略》，再到 2020 年提出的《全球数据安全倡议》，中国始终秉持多边主义、安全发展、公平正义的全球数字治理原则，为共同维护网络信息安全秩序贡献了中国方案。其次，要在网络信息安全的法律界定与保护、涉网案件的认定标准与范围、执法信息的共享与交流、执法行动的管辖与合作等方面，推动国际社会达成共识，形成执法合作框架协议，以缓解和减少各国在防止网络有害信息跨国传播中的执法冲突与摩擦。② 最后，要警惕西方国家在维护网络信息安全方面所暴露出来的双重标准和两面派嘴脸。总之，我们要积极推动国际组织和各国加强联合、协调行动，共同揭露和抵制西方国家的两面派嘴脸和言行，确保国家的网络内容治理建设朝着平等尊重、公平正义、合作共治的方向健康发展。

第三，安全有序。安全有序是建立网络内容治理国际执法合作机制的根本目标和任务。当前，全球范围内的网络信息安全威胁和风险日益凸显，从影响人们日常生活的网络谣言、网络诽谤、网络诈骗、个人信息泄露，到影响国家安全与社会公共安全的网络监听、网络攻击、网络恐怖主义，每时每刻都在困扰世界各国政府和广大网民。淫秽、暴力、黑客攻击等网络信息犯罪活动越来越多地呈现跨境跨国性特征。很显然，在"你中有我、

---

① 《习近平谈治国理政》第二卷，外文出版社，2017，第 534 页。
② 参见程琳《加快信息网络法治建设 维护网络社会安全秩序》，《中国人民公安大学学报》（社会科学版）2013 年第 1 期。

我中有你"的互联网时代，没有谁能与世隔绝而独享安全，也没有哪个国家能置身事外而作局外人。互联网赋予国家安全以崭新的时代内涵，网络信息安全已深深地嵌入国家安全观的内核之中。没有网络信息安全，就不可能有国家安全；或者更确切地说，没有网络信息安全的国家安全是跛足的、残缺的和不完整的。

因此，建设一个以安全有序为根本目标和任务，由各国一起参与、协作治理、共同享有的网络空间命运共同体，是世界各国的唯一正确选择。习近平辩证地阐明了构建网络空间命运共同体的深刻内涵，他指出，维护网络安全应当摒弃双重标准，不能谋求一个国家安全而其他国家不安全，一部分国家安全而另一部分国家不安全，更不能以牺牲别国安全来维护自身所谓的"绝对安全"。因此，各国应该共同努力，不仅要联手防范和应对各种网络犯罪活动，同时还要根据国际公约和相关法律对利用互联网实施的商业窃密行为、攻击政府行为等予以坚决打击。① 总之，各国应紧密合作，携手打造安全有序、健康发展的全球网络空间命运共同体。

第四节　彰显司法宽容

在对网络言论自由进行法律规制的过程中，司法无疑是不可或缺的重要力量。由于言论自由在公民各项自由权利尤其是政治自由权利中居于重要地位，因而各国法院在对涉及言论自由的案件进行审理时大都秉持宽容的价值理念与原则，特别是在对言论失范行为科以刑罚的时候更是慎之又慎。如果说宽容是对某种观点或行为的尊重与容忍，那么"司法宽容就是在司法权运行过程中，法官对当事人权利以及当事人就案件事实问题和法律问题所提出的主张和要求给予的尊重与容忍"②。从最宽泛的意义上讲，司法宽容是指法官对公民的言论自由与监督权以及广大民众就案件的审理过程和判决结果所提出的意见和建议给予的尊重与容忍。司法宽容与司法活动的核心价值追求——公正，在本质上是一致的，"司法作为权利保障和

---

① 参见《习近平谈治国理政》第二卷，外文出版社，2017，第533页。
② 孙万胜：《司法权的理想》，《法制与社会发展》2001年第4期。

社会公正的最后防线，最能直接体现社会的宽容"①。宽容致力于全面的公正，是其他价值恰恰不能替代和表达的。② 司法宽容是法律包容的主要内容和重要组成部分，它能够有效抑制司法权的冲动与任性，保护公民免遭不正当的司法对待，既体现广泛包容不同意见与声音的司法谦抑品格，也契合建立发展和谐融洽的人际关系的普遍社会诉求。当前，在网络言论自由司法规制的过程中，进一步彰显和弘扬司法宽容精神，要重点把握好以下几个方面。

一　坚持司法手段的谦抑性

司法手段的谦抑性是司法宽容的基本内涵，它强调要尽量运用包容审慎的思维和相对温和的方式化解纷争。在纠纷处理过程中，应遵循先非法律手段后法律手段、法律手段中先私法后公法、公法中先行政法后刑法、刑法中先轻微制裁后严厉制裁的逻辑思路，进行汰选适用：在一般情况下，只要能用非法律手段加以解决的就不要用法律手段，只要能用私法进行调整的就不要用公法，只要能用行政处罚调整的就不要动用刑事处罚，只要能用较轻的制裁方法抑制犯罪的就无须用严厉的制裁方法。当然在某些特殊情况下需要综合运用多种调整手段的，另当别论。在司法手段的谦抑性中，刑法的谦抑性尤为重要和关键。刑法的谦抑性一方面彰显刑事立法理性，另一方面强调刑事司法限缩。刑事立法理性主要体现在"不能大规模地犯罪化扩张，而是要固守刑法的补充性"③ 上，刑事司法限缩主要通过两条进路展开："一是前置法定性与刑事法定量相统一的刑法适用解释对立法犯罪化之司法认定限缩；二是前置法优先处理原则与刑事法优先处理例外相结合的刑事案件办理模式的倡导。"④ 基于刑法谦抑性理念审视《网络诽谤解释》，该解释对于刑法的谦抑精神虽然有所体现，但其中关于网络诽谤罪和寻衅滋事罪认定的规定却存在过度扩张与泛化而限制言论自由的问题。

---

① 张善燚：《简论司法宽容》，《光明日报》2009年2月24日，第11版。
② 参见张善燚《论司法宽容》，《中南大学学报》（社会科学版）2009年第3期。
③ 姜涛：《社会风险的刑法调控及其模式改造》，《中国社会科学》2019年第7期。
④ 田宏杰：《立法扩张与司法限缩：刑法谦抑性的展开》，《中国法学》2020年第1期。

对此，不妨从以下三个方面进行检视与应对。

一是网络公共秩序的泛化问题。《网络诽谤解释》一出台，就引发了人们对网络诽谤罪的扩大化和网络寻衅滋事罪的口袋化等问题的质疑。其实，这些问题的实质首先在于太过泛化网络公共秩序。最高人民法院新闻发言人孙军工就出台《网络诽谤解释》答记者问时表示："网络空间属于公共空间，网络秩序也是社会公共秩序的重要组成部分。"① 这种把虚拟的网络空间及其秩序笼统解释为现实的公共空间及其秩序的做法有失妥当，应予以纠正。因为网络空间是一个不同于现实世界的虚拟空间，尽管虚拟的网络空间能够不同程度地反映现实世界的内容，但它毕竟不能与现实空间完全画等号。而且网络空间本身也有私人领域与公共领域的界分，这种界分即使是在网络空间中公共领域不断向私人领域渗透而使公私领域界限变得越发模糊的情况下，也无法彻底消失。与之相应，网络秩序并不等于网络公共秩序，更不能简单地将其视为社会公共秩序，否则很容易导致原本适用于现实物理空间的刑法罪名被生搬硬套地移植到网络空间，进而形成网络诽谤罪和寻衅滋事罪认定范围过度扩张与泛化的现象。

二是网络诽谤罪的扩大化问题。《网络诽谤解释》出台的初衷是保护公民合法权益、规范网络空间秩序、打击利用信息网络实施诽谤等刑事犯罪行为，司法实践中却出现打击范围扩张，甚至该解释沦为一些官员借以打压网上批评与监督言论的工具的现象。② 事实上，从基本权利限制理论可知，判断基本权利限制合宪与否的标准主要是其是否符合法律保留与比例原则。反观《网络诽谤解释》关于网络诽谤行为入罪的规定，是否符合法律保留原则与比例原则值得商榷。一方面，公民的言论自由是受《宪法》保护的一项基本权利。基于此，我国《立法法》第8~9条规定，对公民政治权利的剥夺与限制属于法律绝对保留的事项，只能由全国人大及其常委

① 王逸吟：《两高"亮剑"网络诽谤》，《光明日报》2013年9月10日，第10版。
② 有学者通过研究证实了这种现象的存在。在不少案件中，受到限制的主要是公共言论（关乎公共利益的言论）。绝大部分裁判文书中，涉诽言论都与公共利益有关，其中许多是公民对政府工作人员的批评性言论。参见郑海平《网络诽谤刑法规制的合宪性调控——以2014—2018年间的151份裁判文书为样本》，《华东政法大学学报》2019年第3期。

会作出决定。因而，虽然《网络诽谤解释》有助于厘清《刑法》第 246 条诽谤罪的具体含义，但其明显带有违反法律保留原则的色彩，应予修正。另一方面，公民针对公权力所行使的批评权与监督权应当受到更高水平、更高强度的法律保护，然而《网络诽谤解释》关于网络诽谤行为入罪的规定并未全面考虑国家机关及工作人员接受公众监督的必要性与充分性，其涵盖范围过宽，不符合比例原则，应予限缩。

三是网络寻衅滋事罪的口袋化问题。《网络诽谤解释》在对网络诽谤行为入罪标准进行细化的同时，还首次明确以寻衅滋事罪来处理网络谣言和虚假信息。这种不加区分地将所有网络谣言纳入刑法规制范围而形成的口袋效应，很容易造成司法适用中的扩大化，进而使公民的言论自由受到侵害①，必须引起足够重视。鉴于此，要始终秉持谦抑理念，注重对网络寻衅滋事罪认定标准的类型化与规范化构建，同时应将那些只是引起了人们思想上的混乱或者对国家机关及工作人员的不满，但并未造成现实社会公共秩序混乱的网络谣言和虚假信息，排除在刑法规制的范围之外。

二 注重司法标准的审慎性

作为现代司法基本理念之一，司法宽容的核心要义在于强调最大限度地减少刑事制裁对正常社会秩序和社会自治体系的干涉，应在尽量避免不当干预公民合法权益的同时，集中有限的刑事司法资源去精准惩治那些具有严重社会危害性的犯罪行为。司法宽容对于利用信息网络实施诽谤、寻衅滋事等刑事犯罪认定的指导意义在于，必须采取审慎的态度对待对定罪量刑起决定性作用的"情节严重"的识别标准，实行更加严格的解释与适用规则，而不应采取宽松的识别标准。在这里，不妨从网络诽谤行为入罪的视角加以审视。

一是关于网络诽谤入罪的量化标准。《网络诽谤解释》规定，同一诽谤

---

① 例如，有学者对中国裁判文书网中 2020 年以来公布的 65 份以网络谣言型寻衅滋事罪定性的刑事判决书进行研究，发现绝大多数的网络谣言行为只是引起了人们思想上的混乱或者对政府工作人员的不满，并未造成社会生活秩序的混乱。从社会危害后果的角度上看，尚不能达到构成刑事犯罪的标准。参见周杰《论网络谣言型寻衅滋事罪的法律适用》，《重庆邮电大学学报》（社会科学版）2022 年第 3 期。

信息实际被点击、浏览次数达到 5000 次，或者被转发次数达到 500 次的，即被认定为"情节严重"，应当依照《刑法》第 246 条诽谤罪的规定定罪处罚。针对这一司法解释，学者们从不同的角度提出了异议及建议①，不无道理。其实，在互联网迅猛发展的今天，各类违法和不良信息充斥网络空间，网络诽谤行为更是日益猖獗，有些别有用心的人试图通过网络大量实施侵犯他人名誉权的行为，其累积的危害后果或者危险状态已经达到应受刑罚处罚的程度。就此而论，网络诽谤行为的量化入罪标准模式确有一定的合理性，然而，它却极有可能与司法宽容精神相悖，进而威胁到公民的言论自由。因此，应当审慎对待网络诽谤的"积量构罪"。一方面，应当将网络诽谤信息的积量重点转向诽谤信息的最初发布者。互联网的极大便利性和可及性使重复发布同一信息变得非常容易，因而对诽谤信息最初发布者的发布次数进行累积颇具实质意义，既能考量诽谤信息最初发布者的主观恶意程度，也与刑法罪责自负原则和犯罪构成的基本原理相符合。另一方面，应当将诽谤信息被转发次数的积量计算作为认定最初发布者犯罪的参考依据而非直接依据，同时还应将"误意"转发或"智能化机器人"转发等转发行为排除在外。

二是关于网络诽谤入罪的行为方式标准。《刑法》第 246 条规定诽谤罪的客观行为方式为"捏造事实诽谤他人"。《网络诽谤解释》第 1 条则将"捏造事实诽谤他人"的行为类型化为三种情形，即"捏造事实并散布"、"篡改事实并散布"或者"明知捏造事实而散布"损害他人名誉的信息的行为。客观地讲，该司法解释规定的前两种情形符合"捏造事实诽谤他人"的法律条文本义，但是将第三种情形——"明知捏造事实而散布"损害他人名誉的信息的行为——解释为诽谤罪的客观行为方式却有违立法意图，

---

① 例如，有学者从我国刑法罪责相当、罪责自负和主客观相统一的基本原则以及犯罪构成的基本原理出发，认为一个人是否犯罪不应由他人之行为来决定，起码应将"恶意"点击或转发诽谤信息的可能性或内容排除。也有学者从"积量构罪"构造的客观性与合理性的角度，强调诽谤信息的转发者必须是自然人，而不应将利用智能机器人转发的行为作为网络诽谤"积量构罪"的考量因子。参见李晓明《诽谤行为是否构罪不应由他人的行为来决定——评"网络诽谤"司法解释》，《政法论坛》2014 年第 1 期；刘期湘《人工智能时代网络诽谤"积量构罪"的教义学分析》，《东方法学》2019 年第 5 期。

应予纠正。因为诽谤罪的客观行为方式是一种既实施捏造行为又实施散布行为的复合行为，行为人单纯地实施捏造事实的行为或者散布他人捏造事实的行为，都不足以构成诽谤罪。显而易见，该解释规定的第三种情形已经超出了现行刑法的规制范围。同时该解释对"明知捏造事实而散布"损害他人名誉的信息的行为在措辞上使用了"以'捏造事实诽谤他人'论"的表述，属于一种"法律拟制"，实际上是将原本不属于《刑法》第246条诽谤罪规定的行为纳入该罪的射程范围之内，明显突破了《立法法》关于犯罪和刑罚的法律规范只能由国家立法机关作出规定的权限，违反了罪刑法定原则。

三是关于网络诽谤入罪的主观恶性标准。《网络诽谤解释》把"二年内曾因诽谤受过行政处罚，又诽谤他人的"行为认定为"情节严重"的情形之一，这既体现了刑法对行为人主观恶性和人身危险性的重视和评价，也反映了人们对刑法谦抑性价值的尊重和认可。当然，为了进一步限制刑事打击面，以防出现网络空间的"寒蝉效应"，应明确规定诽谤信息的转发者享有抗辩权。转发者在转发"捏造的损害他人名誉的事实"的情况下，只要能够提供确切证据证明其合理相信信息是真实的，即可免责。① 同时尚需注意，对某些明知信息是诽谤信息的转发者来说，其主观上并没有"诽谤的故意"，而只是意图"散布于众"，即仅仅出于好奇、追求刺激或者向别人炫耀自己见多识广的目的，诸如此类的心理状态与诽谤信息的最初发布者的主观恶性不能相提并论，若一律追究其刑事责任是不妥当的。另外还应看到，对"明知"的认定在司法实务中是很困难的，具体操作过程中往往会以网络用户的实际转发行为为准，进而势必加重网络用户对转发信息的注意义务。由于大多数网络用户并不具备审核信息真实性的条件和能力，他们极有可能会采取更加谨慎克制的行为方式，以避免不必要的法律纠纷，这就极有可能对公民的言论自由造成潜在的伤害。总而言之，对网络诽谤信息转发者的主观恶性的认定应当慎之又慎。

---

① 参见高铭暄、张海梅《网络诽谤构成诽谤罪之要件——兼评"两高"关于利用信息网络诽谤的解释》，《国家检察官学院学报》2015年第4期。

三 强调司法程序的克制性

司法程序的克制性是司法宽容的一个极为重要的品格。在法律领域，"司法宽容能够有效克制国家司法权的冲动，保护国民不受不当的司法对待"①。由于司法权相对于公民权具有天然的强势地位，因而司法权的频繁发动很容易造成对公民自由和权利的侵犯和剥夺。而在司法宽容理念下，凡是可以通过和解、调解等私力救济解决的纠纷，作为公力救济的司法都要保持应有的谦抑、审慎。"即使面对国家追诉主义的刑事纠纷，司法也秉持'恢复性'的理念，化解仇恨与矛盾，淡化报复与惩罚，鼓励和解与宽容，力求以最小的刑罚成本取得最大的刑罚收益。"② 在网络言论自由司法规制中，彰显宽容司法的价值理念，强调司法程序的克制性，要着重解决好以下两个方面的问题。

一是"网络言论不被轻易犯罪化"③，严格把握网络诽谤等违法行为的入罪门槛。司法的基本职能在于定分止争，化解矛盾，坚持用法治思维和法治方式维护社会公平正义。而法治的基本特征是法律至上，法律至上的实质是规则至上。因此，在司法实践中，法官应当致力于体现对法律的忠诚，认真对待并尊重既有的法律规则，恪守法律规则蕴含的固定性和安定性，绝不能突破现有法律规定的含义和要求。在一国的法律体系中，刑法素有其他法律的"保障法"之称，无论是其他法律所保护的权益还是其他法律所无法调整的行为，都能进入刑法视野，或成为其保护的内容，或成为其规制的对象。"而已经进入刑法规定中的犯罪正是行为人侵犯了为其他法律所保护的社会权益而其他法律又无法或无力处置的危害社会的行为，是违法行为在程度上的最高体现。可以不需要刑法介入的，刑惩手段必须谨慎使用。"④ 在处理网络诽谤等刑事案件时，应保持足够的谨慎和克制，

---

① 张善燚：《论司法宽容》，《中南大学学报》（社会科学版）2009 年第 3 期。
② 李语嫣：《法律的宽容品格》，《人民法院报》2014 年 8 月 15 日，第 7 版。
③ 鉴于言论自由在现代民主社会的重要价值，有学者从言论自由的个体属性、公共属性和传播权属性等视角出发，指出要确立"网络言论不被轻易犯罪化"的宪法法理，以维护刑法的自由模式。该观点对于网络诽谤等刑事案件的处理具有很强的指导意义。参见姜涛《网络谣言的刑法治理：从宪法的视角》，《中国法学》2021 年第 3 期。
④ 陈堂发：《网络批评性表达不应过度援引"寻衅滋事"追责》，《新闻记者》2016 年第 9 期。

坚持"慎"字当头，坚决贯彻疑罪从无和无罪推定的原则。要充分考虑名誉权与言论自由的平衡问题，不能以损害言论自由为代价而过度地扩大和加大刑法的打击面和惩罚力度。[①] 对于针对公民个人的网络诽谤行为，应尽量通过民事诉讼程序解决。而且即使是通过民事诉讼途径处理网络诽谤案件，也应注意把公众人物和非公众人物、政治性言论和非政治性言论等区分开来，准确界定言论自由与名誉权的法律边界，以便在有效遏制网络诽谤行为的同时，实现名誉权保护与言论自由的平衡。

二是"网络言论犯罪不被轻易公诉化"，严格把握网络诽谤等刑事案件的公诉门槛。作为国家权力结构体系的重要组成部分，司法权是以国家强制力为后盾来进行法律适用活动的。而公民在行使言论自由权利时，往往会涉及对包括司法权在内的公权力运行的批评和监督。基于此，有学者指出，就算有必要将诽谤行为入罪，也无必要按照公诉程序处理。因为相较于自诉程序，公诉程序更容易被掌握或接近公权力的人滥用。事实上，在抽样的所有公诉类诽谤案件中，法院无一例外地认定被告人有罪，而自诉类案件中法院认定被告人有罪的比例不到七成。公诉案件的定罪率之所以比较高，未必是因为犯罪证据比较充分，更有可能是因为此类案件的"被害人"是地方政府官员。[②] 退一步讲，即使出现不得不适用公诉程序来处理网络诽谤等刑事案件的情形，也应该严格控制适用范围，即将案件限定在"严重危害社会秩序和国家利益"的层面，只有在"严重危害社会秩序和国家利益"的情况下，司法机关方可介入提起公诉。

最后需要说明的是，司法宽容并不是无限制的，而是有底线的。司法宽容并不意味着向"网络审判"、舆论要挟、道德绑架之类的行为倾向低头让步，更不等于放纵甚至纵容网络诽谤、寻衅滋事等违法行为。为了保护

[①] 有学者指出，若适用刑罚权对网络诽谤等有害行为加以干预，应设立一些反向的、排除性标准来明确限定，即意见性言论、批评性言论和合理的推断应排除在外，单纯的情绪表达以及基于公共媒体报道、权威人士发布以及其他具有公信力的信源的信息传播行为不应诉诸惩罚。参见时延安《以刑罚威吓诽谤、诋毁、谣言？——论刑罚权对网络有害信息传播的干预程度》，《法学论坛》2012年第4期。

[②] 参见郑海平《网络诽谤刑法规制的合宪性调控——以2014—2018年间的151份裁判文书为样本》，《华东政法大学学报》2019年第3期。

公民的名誉权、隐私权等人格权利和国家安全、公共秩序等社会公共利益，通过法律对网络诽谤、寻衅滋事等违法行为进行规制是非常必要的。关键在于，要充分考虑公民基于宪法赋予的言论自由权利而进行多元化、多样化网络表达的现实需求，尽可能实现各种权利之间的协调平衡。

主要参考文献

中文文献

专著

《邓小平文选》第二卷，人民出版社，1994。

《董必武法学文集》，法律出版社，2001。

《胡锦涛文选》第二卷，人民出版社，2016。

《马克思恩格斯全集》第一卷，人民出版社，1995。

《马克思恩格斯全集》第三十卷，人民出版社，1995。

《马克思恩格斯全集》第三卷，人民出版社，2002。

《马克思恩格斯文集》第一卷，人民出版社，2009。

《马克思恩格斯文集》第四卷，人民出版社，2009。

《马克思恩格斯文集》第八卷，人民出版社，2009。

《马克思恩格斯选集》第一卷，人民出版社，2012。

《毛泽东著作选读》下册，人民出版社，1986。

《习近平谈治国理政》，外文出版社，2014。

《习近平谈治国理政》第二卷，外文出版社，2017。

《习近平谈治国理政》第三卷，外文出版社，2020。

《习近平关于网络强国论述摘编》，中央文献出版社，2021。

曾白凌：《国家权力与网络政治表达自由》，法律出版社，2018。

陈纯柱等：《互联网上宪法权利的保障与界限》，法律出版社，2016。

耿玉娟：《网络反腐的法律规制研究》，法律出版社，2017。

郭道晖：《法的时代精神》，湖南出版社，1997。

郭道晖:《社会权力与公民社会》,译林出版社,2009。

郭莉:《权力制约视域下网络舆论监督的法律规制》,社会科学文献出版社, 2019。

胡泳、范海燕:《网络为王》,海南出版社,1997。

胡泳:《另类空间——网络胡话之一》,海洋出版社,1999。

黄波:《网络传播有害信息的刑法规制》,知识产权出版社,2022。

蒋永福:《信息自由及其限度研究》,社会科学文献出版社,2007。

李永刚:《我们的防火墙:网络时代的表达与监管》,广西师范大学出版社, 2009。

梁慧星:《民法总论》,法律出版社,2017。

梁治平:《法辨——中国法的过去、现在与未来》,中国政法大学出版社,2002。

梁治平等:《新波斯人信札》,中国法制出版社,2000。

沈宗灵主编《法理学》,高等教育出版社,2004。

苏力:《法治及其本土资源》,北京大学出版社,1996。

孙国华、龚刚强等:《和谐社会的法治基础》,知识产权出版社,2012。

孙丽岩:《网络民意表达的行政法管制》,法律出版社,2016。

唐守廉主编《互联网及其治理》,北京邮电大学出版社,2008。

夏锦文主编《冲突与转型:近现代中国的法律变革》,中国人民大学出版 社,2012。

谢晖:《法律信仰的理念与基础》,山东人民出版社,1997。

谢晖:《法学范畴的矛盾辨思》,山东人民出版社,1999。

徐显明主编《法理学》,中国政法大学出版社,2007。

张文显:《法哲学范畴研究》,中国政法大学出版社,2001。

张文显等:《全面依法治国:迈向国家治理新境界》,党建读物出版社,2017。

张新宝:《名誉权的法律保护》,中国政法大学出版社,1997。

张新宝主编《互联网上的侵权问题研究》,中国人民大学出版社,2003。

卓泽渊:《法的价值论》,法律出版社,1999。

析出文献

包涵、刘为军:《秩序与自由:网络有害信息的法律规制》,载徐汉明主编

《社会治理法治前沿年刊》（2016），湖北人民出版社，2017。

陈国飞、韩大元：《网络言论自由限制的宪法界限》，载韩大元、莫纪宏主编《中国宪法年刊》第十三卷，法律出版社，2018。

何帆：《批评的限度就是民主的尺度》，载〔美〕安东尼·刘易斯《批评官员的尺度——〈纽约时报〉诉警察局长沙利文案》，何帆译，北京大学出版社，2011。

黄建武：《民主的价值追问及制度的法律化》，载《中山大学法律评论》第8卷·第1辑，法律出版社，2010，第145页。

李宏：《自由与秩序的辩证关系以及法治的价值取向》，载公丕祥主编《法制现代化研究》第十一卷，南京师范大学出版社，2007。

于兆波：《包容特征的法治基础与法治保障》，载第五届北京中青年社科理论人才"百人工程"学者论坛文集编委会主编《北京精神：构建精神家园 提升文化软实力》，光明日报出版社，2013。

〔美〕杰克·M.巴尔金：《老派/新派言论规制》，敖海静译，载王东主编《中财法律评论》第十二卷，中国法制出版社，2020。

〔美〕约翰·P.巴洛：《"网络独立宣言"》，李旭、李小武译，载高鸿钧主编《清华法治论衡》第4辑，清华大学出版社，2004。

译著

〔奥〕凯尔森：《法与国家的一般理论》，沈宗灵译，商务印书馆，2013。

〔奥〕尤根·埃利希：《法律社会学基本原理》，叶名怡、袁震译，江西教育出版社，2014。

〔澳〕维拉曼特：《法律导引》，张智仁、周伟文译，上海人民出版社，2003。

〔德〕费希特：《自然法权基础》，谢地坤、程志民译，商务印书馆，2009。

〔德〕施米特：《宪法学说》，刘锋译，上海人民出版社，2005。

〔德〕尼克拉斯·卢曼：《法社会学》，宾凯、赵春燕译，上海人民出版社，2013。

〔德〕尤尔根·哈贝马斯：《后民族结构》，曹卫东译，上海人民出版社，2002。

〔德〕哈贝马斯：《在事实与规范之间：关于法律和民主治国的商谈理论》，童世骏译，三联书店，2003。

〔俄〕伊·亚·伊林:《法律意识的实质》,徐晓晴译,清华大学出版社,2005。

〔法〕邦雅曼·贡斯当:《古代人的自由与现代人的自由》,阎克文、刘满贵、李强译,上海人民出版社,2017。

〔法〕古斯塔夫·勒庞:《乌合之众:大众心理研究》,冯克利译,广西师范大学出版社,2015。

〔法〕孟德斯鸠:《论法的精神》上卷,许明龙译,商务印书馆,2012。

〔古罗马〕西塞罗:《国家篇 法律篇》,沈叔平、苏力译,商务印书馆,2011。

〔古希腊〕柏拉图:《法律篇》,张智仁、何勤华译,上海人民出版社,2001。

〔古希腊〕亚里士多德:《政治学》,吴寿彭译,商务印书馆,2009。

〔荷〕简·梵·迪克:《网络社会——新媒体的社会层面》,蔡静译,清华大学出版社,2014。

〔加拿大〕哈威·费舍:《数字冲击波》,黄淳、韩鸽、朱士兰等译,旅游教育出版社,2009。

〔美〕E. 博登海默:《法理学:法律哲学与法律方法》,邓正来译,中国政法大学出版社,2017。

〔美〕埃瑟·戴森:《2.0版数字化时代的生活设计》,胡泳、范海燕译,海南出版社,1998。

〔美〕艾丽斯·M. 杨:《包容与民主》,彭斌、刘明译,江苏人民出版社,2013。

〔美〕艾伦·雅各布斯:《喧哗的大多数》,刘彩梅译,中信出版集团,2020。

〔美〕爱德华·A. 卡瓦佐、加斐诺·莫林:《赛博空间和法律:网上生活的权利和义务》,王月瑞译,江西教育出版社,1999。

〔美〕安德鲁·基恩:《数字眩晕》,郑友栋、李冬芳、潘朝辉译,安徽人民出版社,2013。

〔美〕安德鲁·基恩:《网民的狂欢:关于互联网弊端的反思》,丁德良译,南海出版公司,2010。

〔美〕安东尼·刘易斯:《批评官员的尺度——〈纽约时报〉诉警察局长沙利文案》,何帆译,北京大学出版社,2011。

〔美〕莱文森:《软利器:信息革命的自然历史与未来》,何道宽译,复旦大学出版社,2011。

〔美〕本杰明·N.卡多佐:《法律的成长 法律科学的悖论》,董炯、彭冰译,中国法制出版社,2002。

〔美〕哈罗德·J.伯尔曼:《法律与宗教》,梁治平译,商务印书馆,2012。

〔美〕库利:《人类本性与社会秩序》,包凡一、王湲译,华夏出版社,2015。

〔美〕富勒:《法律的道德性》,郑戈译,商务印书馆,2009。

〔美〕凯斯·桑斯坦:《标签:社交媒体时代的众声喧哗》,陈颀、孙竞超译,中国民主法制出版社,2021。

〔美〕凯斯·桑斯坦:《网络共和国》,黄维明译,上海人民出版社,2003。

〔美〕劳伦斯·M.弗里德曼:《法律制度——从社会科学角度观察》,李琼英、林欣译,中国政法大学出版社,2004。

〔美〕劳伦斯·莱斯格:《代码》,李旭、姜丽楼、王文英译,中信出版社,2004。

〔美〕劳伦斯·莱斯格:《思想的未来》,李旭译,中信出版社,2004。

〔美〕李·雷尼、巴里·威尔曼:《超越孤独》,杨伯溆、高崇等译,中国传媒大学出版社,2015。

〔美〕理查德·斯皮内洛:《铁笼,还是乌托邦——网络空间的道德与法律》,李伦等译,北京大学出版社,2007。

〔美〕罗纳德·德沃金:《至上的美德:平等的理论与实践》,冯克利译,江苏人民出版社,2012。

〔美〕罗斯科·庞德:《法理学》第三卷,廖德宇译,法律出版社,2007。

〔美〕罗·庞德:《通过法律的社会控制 法律的任务》,沈宗灵、董世忠译,商务印书馆,1984。

〔美〕马克·斯劳卡:《大冲突:赛博空间和高科技对现实的威胁》,黄锫坚译,江西教育出版社,1999。

〔美〕曼纽尔·卡斯特:《认同的力量》,曹荣湘译,社会科学文献出版社,2006。

〔美〕曼纽尔·卡斯特:《网络社会的崛起》,夏铸九、王志弘等译,社会科学文献出版社,2001。

〔美〕尼古拉·尼葛洛庞帝:《数字化生存》,胡泳、范海燕译,海南出版社,

1997。

〔美〕尼古拉斯·卡尔：《浅薄——互联网如何毒化了我们的大脑》，刘纯毅译，中信出版社，2010。

〔美〕尼古拉斯·卡尔：《数字乌托邦》，姜忠伟译，中信出版集团，2018。

〔美〕欧文·M. 费斯：《谁在守望言论》，常云云译，法律出版社，2015。

〔美〕塞缪尔·P. 亨廷顿：《变化社会中的政治秩序》，王冠华、刘为等译，上海人民出版社，2015。

〔美〕特雷莎·M. 佩顿、西奥多·克莱普尔：《大数据时代的隐私》，郑淑红译，上海科学技术出版社，2017。

〔美〕罗尔斯：《正义论》上册，何包钢、何怀宏、廖申白译，京华出版社，2000。

〔美〕詹姆斯·E. 凯茨、罗纳德·E. 莱斯：《互联网使用的社会影响：上网、参与和互动》，郝芳、刘长江译，商务印书馆，2007。

〔意〕布鲁诺·莱奥尼：《自由与法律》，冯辉译，湖南教育出版社，2008。

〔意〕莫诺·卡佩莱蒂编《福利国家与接近正义》，刘俊祥等译，法律出版社，2000。

〔英〕安德鲁·查德威克：《互联网政治学：国家、公民与新传播技术》，任孟山译，华夏出版社，2010。

〔英〕彼得·斯坦、约翰·香德：《西方社会的法律价值》，王献平译，中国法制出版社，2004。

〔英〕约翰·埃默里克·爱德华·达尔伯格-阿克顿：《自由与权力》，侯健、范亚峰译，译林出版社，2014。

〔英〕弗里德利希·冯·哈耶克：《法律、立法与自由》第一卷，邓正来、张守东、李静冰译，中国大百科全书出版社，2000。

〔英〕弗里德利希·冯·哈耶克：《自由秩序原理》上册，邓正来译，三联书店，1997。

〔英〕赫伯特·斯宾塞：《论正义》，周国兴译，商务印书馆，2017。

〔英〕伦纳德·霍布豪斯：《社会正义要素》，孔兆政译，吉林人民出版社，2011。

〔英〕拉斯基:《现代国家中的自由权》,何子恒译,商务印书馆,1959。

〔英〕洛克:《论宗教宽容——致友人的一封信》,吴云贵译,商务印书馆,2009。

〔英〕马丁·李斯特、乔恩·多维、赛斯·吉丁斯等:《新媒体批判导论》,吴炜华、付晓光译,复旦大学出版社,2016。

〔英〕尼尔·巴雷特:《数字化犯罪》,郝海洋译,辽宁教育出版社,1998。

〔英〕史蒂文·卢克斯:《个人主义》,阎克文译,江苏人民出版社,2001。

〔英〕亚当·斯密:《道德情操论》,谢宗林译,中央编译出版社,2008。

〔英〕洛克:《政府论》下篇,叶启芳、瞿菊农译,商务印书馆,2011。

〔英〕约翰·密尔:《论自由》,许宝骙译,商务印书馆,2015。

〔英〕詹姆斯·柯兰、娜塔莉·芬顿、德斯·弗里德曼:《互联网的误读》,何道宽译,中国人民大学出版社,2014。

期刊

包旭:《言论自由刑法控制的正当性和原则——以自媒体为背景》,《学术探索》2017 年第 3 期。

陈纯柱、韩兵:《我国网络言论自由的规制研究》,《山东社会科学》2013 年第 5 期。

陈纯柱、马少盈:《网络语言暴力的治理困境及路径选择》,《中国人民公安大学学报》(社会科学版)2019 年第 2 期。

陈道英:《我国民事判决中宪法言论自由条款的解释——以 2008—2016 年 103 份民事判决为样本》,《华东政法大学学报》2017 年第 1 期。

陈道英:《我国网络空间中的言论自由》,《河北法学》2012 年第 10 期。

陈景辉:《隐私的价值独特性:个人信息为何应受保护?》,《环球法律评论》2022 年第 1 期。

陈莉:《网络谣言型寻衅滋事罪的识别标准》,《人民司法》2021 年第 34 期。

陈文:《论重大灾害事件中的网络谣言传播及法律应对——以新型冠状病毒肺炎疫情为例》,《北方法学》2020 年第 5 期。

程琥:《运动式执法的司法规制与政府有效治理》,《行政法学研究》2015 年第 1 期。

程琳：《加快信息网络法治建设 维护网络社会安全秩序》，《中国人民公安大学学报》（社会科学版）2013 年第 1 期。

代金平、周卫红、魏钢：《哲学网络观研究：内容与意义》，《探索》2006年第 5 期。

方旭：《资本意志渗透网络舆论的运行机制、表征及风险防范》，《毛泽东邓小平理论研究》2022 年第 3 期。

付子堂：《关于自由的法哲学探讨》，《中国法学》2000 年第 2 期。

高铭暄、张海梅：《网络诽谤构成诽谤罪之要件——兼评"两高"关于利用信息网络诽谤的解释》，《国家检察官学院学报》2015 年第 4 期。

郭俊：《网络暴力侵权规制探究》，《学术交流》2014 年第 5 期。

韩大元：《宪法文本中"公共利益"的规范分析》，《法学论坛》2005 年第 1 期。

韩震：《论社会治理中的自由与秩序》，《社会治理》2016 年第 5 期。

黄文艺：《政法范畴的本体论诠释》，《中国社会科学》2022 年第 2 期。

姜涛：《社会风险的刑法调控及其模式改造》，《中国社会科学》2019 年第 7 期。

姜涛：《网络谣言的刑法治理：从宪法的视角》，《中国法学》2021 年第 3 期。

李大勇：《大数据时代网络谣言的合作规制》，《行政法学研究》2021 年第 1 期。

李晟：《国家安全视角下社交机器人的法律规制》，《中外法学》2022 年第 2 期。

李晓明：《诽谤行为是否构罪不应由他人的行为来决定——评"网络诽谤"司法解释》，《政法论坛》2014 年第 1 期。

李奕霏：《"人肉搜索"引发的隐私权侵权及其法律规制》，《西北大学学报》（哲学社会科学版）2010 年第 5 期。

连雪晴：《互联网宪治主义：域名争议解决中的言论自由保护新论》，《华东政法大学学报》2018 年第 6 期。

刘守芬、牛广济：《试析我国宪法中的言论自由在刑法中的规制》，《法学家》2006 年第 3 期。

刘期湘：《人工智能时代网络诽谤"积量构罪"的教义学分析》，《东方法学》2019 年第 5 期。

刘艳红：《网络时代言论自由的刑法边界》，《中国社会科学》2016 年第 10 期。

刘艳红：《刑法的根基与信仰》，《法制与社会发展》2021 年第 2 期。

柳亮、刘景臣：《自由、秩序与法治》，《求索》2009 年第 9 期。

龙文懋：《"自由与秩序的法律价值冲突"辨析》，《北京大学学报》（哲学社会科学版）2000 年第 4 期。

罗楚湘：《网络空间的表达自由及其限制——兼论政府对互联网内容的管理》，《法学评论》2012 年第 4 期。

马得华：《我国宪法言论自由条款类似于美国宪法第一修正案吗?》，《比较法研究》2016 年第 4 期。

马松建：《论恶意"人肉搜索"的刑法规制》，《中州学刊》2015 年第 7 期。

梅夏英、杨晓娜：《自媒体平台网络权力的形成及规范路径——基于对网络言论自由影响的分析》，《河北法学》2017 年第 1 期。

米恒：《论法律对网络言论的规制与尺度——以国家治理能力现代化为视角》，《理论研究》2018 年第 5 期。

莫纪宏：《依宪立法原则与合宪性审查》，《中国社会科学》2020 年第 11 期。

倪业群、陈祖权：《表达自由在建设法治国家中的价值及其实现》，《社会科学家》2003 年第 6 期。

齐延平、何晓斌：《算法社会言论自由保护中的国家角色》，《华东政法大学学报》2019 年第 6 期。

秦前红、黄明涛：《论网络言论自由与政府规制之间的关系——以美国经验为参照》，《武汉科技大学学报》（社会科学版）2014 年第 4 期。

秦前红、王雨亭：《论我国宪法言论自由条款在司法判断中的运用——基于 295 份名誉权纠纷判决书的分析》，《苏州大学学报》（法学版）2020 年第 1 期。

秦小建：《言论自由、政治结构与民主协商程序的多元构造》，《法制与社会发展》2016 年第 5 期。

石经海、黄亚瑞：《网络暴力刑法规制的困境分析与出路探究》，《安徽大学学报》（哲学社会科学版）2020 年第 4 期。

时延安：《以刑罚威吓诽谤、诋毁、谣言？——论刑罚权对网络有害信息传播的干预程度》，《法学论坛》2012 年第 4 期。

孙万胜：《司法权的理想》，《法制与社会发展》2001 年第 4 期。

孙笑侠、郭春镇：《法律父爱主义在中国的适用》，《中国社会科学》2006 年第 1 期。

田宏杰：《立法扩张与司法限缩：刑法谦抑性的展开》，《中国法学》2020 年第 1 期。

王国华：《互联网背景下中国国家治理的新挑战》，《华中科技大学学报》（社会科学版）2014 年第 4 期。

王静：《数字公民伦理：网络暴力治理的新路径》，《华东政法大学学报》2022 年第 4 期。

王平、徐永伟：《涉众型网络谣言刑事治理的规范逻辑与责任边界》，《宁夏社会科学》2022 年第 3 期。

王秀平：《网络暴力成因及理性法律规制》，《山东师范大学学报》（人文社会科学版）2010 年第 4 期。

王雅奇：《网络民意中的情绪与理性》，《北京邮电大学学报》（社会科学版）2010 年第 6 期。

向淼、郁建兴：《运动式治理的法治化——基于领导小组执法行为变迁的个案分析》，《东南学术》2020 年第 2 期。

肖峰、窦畅宇：《网络失范的哲学分析》，《理论视野》2016 年第 1 期。

谢晖：《论新兴权利的一般理论》，《法学论坛》2022 年第 1 期。

熊光清：《中国网络社会多中心协同治理模式探索》，《哈尔滨工业大学学报》（社会科学版）2017 年第 6 期。

徐才淇：《论网络暴力行为的刑法规制》，《法律适用》2016 年第 3 期。

徐汉明、张新平：《网络社会治理的法治模式》，《中国社会科学》2018 年第 2 期。

许玉镇、肖成俊：《网络言论失范及其多中心治理》，《当代法学》2016 年第 3 期。

叶一舟：《意义的悬置与复归——建构历史包容的法律体系理论》，《政法论坛》2019 年第 1 期。

殷峰：《政治参与法治化问题探析》，《政法学刊》2008 年第 3 期。

尹建国：《我国网络有害信息的范围判定》，《政治与法律》2015 年第 1 期。

于浩：《当代中国立法中的国家主义立场》，《华东政法大学学报》2018 年第 5 期。

于浩：《共和国法治建构中的国家主义立场》，《法制与社会发展》2014 年第 5 期。

俞可平：《社会自治与社会治理现代化》，《社会政策研究》2016 年第 1 期。

湛中乐、高俊杰：《论对网络谣言的法律规制》，《江海学刊》2014 年第 1 期。

张恒山：《论权利之功能》，《法学研究》2020 年第 5 期。

张善燚：《论司法宽容》，《中南大学学报》（社会科学版）2009 年第 3 期。

张新宇：《网络谣言的行政规制及其完善》，《法商研究》2016 年第 3 期。

郑海平：《网络诽谤刑法规制的合宪性调控——以 2014—2018 年间的 151 份裁判文书为样本》，《华东政法大学学报》2019 年第 3 期。

郑宁：《网络人权的理论和制度：国际经验及对我国的启示》，《人权》2016 年第 5 期。

周国文：《公共善、宽容与平等：和谐社会的伦理基础》，《社会科学辑刊》2010 年第 5 期。

周汉华：《论互联网法》，《中国法学》2015 年第 3 期。

周杰：《论网络谣言型寻衅滋事罪的法律适用》，《重庆邮电大学学报》（社会科学版）2022 年第 3 期。

周伟萌：《自由与秩序：互联网信息传播中的法律价值冲突与协调》，《江汉论坛》2016 年第 11 期。

朱力：《失范范畴的理论演化》，《南京大学学报》（哲学·人文科学·社会科学）2007 年第 4 期。

朱振：《国家治理法治化进程中的包容性秩序观》，《法制与社会发展》2022 年第 3 期。

学位论文

曾白凌:《网络政治表达的法律规制》,博士学位论文,中共中央党校,2009。

李海新:《公民表达权及其保障研究》,博士学位论文,武汉大学,2011。

报纸

桂从路:《标本兼治,涌流更多正能量——别让网络暴力污染精神家园》,《人民日报》2022年3月23日。

李语嫣:《法律的宽容品格》,《人民法院报》2014年8月15日。

王逸吟:《两高"亮剑"网络诽谤》,《光明日报》2013年9月10日。

王远:《网络主权:一个不容回避的议题》,《人民日报》2014年6月23日。

外文文献

Godwin, *Cyber Rights: Defending Free Speech in the Digital Age*, MIT Press, 2003.

Paul Bernal, *Internet, Warts and All: Free Speech, Privacy and Truth*, Cambridge University Press, 2018.

后　记

本书通过对网络言论自由法律规制的现实需求、理论范畴、发展现状与问题、我国的应对策略（明晰宪法界限、确立基本原则和构建完善路径）进行探讨，致力于构建一个既饱含宽松自由、开放包容理念又体现理性自律、规范有序要求的网络言论自由法律规制框架体系，以促使网络空间中的言论表达朝着畅所欲言、融洽活跃、和谐文明、清朗健康的方向发展。

言论自由是个久远而又常新的话题，长期受到世界各国的广泛关注，更是学者们竞相研究的热点之一，相关研究成果极为丰硕。而网络言论自由及其法律规制，则是一个新颖的话题。对其进行整体性的研究无疑是一项极富挑战性的工作，但本人的能力和水平以及研究视野有限，虽然勤奋努力，几易其稿，但本书难免存在许多不足之处，主要表现在：一是对网络言论自由法律规制理论范畴的发掘还不够深入，二是对网络言论自由社会自治和技术保障的阐述还不够充分，三是对网络言论自由法律规制的路径探讨还不够全面。恳请学界方家赐教，提出批评意见和完善建议。今后本人将更加努力学习，不断提高理论水平，拓宽学术视野，把该项研究推向深入。

本书的写作得到了许多人的关心和支持，这使我获得了克服困难、坚持不懈完成任务的动力和勇气。在此，向他们表示衷心感谢和诚挚敬意。

本书学习和借鉴了国内外诸多专家学者的研究资料和调研成果，虽已尽量作出标注或在参考文献中列出，但难免有所遗漏，谨向各位专家学者致谢。

本书的写作离不开盐城师范学院各位同仁的关心和支持。特别感谢戴斌荣教授、高汝伟教授、朱广东教授一直给予我鼓励和帮助；感谢孙伟、孙春梅、董素、周丽、刘利平、吴惠等老师协助我进行调查研究、资料收集、文稿核校等工作；感谢我的家人，特别是我的妻子汪晔和女儿丁楠的激励和支持，让我得以坚持并顺利完成写作。

最后，感谢社会科学文献出版社的老师特别是高媛、齐栾玉两位编辑，她们的专业精神给我留下了深刻印象，本书能够顺利出版，离不开她们的辛勤工作！

丁大晴
2023 年 10 月 10 日于盐城

图书在版编目（CIP）数据

网络言论法律规制研究／丁大晴著. -- 北京：社
会科学文献出版社，2023.12
ISBN 978-7-5228-3060-5

Ⅰ.①网…　Ⅱ.①丁…　Ⅲ.①互联网-言论自由-
科学技术管理法规-研究-中国　Ⅳ.①D922.174

中国国家版本馆 CIP 数据核字（2023）第 254807 号

网络言论法律规制研究

著　　者／丁大晴

出 版 人／冀祥德
责任编辑／高　媛
文稿编辑／齐栾玉
责任印制／王京美

出　　版／社会科学文献出版社·政法传媒分社（010）59367126
　　　　　地址：北京市北三环中路甲 29 号院华龙大厦　邮编：100029
　　　　　网址：www.ssap.com.cn
发　　行／社会科学文献出版社（010）59367028
印　　装／三河市尚艺印装有限公司

规　　格／开　本：787mm×1092mm　1/16
　　　　　印　张：17　字　数：259 千字
版　　次／2023 年 12 月第 1 版　2023 年 12 月第 1 次印刷
书　　号／ISBN 978-7-5228-3060-5
定　　价／98.00 元

读者服务电话：4008918866